中國學術思想 研究輯刊

三九編
林 慶 彰 主編

第 **15** 冊

李贄音樂美學研究（下）

歐陽蘊萱 著

花木蘭文化事業有限公司

國家圖書館出版品預行編目資料

李贄音樂美學研究（下）／歐陽蘊萱 著 -- 初版 -- 新北市：
花木蘭文化事業有限公司，2024〔民113〕
目 4+206 面；19×26 公分
（中國學術思想研究輯刊 三九編；第 15 冊）
ISBN 978-626-344-587-1（精裝）
1.CST：（明）李贄 2.CST：學術思想 3.CST：音樂美學
030.8   112022476

ISBN-978-626-344-587-1

9 786263 445871

中國學術思想研究輯刊
三九編　第十五冊　　　　　　　ISBN：978-626-344-587-1

李贄音樂美學研究（下）

作　　者　歐陽蘊萱
主　　編　林慶彰
總 編 輯　杜潔祥
副總編輯　楊嘉樂
編輯主任　許郁翎
編　　輯　潘玟靜、蔡正宣　美術編輯　陳逸婷
出　　版　花木蘭文化事業有限公司
發 行 人　高小娟
聯絡地址　235 新北市中和區中安街七二號十三樓
　　　　　電話：02-2923-1455 ／傳真：02-2923-1452
網　　址　http://www.huamulan.tw 信箱 service@huamulans.com
印　　刷　普羅文化出版廣告事業
封面設計　劉開工作室
初　　版　2024 年 3 月
定　　價　三九編 23 冊（精裝）新台幣 62,000 元

版權所有・請勿翻印

李贄音樂美學研究（下）

歐陽蘊萱　著

第四章　李贄音樂美學的本質

　　音樂美學屬於美學範疇，美學為哲學分支，要理解一位思想家的音樂美學，實不可忽略其形上思維。因過去對李贄音樂美學研究，多著重在幾篇特定文章，未能得全面照察，有知其然，卻不知其所以然之弊，故本章希從更宏觀的視野，探查李贄的音樂美學內涵，及其音樂美學思維的後設思考進路。

　　其次，李贄直陳音樂美學的文章只佔其著作少數篇什，但既要以哲學制高點探索其音樂美學全貌，就不能忽略他在文學、史學、哲學相關的評價論述。即使該文主旨並非專指音樂美學，但人的思維模式具不可切割性，乃一有機的統一，故一併納入李贄的文學、史學、哲學、戲曲評論等著作，以完善其音樂美學多元面向。

　　欲談論音樂美學，必先探其本質、起源。李贄音樂美學的本質即〈童心說〉，周志文在〈「童心」、「初心」與「赤子之心」〉一文說：

> 〈童心說〉一方面是創作論，一方面又是批評論和欣賞論。從欣賞論入手，〈童心論〉的主旨是強調人在欣賞文學作品時，應注意作品中流露出來的真情，而不是聞見、道理裡面的知識與道德。審美與道德基本上是兩回事，彼此無甚關涉，然而在一般的審美活動中，經常將兩者混淆，所以〈童心說〉有澄清的作用，它的所謂「聞見不立，道理不行」其實在擺脫審美活動中的外在干擾……由〈童心說〉引發出來的創作論不是增添而是擺脫，在欣賞論與審美活動中也是依然。〔註1〕

蔡仲德咸認李贄音樂美學的基礎在〈童心說〉，且「童心」是真善美的合一，

〔註1〕周志文：〈「童心」、「初心」與「赤子之心」〉，《古典文學　第十五集》，頁80。

但蔡氏並未深入說明其理由，蔡氏又以李贄曾有「天下之至文未有不出於童心焉者」之論，且至文代表藝術與美，故提出有童心，便可成就至善至美的藝術。然蔡氏此說反將「童心」視為是形成至文的唯一原因，將「童心」推崇到至高地位，卻忽略藝術與美的完成，童心只是必須條件，而非唯一條件，畢竟要有好的音樂藝術展現，除創作者的用心之外，還牽涉到樂器性能、演奏者性格、技巧等等變因，這也是本文後續會討論到的音樂層次、形式、風格、樂器、演奏、審美等各面向。

蔡氏又提出，因「道理聞見」等《六經》、《語》、《孟》是蔽障「童心」之禍首，故「童心」必須是「自出」，要有個人的獨特個性。也因李贄哲學是繼承改造陽明心學，故「童心」具良知的天賦性善，而批判儒家經典就是李贄童心說的改造。但蔡氏卻忽略李贄曾深研《中庸》、《大學》，寫《九正易因》，又自稱為儒者的事實。若要直接判定李贄對陽明思想的改造是因為推翻儒家經典，似乎也過於武斷。

蔡氏又說：

> 就其本質而言，「童心」說的思想淵源不是儒家，而是道家……（老子、莊子）二者均以「嬰兒」、「赤子」為真，也以「嬰兒」、「赤子」為美為善，主張「法自然」，「法天貴真」，保存人的自然情性……為了創造「天下之至文」，創造至善至美的藝術，必須「護此童心而使之勿失」，便是對《老》、《莊》思想，尤其是對《莊子》思想的繼承，便是以道家尚自然、求自由的精神與扼殺人性、束縛藝術的新儒學即道學相抗衡。〔註2〕

由此可知，蔡氏並未釐清李贄音樂美學基礎〈童心說〉之內涵。而筆者在第二章與第三章已重新梳理，李贄的順心、順性、順情就是順應自然，承襲了儒釋道三家而又有所轉化。以下就要從李贄的「心」與「童心」概念，進行論述李贄音樂美學中的形上學問題。

第一節　音樂主體

當「心」與「音樂」匯流，李贄如何區辨主客關係？是以「心」為主體，

還是以「音樂」為主體？馮友蘭認為李贄雖傳承自陽明學，但王陽明《傳習錄》
有道：

> 天下無心外之物。
>
> 我的靈明便是天地鬼神的主宰。……天地鬼神萬物，離卻我的靈明，
> 便沒有天地萬物了。我的靈明，離卻天地鬼神萬物，亦沒有我的靈明。

此皆將「天地鬼神萬物」與「靈明」視為一體，為心物一元論，以「靈明」為
主宰，一旦失去「靈明」，則「天地萬物」將不復存。然兩人又有差異，王陽
明以「靈明」為主，以人之「本心」為主，故天地鬼神萬物是吾性中的相、形，
即使沒有外物，「本心」仍然可獨立存在。但李贄在《焚書・卷四・雜述・觀
音問・答自信》卻是這麼說的：

> 若無山河大地，不成清淨本原矣，故謂山河大地即清淨本原可也。
> 若無山河大地，則清淨本原為頑空無用之物，為斷滅空不能生化之
> 物，非萬物之母矣，可值半文錢乎？然則無時無處無不是山河大地
> 之生者，豈可以山河大地為作障礙而欲去之也？清淨本原，即所謂
> 本地風光也。

馮氏認為李贄是以「山河大地」為主，「清淨本源」就是「山河大地」，所以李
贄是把王守仁的體系向其反面轉化，也就是唯心轉向唯物〔註3〕。筆者認為馮
氏由此認定李贄屬於唯物論，有再商討之必要。就是因為山河人地是「心」的
意識，故「山河大地」並非獨立存在，且李贄該文乃就佛教義理來說解「真空」
義，故馮氏藉此將李贄界定為唯物論，似有失偏頗。

　　從李贄相關文獻中，可發現他對音樂論述有三個主要命題：「樂由心生」、
「琴者，心也」、「聲音之道原與心通」，三者的主語皆不同，「樂」、「聲音」指
涉的皆是抽象的音樂，「琴」則屬於樂器學範圍，為釐清李贄所指之音樂主體，
以下分就心和樂、心和琴、心和聲音三者闡述彼此關係。

一、樂由「心」生

　　所謂「樂由心生」，即音樂乃因心的感知而產生，李贄此「心」具融合儒
釋道三者特色，本質上有多重意蘊，由此展現的「樂」也應具多元意涵。「樂
由心生」出自李贄《讀升庵集・樂論》：

〔註 3〕馮友蘭：〈從李贄說起──中國哲學史唯物主義和唯心主義互相轉化的一個例
　　　　證〉，《新建設》第 2、3 期，1961 年，頁 3。

《淮南子》曰：「《雅》、《頌》之聲，皆本於情，故君臣以睦，父子以親。今取怨思之聲，施之管弦，聞其音者，不淫則悲。淫則亂男女之別，悲則感怨思之氣，豈所謂樂哉？趙王遷房陵，思故鄉，作《山水》之謳，聞者莫不隕涕；荊軻西刺秦王，高漸離擊筑易水之上，聞者莫不瞋目裂眥，髮指穿冠。因以此聲入宗廟，豈古之所謂樂哉！

〔批語〕卓吾子曰：樂由心生，此二人皆真樂也。不隕涕、不瞋目，更又何待？

《淮南子‧泰族訓》肯認抒發真情實感的《雅》、《頌》古樂，反對悲、淫等怨思之聲，認為趙王的詩歌、高漸離擊筑等樂音，易引發聽者過多情緒，故而不宜入宗廟，藉此強調古樂應合乎道德規範。李贄批語「樂由心生」一句則涉及兩個問題，第一，音樂是由「心」感知而來，故「心」是引發「物」（樂）的本體，若失去「心」，則無物、無樂，所以音樂是依照心中的「象」所展現的「形」，此處「心」具有主動積極性，「樂」則是客體。第二，主體「心」受到外來音樂的觸動刺激，會使聽者產生「隕涕」、「瞋目」的情感變化，此等足以感發情感的音樂，是李贄所推崇的。

又由於音樂是由「心」自然且無障礙的感知，「情」的觸動，使心體得以藉由音樂顯現、具象化，發動之情感表現於音樂中，避免「心」的「斷滅空」、「空中之空」。換言之，「心」是在「音樂」中彰顯其「有」，而「情」動是真心、真樂的判斷規準，故而李贄肯定趙王遷、高漸離的音樂，「情」之流動使未發之「心」運轉為已發之「童心」，故「情」成為藝術心靈的「童心」是否能發用的關鍵。

由於《淮南子》一書兼合先秦思想，且其中對「情」的論述又多，《淮南子》所謂「《雅》、《頌》之聲，皆本於情。」當中的「情」字如當喜怒哀樂的「情緒」解，則不應會形成所謂君臣、父子各正其位的現象，故《淮南子》此處之「情」應有「情感」義，與其後文的怨思情緒不同。《淮南子》的本意乃繼承儒家情感規範作用，故《淮南子‧本經訓》曰：「性命之情，淫而相脅，以不得已則不和，是以貴樂。」〔註4〕音樂的目的是為調理過度的喜怒哀樂，此即《淮南子‧氾論訓》所謂的「理好憎之情，和喜怒之節。」〔註5〕故李贄

〔註4〕〔漢〕劉安撰，劉文典集解：《淮南鴻烈集解》，（臺北：明倫出版社，1992年），頁80。

〔註5〕〔漢〕劉安撰，劉文典集解：《淮南鴻烈集解》，（臺北：明倫出版社，1992年），頁26。

批語並不贊同《淮南子》的樂論觀。

　　至於「樂由心生」的概念可追溯到《禮記・樂記》的「樂由中出」，《禮記・樂記》曰：

> 樂由中出，禮自外作。樂由中出，故靜；禮自外作，故文。大樂必易，大禮必簡。樂至則無怨，禮至則不爭。〔註6〕

儒家把藝術根源追溯至人「心」，「中」就是本心、仁義道德之心，其具「性之德」，天性為善，故可不受外物侵擾，得以定靜，由此順性而萌發的「音樂」，為「德之華」的體現，故而此「中」自然也非感於物而動的性之欲了。即使人會因感官慾望的牽動而產生「性」之欲動，並在使慾望得到滿足之下，享受鄭衛之音，或轉變成其他音樂的形式表現，然《禮記・樂記》視之為「性之欲動」，缺乏「靜虛」，故不算是真正的音樂，可見《禮記・樂記》是本於唯心論看音樂。

　　誠如徐復觀在〈由音樂探索孔子的藝術精神〉一文中提及：

> 由孔門通過音樂所呈現出為人生而藝術的最高境界，即是善（仁）與美的徹底諧和統一的最高境界，對於目前的藝術風氣而言，誠有「猶河漢而无極也」之感。但就人類藝術正常發展的前途而言，它將像天體中一顆恒星一樣的，永遠會保持其光輝不墜。〔註7〕

儒家的音樂是善與美的和諧統一，也因此薛永武、牛月明認為《禮記・樂記》是將音樂提升到「治心與人性的高度」，把「樂由中出」上升到「哲學本體論的意味，與人性緊密聯繫起來」。〔註8〕

〔註6〕〔清〕孫希旦撰：《禮記集解》，（臺北：文史哲出版社，1976年），頁905。

〔註7〕徐復觀：《中國藝術精神》（增補六版），（臺北：臺灣學生書局，1979年），頁40。

〔註8〕薛永武、牛月明：《《樂記》與中國文論精神》（北京：社會科學文獻出版社，2012），頁18～19。作者認為，《樂記》把樂上升到「治心」與人性的高度，一方面認為「樂由中出」，另一方面認為「樂以治心」，能夠「感動人之善心」，是「人情之所不能免也」，把「樂由中出」上升到哲學本體論的意味，與人性緊密聯繫起來，高揚了「樂以治心」的化育精神。所謂「樂以治心」能夠「感動人之善心」，就是強調樂對人的心靈所具有的感染教育作用，特別是「治心」中的「治」，意味著樂對人所具有的「養」或「偽」的作用。《樂記》充分肯定了「樂以治心」的重要性，重視樂對人的心靈所具有的重要感染作用，其邏輯前提就是認為人情需要快樂，因為音樂能夠給人帶來快樂，惟其如此，《樂記》才說「樂者，樂也，人情之所不能免也。」《樂記》關於樂為「人情之所不能免」的觀點，曾經深刻地影響了中國古代的美學思想。

李贄的「心」是對朱熹的無限性、整體性、普遍性的永恆道體的挑戰〔註9〕。其所謂的「音樂」實存在有真實的「心」,但是這種真實又不同於《樂記‧樂象》所言:

> 德者,性之端也;樂者,德之華也;金、石、絲、竹,樂之器也。詩,言其志也;歌,詠其聲也;舞動其容也;三者本於心,然後樂器從之。是故情深而文明,氣盛而化神,和順積中而英華發外,唯樂不可以為偽。唯樂不可以為偽。〔註10〕

雖然「唯樂不可以為偽」,音樂來自情感表達的真實,情思深厚而由樂曲鮮明外發,此乃情深、氣盛與和順積中所達到的中庸和諧,是「知禮樂之情者能作」,「論倫無患,樂之情也」的中和之美。因此儒家的雅頌之樂最能體現「和」,得以培育中正和平之心靈,其目的在節制欲望。反觀李贄肯定自然之私,與《樂記‧樂象》理念背道而馳,儒家強調有節有度,在他看來反成為一道箝制情感自然流動的枷鎖。《藏書‧卷三十二‧儒臣傳‧德業儒臣後論》直言:

> 然則為無私之說者,皆畫餅之談,觀場之見。但令隔壁好聽,不管腳根虛實,無益於事。祇亂聰耳,不足采也。

李贄直接指出情性之「私」乃天生有之,若視而不見,反「無益於事」。李贄甚至公開表達說:「我以自私自利之心,為自私自利之學,直取自己快當,不願他人非刺。」「夫欲正義,是利之也。若不謀利,不正可矣。」(〈德業儒臣後論〉)他視人心的自然慾望為理所當然,由此心所展現的音樂,自然可以發憤、可以不平而鳴。他說「樂由心生,此二人皆真樂也。」就是因為兩人都是真情實感的流露,即使只是七情六慾之宣洩,但皆屬於真實之樂,足以使人隕涕、瞋目,值得肯定。

這又與嵇康的〈聲無哀樂論〉的心物二元論有所殊異,〈聲無哀樂論〉曰:

> 器不假妙瞽而良,籥不因惠心而調,然則心之與聲,明為二物。二物之誠然,則求情者不留觀於形貌,揆心者不借聽於聲音也。〔註11〕

嵇康認為聲音和哀樂沒有絕對關係,這是對儒家「治世之音安以樂,其政和;亂世之音怨以怒,其政乖。聲音之道,與政通矣」(《禮記‧樂記》)〔註12〕的聲

〔註 9〕傅小凡:《李贄哲學思想研究》,(福州:福建人民出版社,2007 年),頁 9。

〔註10〕〔清〕孫希旦撰:《禮記集解》,(臺北:文史哲出版社,1976 年),頁 921。

〔註11〕〔三國〕嵇康著、戴明揚校注:《嵇康集校注》,(北京:人民文學出版社,1962 年),頁 214。

〔註12〕〔清〕孫希旦撰:《禮記集解》,(臺北:文史哲出版社,1976 年),頁 896。

有哀樂的反對，嵇康主張哀樂是個體主觀感受，和聲、音並無關係，心是感知音樂的主體，所以哀樂存乎心，人受到外在音樂的觸動，而引發內心的哀樂。〈聲無哀樂論〉曰：「天地合德，萬物資生，寒暑代往，五行以成。」〔註13〕且「聲俱一體之所出。」〔註14〕所以音樂具有五行的本質，是一種客觀的存在，並不具有哀樂情感，又「夫哀心藏於苦心內，遇和聲而後發。」〔註15〕「和聲無象，而哀心有主。」〔註16〕音樂的本質是「和」，故〈聲無哀樂論〉言：

> 然聲音和比，感人之最深者也。勞者歌其事，樂者舞其功。夫內有悲痛之心，則激切哀言。言比成詩，聲比成音。雜而詠之，聚而聽之，心動於和聲，情感於苦言。嗟歎未絕，而泣涕流漣矣。夫哀心藏於苦心內，遇和聲而後發。〔註17〕

嵇康認為，只有和諧的音樂才能感發人內心的情緒。當聲音和諧組織後，是最能感動人心的。勞動的人歌唱出他的處境，快樂的人舞蹈出他的功業。內心的悲痛感情，外發為哀切的言辭，言辭組織後形成詩歌，聲音組織後形成曲調。當人們聚集在一起歌唱、聆聽，內心就會被和諧的曲調所感染，情緒被悲苦的歌詞所觸發，以致淚流滿面。內心有了悲傷的情緒，接觸到和諧的音樂後就流露出來，因此嵇康重視音樂之「和」。吳冠宏提出：

> 在王充與劉劭才性氣性論的發展脈絡下，嵇康相當關注氣性之殊別與至人之異氣，但由於承繼莊子在工夫義與境界義的生命探求，故能跳脫漢代宇宙氣化論及王充、劉劭之命定論的格局，在養生及聆樂體道的道路上，賦予主體可以透過工夫轉化身心限制的契機。所以嵇康在其〈琴賦〉中，提出「以樂體道的工夫路數」，「表彰琴樂可以使人自盡其殊才別性之妙。〔註18〕

〔註13〕〔三國〕嵇康著、戴明揚校注：《嵇康集校注》，（北京：人民文學出版社，1962年），頁197。
〔註14〕〔三國〕嵇康著、戴明揚校注：《嵇康集校注》，（北京：人民文學出版社，1962年），頁208。
〔註15〕〔三國〕嵇康著、戴明揚校注：《嵇康集校注》，（北京：人民文學出版社，1962年），頁199。
〔註16〕〔三國〕嵇康著、戴明揚校注：《嵇康集校注》，（北京：人民文學出版社，1962年），頁199。
〔註17〕〔三國〕嵇康著、戴明揚校注：《嵇康集校注》，（北京：人民文學出版社，1962年），頁198。
〔註18〕吳冠宏：〈從莊子到嵇康──「聲」與「氣」之視域的開啟〉，《清華學報》新44卷第一期，2014年3月，頁18。

這是重新從氣論的角度，思索莊子到嵇康的思想承接脈絡。而蔡仲德則將李贄視為道家音樂美學中，繼莊子、嵇康以來的第三位代表。筆者認為，李贄音樂美學部分傳承自道家，但在音樂是否有情感的觀點上，他應是與嵇康觀點不同。嵇康重視「滌情顯氣之聆樂體道的論述與實踐」〔註19〕，然音樂美學本身就涉及審美過程，既然牽涉到審美體驗，就不可能忽略情感作用。中國自古對音樂與情感的緄合，經常受限於禮的框架，尤其自孔子強調「游於藝」、「成於樂」伊始，把心性論分為知→好→樂之次序，其中「樂」為美學之體悟境界，得以「發憤忘食，樂以忘憂，不知老之將至」，但同時又與禮難以分列，直到嵇康〈聲無哀樂論〉才又加以「辨名析理」。李贄在「情」的部份，並未如同嵇康著意於「滌除」概念，反之，由於「情」本身已具自然之「真」義，故順「情」之發用，即彰顯「真」之過程。

　　「真」是晚明的時代特徵之一，同時也是泰州學派的美學範疇。胡學春認為，就道家而言，「真」代表「道」的精神呈現，其合乎自然天性，精誠之至，是質樸純素的初始狀態。就儒家言，孚、情、信、誠、實皆為尚實、尚信、追求名實相孚的實事求是、求真精神。佛教也有真心、直心、自然等「真」的概念，直心、淨心都是就是未受到世俗塵埃污染的真實佛性，也是真我。〔註20〕

　　到了李贄，他崇尚的不是刻意表現、誇張，也不是過分清高自賞，造成「雅」極而「俗」之弊。他不像當時某些文人「矯言雅尚，反增俗態」（《四庫全書總目・卷一二三・長物志提要》）〔註21〕，也不同於魏晉名士的「率真放達」，而是透過「情」之所至自然而然的流露，以營造出作品的「真」，也由於「音樂」

〔註19〕吳冠宏：〈從莊子到嵇康——「聲」與「氣」之視域的開啟〉，《清華學報》新44卷第一期，2014年3月，頁19。氏者企圖從另一種進路，思索莊子到嵇康的關聯，「希冀在本末有無之外，能跳開漢儒宇宙氣化論與魏晉玄學本體論的優劣分判，重新正視魏晉氣論的價值，關注莊子與嵇康思想皆存在著自然元氣論、工夫修養論與境界論的豐富意涵，發現兩者不僅遙相契合，嵇康更在以氣通道的思想向度下，完成人心與和聲相須以合德的典範論述，相較於向來視遠離世俗為玄學的理解框架，嵇康透過滌情顯氣之聆樂體道的論述與實踐，有別於王弼與郭象著力於談有論無之本體論的層次，似更能體證氣的無所不在以及道在生活世界中具現的向度。」

〔註20〕胡學春：《真：泰州學派美學範疇》，（北京：社會科學文獻出版社，2009年1月），頁10～25。

〔註21〕按《長物志十二卷》提要曰：「明季山人墨客，多以是相誇，所謂清供者是也。然矯言雅尚，反增俗態者有焉。」詳參〔清〕紀昀總纂：《四庫全書總目提要》，（石家莊：河北人民出版社，2000年），頁3169。

有真心的依附，所以當然也使音樂美具有「真」的本質，故音樂成為真與美的結合。李贄在《紅拂記·第八齣·李郎神馳》曰：

〔劇本原文〕生云：「方才候見司空，見一侍女子持紅拂，頗有顧盼之意，未知何故。」唱〈江兒水〉：「笑水中看月，做風中絮。」

〔夾批〕真。

李贄的夾批「真」，是紅拂女顧盼之間的真實樣態，也是李靖心中有紅拂，而真情流露下猜測揣想的「真」情。這同時也是王陽明所說的：

蓋良知只是一箇天理自然明覺發見處，只是一箇真誠惻怛，便是他本體。故致此良知之真誠惻怛以事親便是孝，致此真知之真誠惻怛以從兄健是弟，致此真知之真誠惻怛以事君便是忠，只是一箇真知，一箇真誠惻怛。

這種真誠惻怛就是一種自發性的無形無體的知覺靈明，也是王陽明所謂的自然，因此李贄在此以李靖的「笑水中看月，做風中絮。」將王陽明所謂的善、惡，轉變成為真、偽，藉由水中看月、做風中絮，將內心的情感自然流露投射於山水花草中。又在〈又答京友〉曰：

善與惡對，猶陰與陽對，柔與剛對，男與女對。蓋有兩則有對。既有兩矣，其勢不得不立虛假之名以分別之，如張三、李四之類是也。若謂張三是人而李四非人，可與？……甚矣，世人之迷也。然猶可委曰號之稱美，而名或不美焉耳。然朱晦翁之號不美矣，朱熹之名美矣。熹者，光明之稱，而晦者晦昧不明之象，朱子自謙之號也。今者稱晦庵則學者皆喜，若稱之曰朱熹，則必甚怒而按劍矣。是稱其至美者則以為諱，而舉其不美者則反以為喜。是不欲朱子美而欲朱子不美也，豈不亦顛倒之甚與！

近世又且以號為諱，而直稱曰翁曰老矣。夫使翁而可以尊人，則曰爺曰爹，亦可以尊人也。若以為爺者奴隸之稱，則今之子稱爹，孫稱爺者，非奴隸也。爺之極為翁，爹之極為老，稱翁稱老者，非奴隸事，獨非兒孫事乎？又胡為而舉世皆與我為兒孫也邪？近世稍知反古者，至或同儕相與呼字，以為不俗。吁！若真不俗，稱字固不俗，稱號亦未嘗俗也。蓋直曰名之而已，又何為乎獨不可同于俗也？吾以為稱爹與稱爺亦無不可。

善惡、陰陽、剛柔都只是虛假的名詞，為了區別彼此差異而出現的字彙。李贄

引用朱熹之名、字，說明世人往往拘泥於詞彙的差異，而顛倒是非，自以為不俗，實際上卻是陷入了名諱的虛假中，李贄以此針砭世人之假，推崇「真」，而其「真」崇尚的是人的真性情與真精神，這包含了音樂創作的主體和接受主體都必須有相同的「真」的素質要求。

同理可證，也因為「真心」得以透過音樂而彰顯，所以心成為「有」中之「真」，也因為心的「真」，所以成就了音樂的美。換言之，音樂本來只是一種客觀存在，因真心而成就音樂之「美」，如無真心，就是假，音樂也就失其美感，成為邪聲，在真心發動下則可為真樂、至文，否則為「偽」，此種對「真」的追求，不同於《禮記‧樂記》「禮義立，則貴賤等矣；樂文同，則上下和矣。」〔註22〕這種對「善」的重視，不僅不同於嵇康〈聲無哀樂論〉「躁靜者，聲之功也；哀樂者，情之主也」〔註23〕的聲音無情感之說，更和「琴與人和」、「音聲有自然之和」〔註24〕的「至和」說有所不同。〔註25〕李贄所謂的「樂由心生」代表的是把「真」心作為音樂美學的前提，藉由音樂活動來呈顯生命之真諦，表現創作者、演奏者的真性情、自然真機與真實內容，因此構成其音樂美學的自然本真特色。

二、琴者，「心」也

李贄「琴者，心也」的命題是出自〈琴賦〉，他明確指出樂器與心之間的關係，〈琴賦〉曰：

〔註22〕〔清〕孫希旦撰：《禮記集解》，（臺北：文史哲出版社，1976年），頁904。

〔註23〕〔三國〕嵇康著、戴明揚校注：《嵇康集校注》，（北京：人民文學出版社，1962年），頁217。

〔註24〕〔三國〕嵇康著、戴明揚校注：《嵇康集校注》，（北京：人民文學出版社，1962年），頁208。

〔註25〕李美燕認為，從魏晉以來的琴人有「以悲哀為主」、「以垂涕為貴」的作品來看，琴人將古琴當作一種宣滯導情的樂器，隨著情感的投入，對生命中的人事滄桑與大自然變化的感受產生不同的表現，或寫「意」，或抒「情」，將情感流入於詩文中，本屬自然。然而，在嵇康〈琴賦〉一文中除了對古琴扮演著宣滯導情的功能（「誠可以感盪心志，而發洩幽情矣」）有所點示外，其中，還可見嵇康視琴樂的最高境界乃在體現琴與人和——「若和平者聽之，則怡養悅愉，淑穆玄真，恬虛樂古，棄事遺身」（卷二，頁4），人與天地自然和諧為一，「總中和以統物」、「感天地以致和」（卷二，頁4）的審美理想。換言之，古琴對嵇康而言，不只是一種樂器，更是一種人與天地萬物和諧為一的道器。詳見李美燕：《琴道：高羅佩與中國古琴》（上冊））》，（香港：香港大學饒宗頤學術館，2010年初版），頁97～機98。

> ……琴者，心也，琴者，吟也，所以吟其心也。人知口之吟，不知
> 手之吟；知口之有聲，而不知手亦有聲也。如風撼樹，但見樹鳴，
> 謂樹不鳴不可也，謂樹能鳴亦不可。此可以知手之有聲矣。

李贄在這裡明確指出琴就是心之判斷句，也因為琴得自於「心」的內在精神與價值，所以「琴」就是「心」，「心」就是「琴」，脫離了「琴」的「心」是不存在的，脫離了「心」的「琴」就只是不真、無情的事物。而手、口都是將音樂「有聲化」的媒介，透過「吟」的演奏方式，把具有「真心」的音樂外顯。因此「琴」是用來表現「心」因情「動」的媒介。

　　蔡仲德認為李贄的〈琴賦〉是推翻「琴者，禁也，禁人邪惡，歸於正道」的傳統思想，是否定《左傳‧昭公元年》醫和所說「君子之近琴瑟，以儀節也，非以慆心也」，他要求音樂「吟其心」，是要自由抒發情性，且要求音樂表現不同的獨特個性。〔註26〕

　　王維在〈對李贄「琴者心也」音樂美學思想的探究〉針對蔡仲德所謂的推翻「琴者，禁也」說，提出李贄的「琴者，心也」乃基於心學而來，其並未裂變出儒學體系，明代心學「心即理」說，為讀書人找到另一種安身立命的價值，也是儒家禮樂思想的轉向，由僵化理論說教轉向更具有人性化的活力，把古琴藝術帶入「情」的抒懷，而「美」在「情」中，也使主體意義被凸顯，所以「琴者心也」是對「琴者禁也」的內部批判，不是對儒家禮樂思想的反叛，而是儒家禮樂思想自身發展的內在需要，它隨著禮樂思想的轉向產生，根本上是對個人價值的尊重，讓古琴音樂的情感外化，時代變遷下造成的情感不安也得以從中疏導，其彰顯了晚明士人的主體意識，情感得以琴道自由延伸，最直接的就是古琴演奏滾拂手法與描繪性抒情段落的大量使用。因此，「琴者心也」將古琴的終極意義完全復歸於「心中」，主體意識得到了前所未有的強化，演奏主體得以更加真切的表現自我的情緒，創作結構與創作形式也更傾向心理化。既然「心」可以作為衡量美的標準，那麼每個人都有欣賞和參與的權力，所以「琴者，心也」是和「琴者，禁也」相互制約補充平衡了古琴音樂的演進與發展。前者促進古琴的表現空間與變革為更貼近藝術特性，後者則確立古琴演奏風格與音樂語言的程式化演奏方式。一為感性，一為理性，兩者都有促進修身養性的一致性。由此延伸，「琴者，心也」命題肯定了戲曲藝術等俗樂也同樣可使人得到相同的精神感受，造成戲曲藝術等俗樂遊邊緣化走向中心；而古琴音

〔註26〕蔡仲德：《中國音樂美學史》（北京：人民音樂出版社，2003年），頁716～717。

樂則讓文人有了更強烈的遺世獨立精神，反將古琴藝術更文人化、高雅化，從中心地位轉向邊緣化。雅樂、俗樂地位趨向平等。〔註27〕

筆者認為，雖然王維之說具有對蔡仲德說法的批判意識，並依明代心學發展，來思索李贄「琴者，心也」的儒家傳承，但他仍是根植於傳統的琴為道器的觀點來分析李贄琴論。若從李贄音樂美學的思想根源來看，此「琴者，心也」的命題所提到的由「琴」吟，展現「心」之情調過程，也是「技」在「器」上，發揮其「道」的過程。「心」本身是抽象的，須憑借具體之物才能將主體「心」形象化，如同李贄《老子解》對《老子・十一章》的闡述：

> 車也，器也，室也，其利在有，而不在無。而乘之，載之，居之，其用在無，而不在有。然則非無不有，非有不無，是均利而兼用之道也。人亦安能棄無而逐有，舍有而求無也與哉！

車子、器物、房室皆為具體物質，有其形體的存在，而三者的功用卻是「無」形的，所以器物與功能彼此之間就是「有」、「無」的關係，統一的問題。功能必須依賴於形體展現，形體若無功能也就喪失其之所以為此物之理由。琴與心的關係亦如是，琴乃為了表心，故琴是物，心是道，琴與心的關係即「有」和「無」之間的統一，故李贄音樂美學的本質是呼應了李贄承自道家的「有」、「無」關係，展現其「道物一體」觀。如果沒有「心」，則「琴」就失去其之所以為樂器的理由，如果沒有「琴」，那麼「心」也無所表現，故李贄的樂論，乃著意於不能在「琴」（物）外求「心」，這也使他的「技即道耳」之論有了本體之基礎。故李贄的「琴者，心也」已不同於傳統中，所謂視琴為「道之器」的功能論。琴為「道之器」說可見於西漢桓譚在其琴論《新論・琴道》中說：

> 八音之中惟絲最密，而琴為之首。琴之言禁也，君子守以自禁也。大聲不震嘩而流漫，細聲不湮滅而不聞。八音廣博，琴德最優，古者聖賢玩琴以養心。〔註28〕

因其相關理論與實踐在在體現文人之音樂審美情趣，且琴樂美學的終極目標即是對「道」的追求。這個「道」在儒家是一種道德體系，在道家是一種自然，在佛教則是涅槃。早期儒家主張雅樂，古琴不是為了娛樂，而是「修身

〔註27〕 王維：〈對李贄「琴者心也」音樂美學思想的探究〉，《中央音樂學院學報》第4期，2006年，頁92～97。

〔註28〕 〔漢〕桓譚撰，〔清〕孫馮翼輯注：《新論》，（臺北：中華書局，1981年），頁3。

理性，反其天真」「禦邪僻，防心淫。」因此儒家反對俗樂，因為俗樂過於
「淫」，有失中庸。雅樂則講求中和，反對華麗的音樂表現。而宋代朱長文
《琴史》曰：

> 夫心者，道也。琴者，器也。本乎道則可以周於器。〔註29〕

朱長文是站在道、器兩分的角度來看心與琴的關係，中國古琴音樂向來被視為
文人音樂的代表，朱長文以「道」為根基，認為「道」立則可彰顯於「器」，
清代戴源則就得情、作歌、要節、調氣、煉骨、取音、明譜理、辨派等角度來
看古琴，在《春草堂琴譜‧鼓琴八則》說：

> 琴，器也。具天地之元音，養中和之德性。道之精微寓焉。故鼓琴者
> 心超物外，則音合自然。而微妙有難言者，此際正別有會心耳。〔註30〕

戴源認為古琴具備天地的元音，可以將人的德性涵養到中和之境，也因為琴
是載道的器物，所以演奏時，也應該透過一定的規範，才能「神與道融」。
這些說法，都和儒家正統樂教理論息息相關，歷代士人多以琴為「養德」、
「養心」之具，多有左琴右書，無故不撤之習性，也因此走向了琴樂的淡和
一味。

與「道之器」論相對的，是魏晉時琴人作品中「以悲哀為主」、「以垂涕為
貴」（〈聲無哀樂論〉）〔註31〕之特徵，古琴已成宣滯導情之樂器，這種藉由情
感的投入，表現出對外在變化的體察，本屬自然。然嵇康〈琴賦〉在這種宣滯
導情的功能性之外，又展現琴樂中琴與人和的境界，故嵇康將古琴提升到人與
天地萬物和諧為一的道器。〔註32〕

但李贄樂論卻和過去把琴視為道的載體有所不同，他直指「琴者，心也」
而非「琴者，道也」，既然琴就是心，那麼心所包含的自然私慾，順理成章會
在「琴」上表現，「琴」成了人情、性、私的外顯之「器」，而琴就不可能如古
人倡議的純粹道德化，這是李贄的創發，也是他將「琴」脫離了純粹「道器」
的崇高地位之證據。

〔註29〕〔宋〕朱長文：《琴史》，收入故宮博物院編：《故宮珍本叢刊‧子部‧藝術‧
　　　　琴譜》第 465 冊，（海口：海南出版社，2001 年），頁 11。
〔註30〕〔清〕戴源：〈鼓琴八則〉，收入〔清〕蘇璟、戴源、曹尚綱：《春草堂琴譜》，
　　　　（北京：中國書店出版社，1995 年），頁 3。
〔註31〕〔三國〕嵇康著、戴明揚校注：《嵇康集校注》，（北京：人民文學出版社，1962
　　　　年），頁 84。
〔註32〕李美燕：《琴道：高羅佩與中國古琴》（上冊）)》，（香港：香港大學饒宗頤學術
　　　　館，2010 年初版），頁 97～98。

　　除儒家外，佛教音樂也有琴樂，將琴樂視為工夫修養之法。在宋代成玉磵的《琴論》曰：

> 攻琴如參禪，歲月磨練，瞥然省悟，則無所不通，縱橫妙用，而嘗若有餘。〔註33〕

成氏強調古琴具有靜心養性、調理身心之特質，其為中洲琴派代表，向以追求質樸剛勁、寬宏蒼老為主要風格，成氏將琴視為修養心性之器，從虛靜淡遠的琴境中，通達物我兩忘之禪趣，有助於無我、性空、頓悟、明心見性之禪修，即其所謂「操琴之法大都以得意為主」，只要長久修煉，自有貫通之悟機，終至「無所不通」〔註34〕。另一方面，由明代古琴大家徐上瀛在其名著《溪山琴況》內容來看：

> 指下掃盡炎囂，弦上恰存貞潔。〔註35〕

> 俗響不入，淵乎大雅，徒以繁聲促調，觸人之耳，而不能感人之心。

〔註36〕

和虞山派琴家嚴澂同為琴師陳愛桐之子陳星源的傳人，卻不同於被奉為正宗的嚴澂〔註37〕，嚴澂曾著《松弦閣琴譜》一卷，取古淡清雅之音，去纖靡繁促

〔註33〕〔宋〕成玉磵：〈琴論〉，收入《琴書大全》卷十，《續修四庫全書‧子部‧藝術類》，（上海：上海古籍出版社，2002年），頁64。

〔註34〕金忠明：《樂教與中國文化》，（上海：上海教育出版社，1994年），頁235。

〔註35〕〔清〕徐上瀛：《谿山琴況》，收入《續修四庫全書‧子部‧藝術類》，（上海：上海古籍出版社，2002年），頁475。

〔註36〕〔清〕徐上瀛：《谿山琴況》，收入《續修四庫全書‧子部‧藝術類》，（上海：上海古籍出版社，2002年），頁477。

〔註37〕修海林、李吉提提出古琴藝術流派中，「各琴派都形成有自己的琴樂審美觀念，因此，除了在音樂風格上各琴派之間各有千秋、互不相同之外，甚至還會在對古琴體裁的選擇方面，產生不同的偏好乃至褒貶傾向。例如在明代，各派琴家中，既有重視琴曲純器樂性的美學見解，也有提倡琴歌聲詞並重的美學傾向，從而形成古琴藝術領域中有關體裁的選擇與愛好的聲樂、器樂兩大琴派。器樂派的琴家，明代有以嚴澂為代表的虞山派琴家。嚴澂曾於明萬曆四十二年（1614）主持編選刊印了《松弦館琴譜》，這是虞山派最有代表性的琴曲譜集。此派琴人竭力抨擊聲樂派琴人編配歌詞的作法，譏刺這種做法『適為知音者捧腹』。器樂派琴家主張古琴音樂的純器樂化，在演奏風格上主張輕、微、淡、遠，在審美上追求表現內心的平和、虛淡意境。嚴澂認為琴曲的音樂自有其豐富的表現力而超乎文詞，更不必借助於文詞，認為『蓋聲音之道微妙圓通，本於文而不盡於文，聲固精於文也』（《琴川譜匯序》）。」詳見修海林、李吉提：《中國音樂的歷史與審美》，（北京：中國人民大學出版社，1999年），頁156。

之響，提倡清、微、淡、遠，其風格最近於古。〔註 38〕徐上瀛則講「靜、遠、淡、逸」，在《谿山琴況》專論琴聲，分成二十四況，說明古琴的演奏美學，提出：

> 古樂雖不可得而見，但誠實人彈琴便雍容平淡，故當先養其琴度，
> 而次養其手指，則形神並潔，逸氣漸來。（一曰逸）
> 急而不亂，多而不繁，淵深在中，清光發外。
> 唯在沉細之際，而更發其光明。（一曰亮）〔註 39〕

《谿山琴況》共有二十四則，專論琴聲與古琴的演奏美學，對古琴的藝術表現力闡述詳盡。他認為曲調中有徐者必有疾，應疾徐兼備，今古並宜。〔註 40〕不管古、淡、恬、逸、雅、麗、亮、采、潔、潤，都追求「弦與指合，指與音合，音與意合」的「三合之和」，故琴學最高意境就是「和」。

徐上瀛《谿山琴況》又曰：

> 一曰「和」。稽古至聖，心通造化，德協神人，理一身之性情，以理
> 天下人之性情，於是製之為琴。其所首重者，和也。〔註 41〕

琴以「理一身之性情，以理天下之性情」為目的，尤重聖人以其「心」和於「太和之氣」，只要「至聖」能在彈琴時達到「和」之工夫，即能與「造化」相通，產生之「雅、頌之音」自然能夠「理而民正」〔註 42〕。

然同時代的李贄卻直指琴有傷悼國祚之情的功能，〈琴賦〉曰：

> 尸子曰：「舜作五絃之琴，以歌南風，曰：『南風之薰兮，可以解吾
> 民之慍兮。』因風而思民慍，此舜心也，舜之吟也。微子傷殷之將
> 亡，見鴻雁高飛，援琴作操，不敢鳴之於口，而但鳴之於手，此微
> 子心也，微子之吟也。」

因微子有感於「殷之將亡」，在見到「鴻雁高飛」，心有所觸動後，卻因上位者無道，不敢以言語訴說，只能將內心情感想法寄託於琴音，當屬不平之鳴。此

〔註 38〕金文達：《中國古代音樂史》，（北京：人民音樂出版社，1994 年），頁 570～
571。
〔註 39〕〔清〕徐上瀛：《谿山琴況》，收入《續修四庫全書·子部·藝術類》，（上海：
上海古籍出版社，2002 年），頁 480～481。
〔註 40〕金文達：《中國古代音樂史》，（北京：人民音樂出版社，1994 年），頁 571。
〔註 41〕〔明〕徐上瀛：《谿山琴況》，收入《續修四庫全書·子部·藝術類》，（上海：
上海古籍出版社，2002 年），頁 473。
〔註 42〕〔明〕徐上瀛：《谿山琴況》轉引自《樂志》，收入《續修四庫全書·子部·藝
術類》，（上海：上海古籍出版社，2002 年），頁 477。

與文人琴樂作品多彌漫仙道色彩傳統有所殊異，如《頤真》、《長清》、《梅花三弄》、《天風環佩》、《梧葉舞秋風》，皆有「體氣欲仙」的特色。〔註43〕到了明清時期，器樂藝術仍以琴樂為文人重要樂種，不少文人士大夫將古代琴曲及民間流傳曲目編纂成譜集，再以解釋、說明，如：《神奇秘譜》、《太古遺音》、《太音大全集》、《西麓堂琴統》、《琴書大全》。〔註44〕同處於明代的徐上瀛，深受傳統琴樂重視「道」、「自然」之美影響，認為藉由清靜、沉細、微弱、柔婉、希疏之音響達到雋永淡遠之旨趣，實與《老子》音樂審美認識有密切淵源。〔註45〕反觀李贄，他重視的是琴所展現的真情實感，及其直指人心之「私」的合理性，而對外物傷感之情也涵蓋在人心之「私」中，為奏「琴」添加了濃厚的人性色彩。

琴在儒家是文人體道的象徵，在道家是自然的流瀉，在佛家則從唐代始已有許多琴僧，表現的音樂就是佛曲，他們以富有禪意的詩歌、梵音琴曲，以藝弘道。元代因時局紛亂，古琴開始不受重視，故琴人多以熱鬧新篇演奏，失去古琴原本的修養意義。然綜觀古文人奏琴，大多主在反對與功利、感官欲望相關的繁音、豔聲、濁聲等等，以致雅樂俗樂衝突日盛，統治階層提倡雅樂，下層民眾喜好俗樂，雅樂、俗樂又往往相互交流影響，即使上位者強調「存雅去鄭」，但其言行卻又常「喜鄭厭雅」，即便是朱熹，也是大談雅樂律呂的理論，

〔註43〕蒲亨強：《道樂通論》（北京：中央音樂學院出版社，2004年），頁258。蒲亨強提出，《頤真》之寡欲；《長清》之空明；《梅花三弄》之高雅飄逸；《天風環佩》超凡之想；《梧葉舞秋風》的清妙、蕭瑟，無不給人以在渺冥淡遠中產生「體氣欲仙」的感受。

〔註44〕修海林、李吉提：《中國音樂的歷史與審美》，（北京：中國人民大學出版社，1999年），頁155～156。修海林、李吉提針對古琴圖譜價值，提出說明：明洪熙年間朱權所輯琴譜《神奇秘譜》三卷（1425年出版），是現存年代最早的重要琴曲譜集，對研究隋、唐、宋、元的琴曲，具有很高的歷史價值；另有明正統年間（1436～1449）袁均哲據朱權所編、收有宋代琴學文獻的《太古遺音》及諸家琴譜而成集的《太音大全集》；明嘉靖年間（1522～1566）琴家汪芝輯《西麓堂琴統》琴譜二十五卷，錄有宋代論琴文字以及不少極為罕見的遠年遺響，對於研究漢魏六朝以來的琴曲藝術成就，有重要價值；明萬曆間琴家蔣克謙於1521年前不久，輯有收錄大量未見他書的琴學論著以及唐宋以來琴書、琴譜的古琴重要文獻《琴書大全》二十二卷；清康熙六年（1667）徐琪、徐俊父子所輯《五知齋琴譜》，是清代以來流傳最廣的琴譜。

〔註45〕蒲亨強：《道樂通論》（北京：中央音樂學院出版社，2004年），頁257。蒲亨強認為，「大音希聲」也存在這種兩面性的意義，所謂「大音」是和人為之音對立而言的，象徵無比偉大、至善至美的「道」。「希」則和一切具體存在的聲相對而言，指的是哲學上的虛的境界，並非特指音樂審美的境界。

同時也填流行之曲子詞。明清人論樂，更多是大談崇雅，然所愛唱者，不出昆曲皮黃。〔註46〕比起虛矯的道學家，李贄之琴論是真實得多。

　　雖然李贄文獻並未見到琴譜等資料，但他本人是有鼓琴經驗的，雖不如嵇康以音樂家稱譽，但也因實際演奏經驗，使他提出「琴者，心也」之論，反映實際演奏的心得。其作有幾處提及「鼓琴」體悟，如〈雜說〉曰：

> 倘爾不信，中庭月下，木落秋空，寂寞書齋，獨自無賴，試取《琴
> 心》一彈再鼓，其無盡藏不可思議，工巧固可思也。

讀書閒暇之餘，從彈奏《琴心》中，體察到音樂藝術之奧妙，體現源源不盡之情思。《焚書・卷六・五七言長篇・哭耿子庸》其四曰：

> 君心未易知，吾言何惻惻！太言北海若，小言西河伯。緩言微風入，
> 疾言養叔射。矗言褶俚語，無不可思繹。和光混俗者，見之但爭席。
> 浩氣滿乾坤，收斂無遺跡。時來一鼓琴，與君共晨夕。已矣莫我知，
> 雖生亦何益！

鼓琴代表和朋友同道間怡然共處之樂，在世俗雜染中，得以體現浩然正氣，雖獨樂樂不如眾樂樂，但在耿定理死後，知其音者卻不再矣！《續焚書・卷五・詩匯・五言律・獨坐》也說道：

> 有客開青眼，無人問落花。暖風熏細草，涼月照晴沙。客久翻疑夢，
> 朋來不憶家。琴書猶未整，獨坐送殘霞。

此為孑然一身，春日獨坐，百無聊賴，悠然自得的生活情趣，有「琴」書相伴之快意。而《續焚書・卷五・詩匯・七言律・李見田邀遊東湖二律》其二曰：

> 湖上風多白晝陰，水雲深處是禪林。清歌一曲令人醉，銀燭高燒不
> 自禁。遊子他鄉雙白髮，將軍好客千黃金。莫邪長劍終須試，未許
> 扁舟獨鼓琴。

獨自鼓琴也是面對懷才不遇時的自我，豁達自適的表現。故古琴之於李贄，仍有傳統文人抒憂解懷之用。

　　另外，李贄往往對道學家拘泥古法持反對鄙視之態，《藏書・紀傳總目後論》就指責儒臣「學步失故」，只知一味模仿孔子，誤以為捨孔子則無足法，卻反陷落在盜襲其跡之中。故在《焚書・卷二・書答・與莊純夫》說：「若平日有如賓之敬，齊眉之誠，孝友忠信，損己利人，勝似今世稱學道者，徒有名

〔註46〕金忠明：《樂教與中國文化》，（上海：上海教育出版社，1994 年），頁 230～
　　　　232。

而無實,則臨別猶難割捨也。」批評有名無實的道學家,也在其琴道上有所反應,他將傳統視琴為「道之器」,轉變為「心之器」、「情之器」。〈琴賦〉曰:

> 文王既得后妃,則琴瑟以友之,鐘鼓以樂之。向之展轉反側,寤寐
> 思服者,遂不復有,故其琴為《關雎》。而孔子讀而贊之曰:「《關雎》
> 樂而不淫。」言雖樂之過矣,而不可以為過也。此非文王之心乎?
> 非文王其誰能吟之?

李贄以文王對后妃有友之、樂之之心,故藉琴瑟、鐘鼓表心達意,此心意即文王對后妃之「情」,此「情」切合中庸,孔子視其「樂而不淫」,孔子向來以「成於樂」為人格修養最高境界,重視音樂形式與內容須合乎「禮」,藉此建立倫理性,即《禮記‧樂記》所謂「樂者,通倫理者也」的觀點。〔註47〕孔子認為音樂中的情感,乃本於「禮云禮云,玉帛云乎哉?樂云樂云,鐘鼓云乎哉?」〔註48〕的樂教精神,是「德成而上,藝成而下」〔註49〕的樂德追求,乃合禮、有節之「情」,是天賦道德之性。而李贄說「言雖樂之過矣,而不可以為過也。」這是對孔子之讚所發的評論,因李贄並不認同應該給音樂「樂而不淫」的外在規準法度,故對孔子之讚提出「過矣」(超過)的觀點,但他也不認為孔子之讚是錯誤的。這在《焚書‧卷三‧雜述‧四勿說》可引以為證:

> 蓋由中而出者謂之禮,從外而入者謂之非禮;從天降者謂之禮,從
> 人得者謂之非禮;由不學、不慮、不思、不勉、不識、不知而至者
> 謂之禮,由耳目聞見、心思測度、前言往行、彷彿比擬而至者謂之
> 非禮。語言道斷,心行路絕,無蹊逕可尋,無塗轍可由,無藩衛可
> 守,無界量可限,無扃鑰可啟,則于四勿也當不言而喻矣。未至乎
> 此而輕談四勿,是以聖人謂之曰:「不好學」。

由於禮、樂之道互為表裡,李贄提出「由中而出者謂之禮,從外而入者謂之非禮。」禮是「天降者」,由心中來,是「不學、不慮、不思、不勉、不識、不知而至者」,不是由外鑠我,而是天生有之。故禮應是由內而外的發揚,而非由外而內的束縛。又在《焚書‧卷四‧雜述‧耿楚空先生傳》說:

> 子庸曾問天臺云:「《學》《庸》、《語》、《孟》,雖同是論學之書,未
> 審何語最切?」天臺云:「聖人人倫之至一語最切。」子庸謂終不若

〔註47〕 〔清〕孫希旦撰:《禮記集解》,(臺北:文史哲出版社,1976 年),頁 900。
〔註48〕 〔宋〕朱熹撰、徐德明校點:《四書章句集注》(上海:上海古籍出版社,2001 年),頁 210。
〔註49〕 〔清〕孫希旦撰:《禮記集解》,(臺北:文史哲出版社,1976 年),頁 927。

未發之中之一言也。」余當時聞之,似若兩件然者。夫人倫之至,
即未發之中,苟不知未發之中,則又安能至乎?蓋道至于中,斯至
矣。故曰:「中庸其至矣乎。」又曰:「無聲無臭至矣。」

李贄認為「未發之中」就是「人倫之至」,因為「道」就在「心」中,所以人倫就在此,「中庸」也在此,這是無聲無臭地自然存在。足見李贄所謂的「心」並非純粹主「情」,而是同時具有天賦道德的「良知」,只要秉其自然之性,情真意真地張揚心之本然,就能自然而然地通達人倫之極、中庸之道的「和」境。

　　若由此審視〈琴賦〉中孔子之讚,李贄認為孔子所謂「樂而不淫」的外在判准是太超過了,因為此樂乃文王之樂,並非孔子之樂,只有文王才能吟之,孔子是無法吟之的,但也不能因此認為孔子是錯誤的,因為此種達乎中庸的音樂之道,是人人皆有可能達到的境界,所以此讚賞乃基於孔子對文王「同情的理解」。

　　綜上所述,李贄所謂「琴者,心也」是立基於琴以表心的立場出發的,所以琴已不再是「道器」,而是心之「情」顯、「禮義」之載體。

三、聲音之道原與「心」通

　　此一命題乃針對前人論李贄音樂美學,多從「聲音之道可與禪通」而闡述。依蔡仲德《中國音樂美學史》言,「聲音之道可與禪通」見於李贄《焚書‧征途與共後語》,其「此其道蓋出於絲桐之表、指授之外」之論,著墨於音樂要超越聲音感受玄妙,如同佛學要超越事物體驗神秘禪理。其次,音樂之道非文字、語言可傳,禪理、佛性也非文字、語言而能表達,音樂只能親自領悟,不能傳授,而禪理、佛性「惟諸全者自內所證」(《四十華嚴經》),三者可相通。再者,對音樂之道的把握必須靠悟性、頓悟,與禪理相同,故李贄是用禪理解讀音樂,顯然比《淮南子》更真切地把握了音樂藝術的「不傳之道」、「不共之術」。〔註50〕

　　程乾認為李贄將藝術做為人生受用的重要途徑,從《初潭集‧卷十四‧音樂》記述〈伯牙學琴〉後的評論,可知其看重人之自得與個性,不受蔽蒙,「聲音之道可與禪通」則得之於與焦竑論辯《刻蘇長公集序》,焦竑論蘇軾文,引伯牙學琴例,引發「聲音之道可與禪通」之命題。而李贄認同「禪」與「聲

〔註50〕蔡仲德:《中國音樂美學史》,(北京:人民音樂出版社,2003 年),頁 712～
　　　713。

音」具有「自得」的契合，兩者都是在思維上重視直覺，直指本心；呈現方式都是透過個人體驗，「自性」與「自得」相通；實踐方面都是追求自由意志的個性獨特，個體具有不可替代性，且要超越圖譜與師承，追求自然人性。且禪宗重視孤絕才能得見真如本心，一如伯牙學琴至於海，忘卻曾經的圖譜指授後，才能達到藝術的直覺與想像。李贄推崇的藝術至境是「無師自悟，盡是天然」，他拋開了「天」，直指「人心」，重視「個體」的人；此處的「心」不是生而俱全的「天理」，而是父母未生之前的「人欲」，這是得自佛教的觀念說法。他將自然置於個體之內，強調絕假純真之心，個體不能受「禮」與「法」的擺佈，也不受「天」與「理」的束縛；一切以「自然」為美，以「自心」為師。〔註51〕

之後徐海東在其碩士學位論文《李贄的音樂美學思想及其基礎》也談及此命題，認為焦竑的觀點是北禪宗「漸悟說」，需要老師指導與對經文的研習，此與學琴音樂相通。「聲音之道」和「禪之道」相通之處在於兩者都需要循序漸進地學習，需要老師傳授。而李贄認為焦竑的觀點錯誤，參禪靠的是頓悟，不需要老師和圖譜，而在於自得。他借用焦竑所舉的「伯牙學琴」以證之，認為兩者都不需循序漸進學習與老師傳授，只能靠自身剎那間的頓悟。徐氏認為「聲音之道可與禪通」並非在爭論學琴是否與學禪相通，而是在爭論哪個方面相通。而從李贄贊同成連的學琴標準在於移入自身情感，可見他的音樂美學思想是典型的情感論。〔註52〕

前人研究皆將禪與音樂進行連結，著意於李贄的禪宗頓悟說與聲音之間的直覺自得相聯繫，並在傳授過程著意於自然、自性、自得。然筆者認為，音樂要超越聲音、事物以體驗玄妙、禪理之說，乃源於李贄對無聲之樂的肯定，此部分會於後面章節論述。又「聲音之道可與禪通」乃焦竑所說，並非李贄所言，李贄只是根據焦竑之論來說明個人對「聲音之道」的見解，若細繹李贄作品，發現他曾在《焚書・卷四・雜述・豫約小引・早晚鐘鼓》提過「聲音之道原與心通」的相關命題，所以本文以「聲音之道原與心通」作為李贄音樂美學的音樂主體。

〔註51〕程乾：〈「聲音之道可與禪通」——李贄音樂美學思想中的禪宗精神探幽〉，《音樂研究》第 6 期，2009 年，頁 75～85。

〔註52〕徐海東：《李贄的音樂美學思想及其基礎》，（南京：南京藝術學院碩士學位論文，2011 年 5 月 24 日），頁 18～20。

　　要探討「聲音之道原與心通」，必須思索李贄的「聲音之道」的「道」所指為何？「聲音之道原與心通」是指心藉由感知外在聲音，因聲音具備情感特質，進而而觸發內心的激動情緒？還是如同嵇康的心聲異軌說，認為心本身已有哀樂情感，聲音（音樂）並無情感，只是因為「和聲」才觸動內心的哀樂情感之外發？如果心是一種主觀的預設，而聲音則為客觀的存在，若此客觀的存在是「和聲」則可感於心，如此一來就和〈聲無哀樂論〉中，所謂「和聲無象，而哀心有主」〔註53〕之論相同，強調音樂只能影響情緒，本身並不包含情感，與情感也無必然對應關係。〔註54〕就嵇康說法，音樂本體是自然之和，「和聲」乃「道」的具體化，音樂本身無哀樂，無法成為情感的載體。但是人心先有哀樂之情存在，在聆賞「和聲」時被引發出來，故從中感受到的不過是個人原有的哀樂之情。〔註55〕故錢鍾書《管錐編》言：

　　嵇康〈聲無哀樂論〉：「和聲無象，而哀心有主。夫以有主之哀心，因乎無象之和聲，其所覺悟，唯哀而已。」按即劉向《說苑·書說》、桓譚《新論·琴道》：「若此人者，但聞飛鳥之號，秋風鳴條，則傷心矣。臣一為之援琴而長太息，未有不凄惻而滋泣者也。」亦即陸機〈豪士賦〉：「落葉俟微風以隕，而風之力蓋寡；孟嘗遭雍門而泣，而琴之感以末。何者？欲隕之葉，無所假烈風；將墜之泣，不足繁

〔註53〕〔三國〕嵇康著、戴明揚校注：《嵇康集校注》，（北京：人民文學出版社，1962年），頁199。

〔註54〕〈聲無哀樂論〉的主客問題，有相當多的研究。如吳冠宏：〈當代〈聲無哀樂論〉研究的三種論點商榷〉、〈鍾情與玄智的交會——嵇康〈聲無哀樂論〉之理解新向度〉等文，收入氏著：《魏晉玄義與聲論新探》，（臺北：里仁書局，2006年）。吳冠宏說：「嵇康對音樂不僅有著絕異於傳統的理解進路，他更將音樂從『現象』（有）推至『本體』（無）的位階，而這種以聲為道的玄心，即是他對音樂款款深情的發露，可見辯論僅是一表達的形式，透過玄理的參證，音樂的定位在鍾情與玄智的交映下，遂能展現出前所未有的高度，是以『分判聲情』只是一個論述的起點，『以聲為道』才是嵇康對音樂最高的禮讚。……在第三層的聲情關係「合：主客相濟，共臻道境——隨曲之情，盡於和域；樂之為體，以心為主」中，我們看到「人心」與「聲音」的再度遇合，在「道」的照明之下，不僅對所癖之「物」（聲）形成一自體性的觀照，主體之「我」也在「隨曲之情，盡於和域」的渾然忘我之際，體現了忘情以契道的理境，可見嵇康分判聲情並非截斷主客之關係，而是透過對哀樂的反撥，使主客之間得以有更高的會通與玄同。」詳見吳冠宏：〈鍾情與玄智的交會——嵇康〈聲無哀樂論〉之理解新向度〉，（臺北：里仁書局，2006年），頁225。

〔註55〕張蕙慧：《嵇康音樂美學思想探究》，（臺北：文津出版社，1999），頁81。

哀響也。」蓋先入為主，琴不自禁而嫁於物，觸聞之機而哀，非由樂之故而哀。〔註56〕

人心本具的哀樂情感，經客觀和諧的音樂觸發後，產生先入為主的情緒誘發，進而有哀樂之感，此即嵇康〈聲無哀樂論〉的心聲異軌。反觀李贄的心聲關係論述，在〈豫約小引・早晚鐘鼓〉有言：

夫山中之鐘鼓，即軍中之號令，天中之雷霆也……縱有雜念，一擊遂忘；縱有愁思，一拋便廢；縱有狂志悅色，一聞音聲，皆不知何處去矣。不但爾山寺僧眾然也，遠者近者孰不聞之？聞則自然悲仰，亦且回心易向，知身世之無幾，悟勞攘之無由矣。……雖曰遠近之所望而敬者，僧之律行，然聲音之道原與心通，未有平素律行僧寶而鐘鼓之音不清越而和平也。……時時聞此，則時時熏心；朝朝暮暮聞此，則朝朝暮暮感悅。

早晚鐘鼓如軍令、似雷霆，一旦震動，則可使百穀種子外皮剝裂，極具破壞力，但也具震懾力，顯示佛教鐘鼓之樂足以撼動人心。不論凡人、僧侶、遠者、近者，皆受其影響，即使有雜念、愁思、狂妄的志趣與好色之想，一聽聞鐘鼓之音，即消失殆盡，可見鐘鼓具滌除人世紛雜叨擾之效，不但僧眾可因此破除我執，連非僧眾的一般百姓也可因梵唄而興悲傷敬仰之情。李贄此處提出鐘鼓之音可引發的不只是敬仰之情，還包含悲傷之感，此感乃因人生短暫，而頓悟人生不須因外在勞攘而煩憂。此外，鐘鼓之音還能讓人回心轉意，改變人生方向，理解生命苦短，不必勞碌爭逐世俗雜事，故鐘鼓之音呈現的是律行僧寶的規律性。《淨土訣・念佛真義篇》云：「念佛者，非口念之念，乃心念之念也。心之所念者，想之所注也，志之所趨也，愛之所鍾也，情之所繫也，思之所極而謀之所必得也。」可見李贄對心聲關係之界定，和嵇康〈聲無哀樂論〉中主客二分截然不同，嵇康透過「和聲」使人「滌情」以「顯氣」，李贄卻未明確指出以「和聲」為媒介的必要。

此外，他將鐘鼓的效果提升到改變意志的地位，不再只有情感上的變化，可見李贄肯定鐘鼓樂因造成的頓悟效果。而鐘鼓之音不能隨意亂敲，應有法度，並非一味注重情感發抒，而無其他原則。〔註57〕

〔註56〕錢鍾書：《管錐編》第三冊，（北京：中華書局，1979年），頁1092。
〔註57〕陶恒認為，李贄明確主張音樂應以人為本，以心為本，表達人的童心思想感情，別無其他原則。詳見氏著：〈李贄從「情性自然說」出發的音樂認識論〉，《當代教育理論與實踐》第7期，2011年，頁131。

　　李贄剃髮出家後，肯認多聆聽鐘鼓梵唄能陶冶心性，感受悅感，即使未入門禮佛見僧，也能因鐘鼓儼人而頓改，這是佛教音樂的特徵與功效。但「回心意向」著意的是「心」的歸復「童」之初，是要破除外在障蔽，因後天虛偽名教、道理聞見所生之雜念、愁思與狂志悅色，故其音樂美學確有嵇康「越名教而任自然」之理念，然嵇康企圖去除的是外在虛偽名教，回歸儒家真名教，李贄則要去除虛偽名教，找回自身「童心」，如此由「童心」外發之音樂，結合外在律行而內化的法度，可提升音樂之美，達到「超越語言的主體精神」〔註58〕。若僅將鐘鼓梵音視為「兒戲」觀，反生「躁心」，有違清修。

　　早期傳入中國的佛教音樂，多為西域的「梵唄」。梁慧皎《高僧傳》說：

　　　天竺方俗，凡是歌咏法音，皆稱為唄。至於此土，咏經則稱為轉讀，

　　　歌贊則號為梵唄。〔註59〕

到了中國，「轉讀」與「梵唄」有了區別。前者是念經的調子，後者是歌唱贊頌，旋律感較強，也因語言殊異，造成翻譯後的漢語難以搭配原來的佛教音樂，故僧人或改編原來佛曲，或採用中國民間樂曲，或創作新佛曲，因而產生中國佛教音樂。北宋以降，佛教音樂不斷吸收民間音樂和外來音樂，如明代僧人編輯的《諸佛世尊如來菩薩尊者名稱歌曲》五十卷，便是採用中國內地古典樂曲和流行樂曲。〔註60〕到了明清時期，佛教音樂已與道教音樂多所疊合。原本兩教各有優勢，既相矛盾排斥，又相利用借鑒，植基於以音樂宣揚教義，故開始產生交流。為了傳唱翻譯成漢語的佛經，故僧人採用中國傳統音樂形式改編佛曲，甚至重新創作新佛曲。道教也借鑒吸取佛教行法樣式，兩教漸趨融合，而在音樂本體的形式及風格方面，佛教接受了中國傳統音樂及道教音樂的風格體系，形成中國特色的佛教音樂。〔註61〕而佛教音樂中最具有典型性的就是鐘鼓音樂。

　　「聲音之道原與心通」就是以心通心。從演奏論言之，「聲音之道」是發自真情實意的心，也就是「樂由心生」義。而從本體論看，是指「本心」與

〔註58〕傅小凡認為：「什麼樣的境界就會發出什麼樣的聲音，所以超越語言的主體精神，是能夠尋找到恰當而準確的表達方式的。在藝術領域更是如此。」詳見氏著《李贄哲學思想研究》，（福州：福建人民出版社，2007年），頁62。

〔註59〕〔梁〕釋慧皎撰、湯用彤校注：《高僧傳》，（北京：中華書局，2007年），頁508。

〔註60〕曾祖蔭：《中國佛教與美學》，（臺北：文津出版社，1994年），頁94。

〔註61〕蒲亨強：《道樂通論》（北京：中央音樂學院出版社，2004年），頁239～240、251。

「童心」相通，聲音的原理得自「本心」，發於「童心」。因為「情」就在「心」中，「心」因情「動」而「發」為「童心」，因此這個「童心」自然而然與「心」是「原本」就「相通」的。音樂因心有所觸動，而發於外，若發於琴上，則琴就成為「情之器」、「心之器」。而好的鐘鼓之「聲音」本來就是禮義之心的載體，而此載體和本具禮義的心自然是可以遙相呼應的。故李贄的「聲音」是一種由天生具有禮義的「心」已發為「童心」所展現出的聲音表現，其金聲玉振，自有法度、和諧，飽含了內在於心之禮義精神，故自然能和具有自然禮義之「本心」相通呼應，這裡的「通」代表著未發、已發之相通，是即靜即動的無距離感。經由聽聞律行後的鐘鼓，則「本心」動「情」而成「童心」運轉，此最初一念的「童心」則是聯繫本心和聲音的媒介，也是創作、演奏音樂的靈感與動力。

從鑑賞論來看，「聲音之道原與心通」的「通」字隱含演奏者的「聲音」其實是與聽者之「心」各自獨立，故需要藉由「通」來連結彼此。李贄同時又提及「原」字，可見聲音之道「原本」就是與心相通，乃自然而然之理。李贄提出「未有平素律行僧寶而鐘鼓之音不清越而和平也。」可見平時的律行僧寶，其產生的鐘鼓之音必然是「清越和平」，這反映平日的修養工夫，因鍛鍊了「心」，所以「心」發之「聲音」自是平時鍛鍊的展現，且其內容必具演奏者「心」之情、禮義，而這由演奏者「心」發之樂，經同具有情、禮義「心」的聽者時時聽聞，則可時時耳濡目染，日日夜夜感悅，此乃「演奏心」通「聽者心」。只要演奏者與聽者在「心」有某種冥契，則可使兩造的「心」得以藉由音樂相「通」。

以上這三個命題，具有前後承接的關係。是先「樂由心生」，真正的音樂是由具有禮義情性的「心」所產生。之後操於琴，因為琴是表達心、情的載體，所以說「琴者，心也」。而發於琴聲或其他樂器的聲音，又因其具備心本具足的禮義與情性，故可以合於聽者之「心」，與之相通。可見「聲音之道原與心通」牽涉兩個層面，一個是聲音的發起是來自於心；另一個是鑑賞論，凡是由童心所發的音樂，自然可以與另一個童心相通。因為人的心有其「至一」，只是因為「性」不同而分殊，但是在「最初一念」的童心，基於根本的共性特徵與規律，在不同性格的交融下，產生的音樂，即使有高昂、激越、舒緩等等不同的「多」，卻能使他人體悟、感應，就是因為他人同樣也保有童心之「至一」，所以得以用此最真、最初一念的「童心」理解他人

秉其「童心」所發之樂。換言之，李贄是將「心」放在主導音樂的本體基礎上的。

第二節　音樂起源

　　關於李贄論述音樂的起源，可以分成：發於「情性」、由乎「自然」、止乎「禮義」三個部分探討。首先，在情性的部分，到底李贄是傳承自《禮記・樂記》中的音樂合德？還是誠如蔡仲德所說，是嵇康〈聲無哀樂論〉的延續？一為儒家思想，一為道家理路；其次，李贄的由乎「自然」意，傳承自儒釋道三家的「自然」義是甚麼？其中的差別又何在？雖然在前文「道家之自然」提及李贄的「自然」傾向於老子的「本來如此」義，然由音樂美學角度切入，是否還有更豐富之解讀？最後，李贄所謂的內在於心之「禮義」觀展現在音樂中又有甚麼樣的作用？其「禮義」觀和儒家「禮義」觀又有何差別？

　　李贄所謂發於「情性」的「發」，具有發生、來自的意涵；而由乎「自然」的「由」則為「順應」之意；至於止乎「禮義」的「止」則具有自然而然、隨心所欲不踰矩之自得自適意。由此看來，從「發」到「由」至「止」，應具有真誠、不矯情的情感，透過自然而然發抒後，最終由內在道德的「心」知止，這些都得以完成於音樂美的體驗歷程中，同時也具有源自儒釋道三家「心」之特徵。以下，分就發於「情性」、由乎「自然」、止乎「禮義」三者論述之。

一、發於「情性」

　　李贄的音樂美學的音樂主體是「心」，故在前一節論述了「樂由心生」、「琴者，心也」、「聲音之道原與心通」之意涵，而前文亦說明李贄之「心」具有「真空」義，則因情「動」而生之「童心」自然成為音樂之所出，又基於個體情性之強化，肯認人人皆有殊異之情性，由此而發的音樂，就在於自然而然流露出來的「情性」之真實，唯有發乎個體自然情性的真實不虛的音樂才是最美的，這種本乎心性論之音樂美可使人超越自身限制，達到精神自由之境。關於李贄音樂美學中的情性論述，蔡仲德《中國音樂美學史》說：

> 儒家樂論是以禮為本，道家樂論是以「天」為本，李贄音樂美學思
> 想則是以人為本，以心為本，它蘊涵著音樂的主體性原則，音樂的
> 本質在於以音響形式表現人無限豐富的內心世界，……理應尊重人

的主體價值，確立人的主體地位。〔註62〕

杜洪泉〈論李贄童心說與音樂主體性原則〉中認為，李贄的音樂觀點是反對儒家禮樂思想對音樂感情抒發的抑制禁錮，和嵇康一樣都是反對以音樂作為名教的工具，但也同時繼承儒家肯定音樂表情特徵，其欲擺脫道家的「無情」、「恬淡」、「平和」，反對以無聲否定有聲，是一種以心為本、以人為本的音樂主情思想，其本質上是對莊子、聲無哀樂論的繼承、發展。程朱理學將儒家思想走向更保守，李贄童心說則更強調音樂的表情，高揚真情、癡情等內心世界、感情特徵。〔註63〕

筆者認同杜氏所謂李贄的主情說，但其認為李贄反對道家「無情」、「恬淡」、「平和」的觀點，筆者則有不同見解，其一，道家並非「無情」，關於道家的「情」之探討，前人研究甚多，目前也多主張「尚情」。無情乃不溺於情，不以好惡，內傷其身，常因自然之情；其次，儒家的樂學未必全然是限制情感的發抒，這從郭店竹簡〈性自命出〉的內容可以知曉；再者，李贄並未反對「淡」「和」，這在下文風格論會加以探討。而第一個問題目前學界研究道家已有其相關論述，且非本文重點，故本節僅針對李贄「發於情性」說，對儒家樂學的繼承或反對，來思索他音樂美學之體系。

在前一章已有論述，李贄的「心」具有道家情真意真、獨立精神的意涵，故其畢生追求個體性的張揚，也因此做為已發之「童心」在因「情」之發動下，體現出一種生生不息之音樂美之流轉，而表現出的音樂美，就是其發乎「情性」的真實呈顯。在〈讀律膚說〉曰：

> 蓋聲色之來，發於情性，由乎自然，是可以牽合矯強而致乎？故自然
> 發於情性，則自然止乎禮義，非情性之外復有禮義可止也。惟矯強乃
> 失之，故以自然之為美耳，又非於情性之外復有所謂自然而然也。

李贄直接點出，聲、色之所由，是「發於情性」、「自然發於情性」、「非於情性之外復有所謂自然而然也」，因此「情性」在李贄的音樂美學中，具有舉足輕重的地位。

傳統《禮記・樂記》的情感樂教論，已提出感物生情、情動生樂，情和以德，因得制情，因樂以和情，禮以律行，故禮樂之情同。也由於音樂審美

〔註62〕蔡仲德：《中國音樂美學史》（北京：人民音樂出版社，2003 年），頁 718～719。
〔註63〕杜洪泉〈論李贄童心說與音樂主體性原則〉，《惠州學院學報（社會科學版）》第 26 卷第 1 期，2006 年 2 月，頁 119～122。

過程是區別人與禽獸之分，故知樂即能體樂更多人倫內涵，此即「禮樂皆得，謂之有得」。〔註64〕自程朱理學將「性」提升到本體，提出「性即理」，形成一種客觀的唯心主義，便開啟以外在力量約束行為，以求個性往道德框架發展。陸九淵傳承孟子四端之心，將性根源歸之於「天」，提出「在天者為性，在人者為心。」轉「性即理」為「心即理」。王陽明繼承「心即理」，又提倡「心外無理」，則有「良知說」，認為「良知」就是本然之心，就是天理，而性就是理，理具於心，其追求的是「善」。後有王畿追求「真」，提出「真性流行，始見天則」〔註65〕，認為「良知一點虛明，便是入聖之機」〔註66〕（《明儒學案・浙中王門學案》）。之後，王艮「百姓日用即道」，將「人性」放大。其後的羅汝芳更有「赤子之心，渾然天理」之說，認為「赤子之心」是不學不慮。這深刻影響李贄重視人倫道德規範乃隨其賴以產生的社會基礎而存在和變動不居的，所以「格物」不應該從人倫道德規範開始，而應從日用之常、人欲人情出發，這是把格物的初始對象拉到人們普遍關切的生計生存和人性發展問題上來。〔註67〕

　　而中國的樂學和「情」本來就有緊密的關聯，從儒家開始便以強調音樂在心性上的作用，若沒有達到「樂」，則學習並未完成，唯有「成於樂」，才算是學習之止盡。而要如何得知已經達乎學之終止，端賴內在「情」之把握，所以孔顏樂處、曾點之樂，無不是透過內心之「情」的把握，以理解自身的修養工夫是否已達上乘。也因為藉由「情」之掌握，才能使「禮樂」結構內化至仁心、性體之中，所以以音樂為媒介，所展現的心中之情，以及音樂作為一種刺激物，誘發聽者引發之「情」，皆是中國樂學與心性哲學之間緊密連結的「美學」對話。而強化「情」之地位的李贄，在其論述發乎「情性」時，所指的「情性」就是情感、性格。而聲音之本源，就是來自人心之情感、性格，且內在之「情性」，必須是「由乎自然」地流露展現，順人心本然之「情性」狀態，表現出來，不能有一絲一毫的「牽合矯強」，李贄在此強化了心之「情性」，也就是前一章節探討「童心」真蘊時，所提倡的個體情性之張揚。欲破除外在道理聞見

<hr>

〔註64〕軒小楊：《先秦兩漢音樂美學思想研究》，（北京：中國社會科學出版社，2011年5月），頁144～149。
〔註65〕〔清〕黃宗羲：《明儒學案》，（臺北：世界書局，1961年），頁108。
〔註66〕〔清〕黃宗羲：《明儒學案》，（臺北：世界書局，1961年），頁105。
〔註67〕秦學智：《李贄大學明德精神論》，（北京：中國傳媒大學出版社，2007年7月），頁35。

之桎梏，真情實意流露之音樂，就是「至樂」。而也因為李贄論「心」，乃一「存人欲之天理」的心，故在順其情、性、私的音樂展現中，有心的內部禮義規範，使由此展現的音樂，在「自然發於情性」之餘，得以達到人內在之「和」，所以音樂源自於情性，又能不受限於外在的規範，也因為情性之外並無所謂「自然而然」，所有的真、情、私、禮義皆自心中求，故由此展現的音樂便是本乎「心」之「人樂」。

然這種本乎人心的音樂，是否又會落入道家所謂之「道」的統一中呢？李贄在其〈讀律膚說〉又云：

> 有是格，便有是調，皆情性自然之謂也。莫不有情，莫不有性，而可以一律求之哉！

因為「情性」是「心」的下位概念，且每個獨立個體皆有其「情」、其「性」，也因為情性各有殊異與多樣性，所以不可以同一規律加以規範之。李贄在〈論政篇為羅姚州作〉曰：「夫道者，路也，不止一途；性者，心所生也，亦非止一種已也。」所以李贄是以心統攝性，且性也不是只有一種特質，不同個體就會有不同之性。在其《焚書‧四言長篇並引‧讀書樂》曰：

> 天幸生我情，平生不愛近家人，故終老龍湖，幸免俯仰逼迫之苦，而又得以一意讀書。然此亦未為幸也。天幸生我心眼，開卷便見人，便見其人終始之概。

李贄在這裡的「情」偏向天生性格，人倫責任已盡，隱居龍湖，避免俗事煩擾。此處強調其所具有之好高、好潔之性，在〈高潔說〉也有論述：「予性好高，好高則倨傲而不能下。……予性好潔，好潔則狷隘而不能容。」可見李贄繼承王艮、羅汝芳的心性論後，將情性的形而下意義放大，展現在音樂中，琴、樂就成為人心之情性的載體。〈琴賦〉又曰：

> 吾又以是觀之，同一琴也，以之彈於袁孝尼之前，聲何夸也？以之彈於臨絕之際，聲何慘也？琴自一耳，心固殊也。

李贄認為嵇康在袁孝尼面前演奏古琴時，因心存狂傲而聲音誇大，但臨死前演奏同一首《廣陵曲》，其音慘烈。理由為何？同一張琴，同一首曲，因「心」不同而有不同的表情，此「心」代表的是已發動的「情」，是面臨死亡時的壯烈之情，表現出的音樂，足以使聽者體會到驕矜、慘烈的殊異，都是因演奏者用「心」於樂音，兩者皆出於自然之情，李贄以聽者角度欣賞寄託演奏者情感的音樂，從中引發聽者不同情緒。職是之故，李贄「樂由心生」，意指音樂是

由心中所產生的，而此心是情感已觸動的心，若沒有情感的發抒，音樂也就不成音樂了，故音樂是「發於情性」，是童心呈顯之真樂。

　　回顧音樂是否足以表現情感之說，歷來有兩解，一為《禮記・樂記》：

> 凡音之起，由人心生也。人心之動，物使之然也。感於物而動，故形於聲。聲相應，故生變，變成方，謂之音。比音而樂之，及干、戚、羽、旄，謂之樂。〔註68〕

音樂來自人心，人心因外物觸動而有所感發，表現於樂音中，人在接觸到音樂後，得以化性為情，以求心志感發，終產生道德情操，音樂可以直逼生命情感的內在，進而激發道德意識，最終成為美善和諧的君子故須以雅樂培養人倫、德行，反對靡靡之音。

　　反觀魏晉尚情任達之士風底下，嵇康引領士風，七賢引領達風，嵇康提出的〈聲無哀樂論〉論及：

> 夫哀心藏於苦心內，遇和聲而後發。和聲無象，而哀心有主。夫以有主之哀心，因乎無象之和聲，其所覺悟，唯哀而已。〔註69〕

嵇康認為人的情感是存在心中，音樂並沒有情感，之所以有哀樂，都是因人的情感受到聲音感召而發出，哀樂只是自己內心的哀樂，音樂本身是一個客觀的存在，並不具情感。〈聲無哀樂論〉又曰：

> 由是言之，聲音以平和為體，而感物無常；心志以所俟為主，應感而發。然則聲之與心，殊塗異軌，不相經緯，焉得染太和於歡戚，綴虛名於哀樂哉？〔註70〕

可見平和的聲音才算是音樂，心和聲彼此是「殊塗異軌，不相經緯」，聲音本身並不表現情感，心聲之間沒有必然對應關係。由此可見李贄在音樂是否展現情性的部分，是順著《禮記・樂記》的脈絡而來，而非嵇康的〈聲無哀樂論〉。也因為性是天生的，自然之欲是理所當然的存在，這和李贄「情性」、「私」是人心本有的觀點相合。也因為欲，所以各種喜怒哀樂之情由此而發，在音樂中表現，因為心有私、欲、情感，所以音樂也會呈現人的私、欲、情感，音樂不可能完全「無哀樂」，它可以是情感的載體。

〔註68〕〔清〕孫希旦撰：《禮記集解》，（臺北：文史哲出版社，1976年），頁894。

〔註69〕〔三國〕嵇康著、戴明揚校注：《嵇康集校注》，（北京：人民文學出版社，1962年），頁199。

〔註70〕〔三國〕嵇康著、戴明揚校注：《嵇康集校注》，（北京：人民文學出版社，1962年），頁217。

　　按實際演奏言，任何一首曲子，在不同場合，不同心情下，演奏出來的也會不同，雖然一位好的演奏家，是不能夠在音樂演奏過程中，毫無限制地將自己的情感全部張揚，畢竟人的情感具有相當複雜的內容，而且不是所有當下情感都扣合曲子的內容，所以在演奏時，仍應該要有符合時代風格的詮釋，有限度地表現情感，否則無法忠於原譜的精神，甚至會背離原作曲家的原意，造成所謂錯誤的詮釋，畢竟音樂家的演奏，本身就是一種二度創作，既然是二度創作，就不能僅顧及自身的喜好，所以也會造成某些演奏家適合演奏某些派別的曲子，這和演奏家的情性是否能和作曲家相互對味有關係。曲子本身的精神內容和演奏家有共鳴，其演奏方能扣人心弦。換言之，好的演奏是一種情理交融，感性、理性融合的產出。

　　從李贄肯定私利，可驗證他在音樂表現真情實感的論點，《焚書‧卷一‧書答‧答耿司寇》曰：

> 試觀公之行事，殊無甚異于人者。人盡如此，我亦如此，公亦如此。自朝至暮，自有知識以至于今日，均之耕田而求食，買地而求種，架屋而求安，讀書而求科第，居官而求尊顯，博求風水以求福蔭子孫。種種日用，皆為自己身家計慮，無一釐為人謀者。及乎開口談學，便說爾為自己，我為他人，爾為自私，我欲利他；我憐東家之饑矣，又思西家之寒難可忍也；某等肯上門教人矣，是孔、孟之志也，某等不肯會人，是自私自利之徒也，某行雖不謹，而肯與人為善，某等行雖端謹，而好以佛法害人。……

萬曆十二年（1584）耿李之爭愈趨尖銳，李贄批判道學家滿口偽善，並肯定人天生就有的自私自利，由於情性中自然有私、利，而哀樂等情感難免是由人心之私引發，所以從「樂由心出」、「發於情性」來看，音樂中包含有哀、樂、私、利的情性流瀉，也是自然之理了。李贄在音樂情感面，絕非嵇康〈聲無哀樂論〉「滌情顯氣」的繼承，而是對〈聲無哀樂論〉屏除喜怒愛樂等自然情緒的質疑，故李贄才提出「市井小夫，身履是事，口便說是事，作生意者但說生意，力田作者但說力田，鑿鑿有味，真有德之言，令人聽之忘厭倦矣。」（〈答耿司寇〉）李贄對七情六慾是以人之「自然」本性來加以肯認的，也因這是自然而然之情性本然，故不必以道德批判論之。

二、由乎「自然」

　　從中國思想的角度探查「自然」（nature），具有「自身」、「自然而然」、「不

知所以然而然」、「無為」，甚至為「大自然」等意涵，在中國傳統儒釋道三家已有所提及，包含了老莊的「自然」，王充《論衡》的「自然」，魏晉玄學的「自然」。〔註71〕老子強調人的行為法則是對自然法則的模仿，而自然法則是道的體現。莊子又進一步說明提出天人合一、齊物論等觀點，故道家的自然觀是從老子無為到莊子純任自然的過程。〔註72〕而儒家提出「氣」的概念，認為從氣而構成的心，得以與自然萬物交融，在「感應」的過程中，形構出自然「太和」的特色。〔註73〕佛教則著重在自在的身心狀態，追求「淨而無染」的修養功夫，宗密《禪源諸詮集都序》又有：

> 三教三宗是一味法，故須先約三種佛教證三宗禪心，然後禪教雙忘，
> 心佛俱寂。俱寂即念念皆佛。無一念而非佛。雙忘即句句皆禪，無
> 一句而非禪教。〔註74〕

說明習氣盡而佛道成的概念。李贄《焚書·蜻蛉謠》：「古今人情一也，古今天下事勢亦一也。」人只有在獲得自我存在的確定，才能獲得個體的安身立命，以達真正的「自由」，而「安身立命」的關鍵，就在於「自然」。

關於「自然」的音樂美學，最早來自莊子，再由嵇康發揚，嵇康的音樂美學實與莊子對道的探討有密切關連。嵇康在〈聲無哀樂論〉中反對一切人為制作，強調音聲的自由解放，不拘一格的自然性質。同時，審美者也要以自然之心，向音樂開放，以縱情游心於藝術之境。〔註75〕因此，嵇康論樂所謂的「自然」乃本乎道的生化而衍生出的自身內在規律，並不受情感制約。

但李贄音樂美學中的「自然」並非如此，蔡仲德認為，關於情與德（禮）的關係，孔子強調樂與德、禮的關係，儒家繼承這一點，孔子要求「思無邪」，《毛詩序》更有「發乎情，止乎禮義」，尤其為宋明道學家所繼承。與之相反，則有《莊子·繕性》：「中純實而反乎情，樂也」〔註76〕，嵇康「越名教而任自

〔註71〕溝口雄三、小島毅主編，孫歌等譯：《中國的思維世界》，（南京：江蘇人民出版社，2006）。頁 10～11。

〔註72〕劉希慶：《順天而行：先秦秦漢人與自然關係專題研究》，（濟南：齊魯書社，2009）。頁 30～44。

〔註73〕杜維明：〈存有的連續性：中國人的自然觀〉，出自《儒學與生態》，（南京：江蘇教育出版社，2008）。頁 106～109。

〔註74〕宗密著，閻韜釋譯：《禪源諸詮集都序》，（高雄縣：佛光山宗務委員會，1996年），頁 130～131。

〔註75〕徐麗真：《嵇康的音樂美學》，（臺北：華泰出版社，1997年），頁 32、40。

〔註76〕〔清〕王先謙著：《莊子集解》，（臺北縣：漢京文化事業有限公司，1988年），頁 135。

然」(〈釋私論〉)〔註77〕,有李贄「發於情性,由乎自然」。前者主張以禮(德)為本,以理抑情,後者主張以人為本。〔註78〕從蔡氏說法可知李贄所謂「由乎自然」根本上脫離不了「人」的層面。

而修海林、羅小平曾針對李贄音樂美學中的「自然」提出:

> 李贄求於「自然」的音樂思想,雖出自老莊卻又並非是老莊講的「自然」,李贄的「自然」,最終是肯定了音樂表現人在現實生活中的自然之情,在當時代表了「主情」的音樂美學思想。〔註79〕

兩人的論點,是對李贄「發乎情性」的肯定,且著意於「自然之情」的發抒,雖然該論內容簡略,但李贄在作品中,確實大量出現「自然」詞彙。在前一章節討論到李贄傳承自道家的自然心,提及李贄論心具有自然之情、自然之性、自然之善等層面,這些都是基於「心」的本來樣貌言詮,至於和他音樂美學具體相關指涉的篇章中,所提到的「自然」意義如下:

1. 自然而然

> 聞則自然悲仰,亦且回心易向,知身世之無幾,悟勞攘之無由矣。
> (〈早晚鐘鼓〉)
> 故性格清徹者音調自然宣暢,性格舒徐者音調自然疏緩,曠達者自然浩蕩,雄邁者自然壯烈,沉鬱者自然悲酸,古怪者自然奇絕。(〈讀律膚說〉)
> 有是格,便有是調,皆情性自然之謂也。(〈讀律膚說〉)
> 故自然發於情性,則自然止乎禮義,非情性之外復有禮義可止也。
> (〈讀律膚說〉)

「自然而然」為副詞,代表真實情性自然流露的狀態。因此聽聞山中鐘鼓自然而然感受到悲傷景仰之情。不同的性格展現在音調中,就呈現出不同的風格。有甚麼樣的性格,就會產生甚麼樣的音樂,這乃順應情性所展現的結果。也因李贄反對用外加的社會「禮義」以規範人的本真自然,畢竟這樣的外加規律,是與內在個人真實情性有所背離矛盾的,且往往會陷入遮掩真情的陷阱,成為假道學的手段,故李贄將人的自然真情性與禮義視為一個整體,將禮義置放於

〔註77〕〔三國〕嵇康著、戴明揚校注:《嵇康集校注》,(北京:人民文學出版社,1962年),頁234。
〔註78〕蔡仲德:《中國音樂美學史》(北京:人民音樂出版社,2003年),頁11~12。
〔註79〕修海林、羅小平:《音樂美學通論》(上海:上海音樂出版社,1999年4月第一版,2000年7月第2次印刷),頁154。

情性中，形成彼此和諧的存在共融。盛晶認為：

> 李贄試圖解開人類感情的束縛，讓人類隨著自己的內心而生存。這
> 裡面也包含著老子的不施加外力的想法，讓人類順著自然規律而發
> 揮自己的本性，不要刻意曲折，對自然本性的強調是與老子的思想
> 一致的。〔註80〕

其論將老子的「自然」等同於李贄之「自然」是有問題的，雖然李贄重視自然
發乎自情性，就自然合乎禮義，但這當中的情性與禮義並非兩分，也無人內、
人外的差異，而老子所重視的自然規律，是一個外在的外在的統攝萬物之道在
主導，人只要順應之，破除人為，即是順應自然，故老子的「自然」是與人兩
分的。故李贄「自然」本乎老子，但實際意義並不完全相同。

2. 自然之理

> 蓋聲色之來，發於情性，由乎自然，是可以牽合矯強而致乎？（〈讀
> 律膚說〉）
>
> 然則所謂自然者，非有意為自然而遂以謂自然也。（〈讀律膚說〉）
>
> 若有意為自然，則與矯強何異。故自然之道，未易言也。（〈讀律膚
> 說〉）

「自然之理」則指一種無所為而為的「自然狀態」，這個自然的狀態應該是符
合情性的，因此聲色是來自於情性，且順乎自然之理，完全無法勉強。一旦有
意為之，就不是「自然之理」，此較近於「無為」義，凡有為則矯情逆性，未
得天和。

3. 真實情性

> 夫心同吟同，則自然亦同（〈琴賦〉）
>
> 心殊則手殊，手殊則聲殊，何莫非自然者，而謂手不能二聲可乎？
> （〈琴賦〉）
>
> 而謂彼聲自然，此聲不出於自然可乎？（〈琴賦〉）
>
> 故蔡邕聞絃而知殺心，鐘子聽絃而知流水，師曠聽絃而識南風之不
> 兢，蓋自然之道，得手應心，其妙固若此也。（〈琴賦〉）
>
> 惟矯強乃失之，故以自然之為美耳，又非於情性之外復有所謂自然
> 而然也。（〈讀律膚說〉）

〔註80〕 盛晶：《道家思想對李贄哲學思想的影響》（湖南：湖南師範大學中國哲學碩士
學位論文，2012年），頁43。

「真實情性」就是人的天生情性，相同的心，就會有相同沉吟，故表現的真實情性也是相同的，不同的心情造成不同的演奏，進而形成不同的聲音，這些都是真實情性的表現。這種真情性是可透過音樂傳遞出來，並被他人聆聽了解，心手合一，達到演奏者與聆聽者冥契的妙境。一旦經過矯飾，就會失去情性之美，故情性的真實就是自然而然的表現。

4. 天然狀態

> 由此觀之，同一心也，同一吟也，乃謂「絲不如竹，竹不如肉」，何
> 也？夫心同吟同，則自然亦同，乃又謂「漸近自然」，又何也？豈非
> 叔夜所謂未達禮樂之情者耶！（〈琴賦〉）
> 唯不能吟，故善聽者獨得其心而知其深也，其為自然何可加者，而
> 孰云其不如肉也耶？（〈琴賦〉）

「天然狀態」一方面指的是人的生理狀態，弦樂不如管樂，管樂不如聲樂，就是因為聲樂最接近人的天然狀態，但李贄是反對此說的。另一方面則是指最自然的狀態，因為彈奏古琴未必能夠完全吟詠盡意，在無法吟詠時，不用透過聲響，善聽者就可以直探演奏者的心，直探本心就是最天然的聆聽方式。

以上四義，如：不違真性、不造作、不陷溺、不虛飾，還原物象之本然，歸根復命等等，和道家的「自然」有相似之處，但又不完全相同，李贄音樂美學所強調的「自然」，是發自情性之無偽，才能不「步人腳步」，才能風格獨具，此即在《焚書·卷二·書答·又與從吾》所提及的：

> 蘇長公片言隻字，與金玉同聲，雖千古未見其比，則以其胸中絕無
> 俗氣，下筆不作尋常語，不步人腳故耳。如大文章終未免有依仿在。
> 後輩有志向者何人，暇中一一示我，我亦愛知之。世間無根器人莫
> 引之談學，彼不為名，便是為利，無益也。

李贄藉由讚歎蘇軾文章與金玉同聲，表達藝術之造境，文章之美妙，端賴於胸中無俗氣，由此展現於文章中，自然能展現其不尋常處，方能呈現獨特的美感。而這樣的真情性，要能夠自然流露，必須要有其內在力量的激發。《藏書·卷三十·司馬遷傳後》曰：「夫所謂作者，謂其興於有感而志不容已，或情有所激而詞不可緩之謂也。」李贄認為創作要以吾心為依據，是來自於感興，水到渠成，或是情感受到激勵，而不得不發，最終造成「詞不可緩」的結果，可見「情真」是自然不可或缺的要素，如此而來的音樂，才是真正童心外發、由內而外的展現。

在《續焚書・卷一・書匯・與友人論文》曰：

> 凡人作文，皆從外邊攻進裡去；我為文章，只就裡面攻打出來，就
> 他城池，食他糧草，統率他兵馬，直沖橫撞，攪得他粉碎，故不費
> 一毫氣力而自然有餘也。凡事皆然，寧獨為文章哉！只自各人自有
> 各人之事，各人題目不同，各人只就題目裡滾出去，無不妙者。如
> 該終養者只宜就終養作題目，便是切題，便就是得意好文字。若舍
> 卻正經題目不做，卻去別尋題目做，人便理會不得，有識者卻反生
> 厭矣。此數語比《易說》是何如？

就是因為作文是從內心的真情性而來，所以文章可以直指情性，宣洩而出，得
以「行於所當行，止於不可不止。」千萬不可無病呻吟，強說矯詞，如此反而
難以成就好作品。《續焚書・卷一・書匯・與耿楚倥》曰：

> 今日之會，調劑之方也，要在兄心誠求之耳。此成己成物一體之學，
> 侗老所以真切示人者，兄獨不聞之乎？

內心真情性的具體表現就是「誠」，而「誠」具有「盡」之義，「誠心」就是「盡
心」，透過盡情抒發童心而來的音樂具有情感穿透性。若不是獨抒情性而發，
就是虛假之音，自然難以動人，反使人生厭。也因情性「不見有一人同者」（《焚
書・卷五・讀史・蜻蛉謠》），所以李贄追求自然而然的情性發抒，正是「身心
安樂處，恨在最關情。」（《續焚書・卷五・詩匯・五言律・和壁間韻四首》）
身心安樂和情感的自適是不可分的。

三、止乎「禮義」

　　孫楊〈淺談以李贄為代表的反「淡和」主情思潮的音樂美學思想〉提及，
李贄是以「發於情性，由乎自然」反對儒家的「發乎情，止乎禮義」，儒家主
張音樂內容不能過於哀傷或快樂，要合乎禮義道德的規範，李贄則認為人的情
感只能順應不能壓抑，反對禮義凌駕於感情之上，因此李贄是以主情說反對道
家的淡和說。〔註81〕程乾認為李贄的音樂美學並沒有天賦道德意識，是顛覆儒
家的性善、陽明的良知，與泰州龍溪的絕對善根〔註82〕，但筆者認為兩者之論
並不正確，因為李贄在〈讀律膚說〉中提到：

〔註81〕孫楊：〈淺談以李贄為代表的反「淡和」主情思潮的音樂美學思想〉，《青島職
業技術學院學報》第 2 期，2005 年，頁 56～58。
〔註82〕程乾：〈「聲音之道可與禪通」——李贄音樂美學思想中的禪宗精神探幽〉，《音
樂研究》第 6 期，2009 年，頁 79。

　　蓋聲色之來，發於情性，由乎自然，是可以牽合矯強而致乎？故自
　　然發於情性，則自然止乎禮義，非情性之外復有禮義可止也。

李贄所謂的「禮義」就在情性之中，而情性就在「心」中，所以李贄的「心」
並不是只有情性之心，還同時是具有道德意識的「禮義」之心，也就是前一章
節所論述的傳承自陽明的「宇宙心」、具有道德自覺的「主體心」。禮義本「性
分」〔註83〕之內所有，李贄所謂「禮義」，是內蘊於心的本然，就如同情性也
是「心」的本然，因此禮義、情性皆是交疊於「心」之固有，故禮義就不可能
溢出於「心」之外，故吾人應從「心」的角度來看待李贄的「禮義」概念為是，
而非從外在另外以禮義加以規範人心。若藉由外在禮義規範當作教化工具，乃
矯逆情性。由此觀之，李贄「發於情性」論是儒家的「發乎情，止乎禮義」的
延伸，以及郭象「自生」、「無待」、「獨化」的融合，故李贄之論並非與儒家觀
念截然對立，反而有其內部理路之傳承。也因為「心」具有「禮義」之內在規
律，故可避免「樂者，樂也」的自得之情，一味追求滿足，而造成「情」毫無
止境的躁動，使音樂走向「淫」、「流」之發展。

　　儒家的止乎禮義，代表的是從內心發展出之情感，是一種以仁為體，以禮
為用的方式，藉由外在框架「禮」的引導，使人達中庸之道，孔子解釋「禮」
乃依據「仁」而來，「禮」本身從外在規範，進而提升成為道德自覺，使內在
之「仁」作為突破個體主動性和獨立性的關鍵，「禮」因為有了「仁」的基礎，
所以也由外在的規範之他律轉變為內在的自覺、自律。〔註84〕而李贄的心，本
身有傳承自心學的宇宙心、主體心的自覺，也有道家「自然心」、「天真心」的
融合，所以表現在音樂美學中，即是此「止乎禮義」之說。

　　然此「止乎禮義」說又與先秦儒家禮義觀念、魏晉時期「思不出位」與嵇
康的「思出其位」有所差異，吾師江建俊認為魏晉時人多以「思不出其位」為
止於至善，嵇康則以「思出其位」臻乎時宜乃止〔註85〕，傳統儒家「禮義」是

〔註83〕「性分」之說，在魏晉時期郭象便已提出「物各有性」、「物各有極」，強調每
　　　　個人皆有其內在獨具之質性，且此質性為「自然而然」，有各自之限度、界線，
　　　　乃「天性所受」，只要「任其性」就可「逍遙」，但是郭象強化了「性」，以「性」
　　　　主導「心」，也由於外在的「性分」會干擾「心」，故造成「心」與內在「性分」
　　　　背離，以至於「蕩其真」。也因為「性分」，所以才能「自生」「無待」、「獨化」。
〔註84〕李澤厚：《中國古代思想史論》，（臺北：三民書局股份有限公司，1996年），
　　　　頁3～37。
〔註85〕吾師江建俊提出，「從〈說卦〉得知『思不出其位』，乃止於至善；今『思出其
　　　　位』之成『位』工夫乃在於『思』，必思每個時空所需依止之位，皆臻乎時宜

追求外在法度，故「禮義」乃「善」之極。而嵇康則是依個人性分，作出最恰當的時空定位，終於「至善」，而其「思」乃依據心之材質與後天之觀點，順乎天道之和，以達天人合一之游心太玄之境。然而筆者認為，嵇康之論仍有陷於外在規矩（天），必須以提升心之精神層次，去合乎外在規範（天），使心達到合天之道，只要此「至善」為一外在法度，就會陷落以圓就方之弊。而李贄的「止乎禮義」之說，相較之下，看似相近，實則不然，其倡議依己之情性，順性之自然，即可當下現成，因禮義自在心中，為心本有之內在規律，只要順乎此自然之理，便可自成人人內心之方圓。

其次，李贄在《初潭集·卷之十九·師友九·篤義》中也提到「義」本是「心」所固有，曰：

> 以上皆篤義者。義固生於心也。張堪有知己之言，文季即以信於心；「唯王修能冒難而來」，言未卒而修至。義固生於心也，豈好義而為者之所能至乎？是故視之如草芥，則報之如寇仇，不可責之謂不義；視之如手足，則報之如腹心，亦不可稱之謂好義。是故豫讓決死於襄子，而兩失節於范氏與中行。相知與不相知，其心固以異也。故曰：「士為知己者死。」而況乎以國士遇我也！士之忘身以殉義者，其心固如此。又曰：「吾可以義求，不可以威劫。」可義求，是故澹台子羽棄千金之璧；不可劫以威，是故鮫可斬，璧終不可強而求。
> 士之輕財而重義者，其心固如此。

因為義本來就存乎心中，即使肉體身形死滅朽壞，但「義」存，就「心」存，「心」存就得以精神不朽，故「義」也是心之本然。而士之所以會輕財重義，端賴心本具有之「義」的昂揚。且李贄對儒家所倡之以德報怨並不贊同，人與人之相處之所以有相知與不相知，都是因人之性格有其殊異，而會為之殉義者，也是得自心之本然。李贄談論「心」包含了秉性，也因「人各有心」，人人有其性格之不同，以致「不能皆合」，所以造成「喜者自喜，不喜者自然不

乃止，而此須考慮性分如何，如何按自己之性分，其或動或靜，或進或退，皆恰如其分，以求『止於至善』……故歸納《易·艮》或《論語·憲問》之『思不出位』義，即孔子之『從心所欲不踰矩』、顏子之『如有所立，卓爾』、孟子之『不動心』、大學之『止於至善』、中庸之『發而皆中節』……嵇康貶抑『思不出其位』而力主『出位之思』。詳參吾師江建俊：〈嵇康之「出位之思」——從「師心」談起〉，出自氏編：《竹林名士的智慧與詩情》（臺北：里仁書局，2008 年 7 月），頁 96～97。

喜；欲覽者覽，欲毀者毀，各不相妨礙，此學之所以為妙也。」(〈復鄧石陽〉)
因此人與人之間是否得以相契，實本乎心。

再說，李贄倡議「義」本乎人心，也可從其生平中律己甚嚴的態度加以佐
證，他在〈高潔說〉曰：

> 予性好高，好高則倨傲而不能下。然所不能下者，不能下彼一等倚勢
> 仗富之人耳，否則稍有片長寸善，雖隸卒人奴，無不拜也。予性好潔，
> 好潔則狷隘而不能容。然所不能容者，不能容彼一等趨勢諂富之人
> 耳，否則果有片善寸長，縱身為大人王公，無不賓也。〔註86〕

因其好高孤傲，所以不喜仗勢仗富之人，亦不喜趨勢媚富之徒。也因其狂狷性
格，所以無法容忍趨炎附勢者。若從時代特徵來看，追求心靈與感官的欲望是
晚明文人最大的享受，和李贄交好的袁宏道，就曾經在〈龔惟長先生〉一文中
直陳他的想望：

> 真樂有五，不可不知。目極世間之色，耳極世間之聲，身極世間之
> 鮮，口極世間之譚，一快活也。堂前列鼎，堂後度曲，賓客滿席，
> 男女交舄，燭氣薰天，珠翠委地，金錢不足，繼以田土，二快活也。
> 篋中藏萬卷書，書皆珍異，宅畔置一館，館中約直正同心友十餘人，
> 人中立一識見極高，如司馬遷、羅貫中、關漢卿者為主，分曹部署，
> 各成一書，遠文唐宋酸儒之陋近，完一代未竟之篇，三快活也。千
> 金買一舟，舟中置鼓吹一部，妓妾數人，遊閑數人，泛家浮宅，不
> 知老之將至，四快活也。然人生受用至此，不及十年，家資田地蕩
> 盡矣。然後一身狼狽，朝不謀夕，托缽歌妓之院，分餐孤老之盤，
> 往來鄉親，恬不知恥，五快活也。士有此一者，生可無愧，死可不
> 朽矣。〔註87〕

袁宏道毫不掩飾他對聲色犬馬的追求喜好，包含感官慾望的滿足、富貴金錢的
享樂、知己好友的對談、音樂宴饗的追求，窮奢極欲，恬不知恥，在袁氏毫不
隱藏的描繪之筆下，這已然是對傳統聖人理想人格與崇尚隱逸之風的挑戰。然
與袁氏交往甚密的李贄，身處於這樣的時代氛圍中，卻毫不受影響，這絕對和

〔註86〕 〔明〕李贄：〈高潔說〉，《焚書》，收入《續修四庫全書・集部・別集類・李溫
　　　　陵集》卷9（上海：上海古籍出版社，2002年影印明刻本），頁128。
〔註87〕 〔明〕袁宏道：《袁中郎全集》（二），（臺北：偉文圖書出版社，1976年），頁
　　　　922～923。

晚明發乎情而不止乎禮義的氛圍背道而馳，反而因其性格高潔，不受外在之物
慾橫流之紛擾。同時又能在論史時對於能伸張正義、光明磊落、重信守諾之人
大加讚賞，包含：藺相如、司馬遷，他在《藏書・詞學儒臣・司馬相如》曰：
「悲夫！古今材士，數奇寡諧，奈之何彼相如者，獨抱二奇以游於世。」〔註
88〕又在《焚書・卷五・讀史・伯夷傳》中稱讚司馬遷：

> 「何怨」是夫子說，「是怨」是司馬子長說，翻不怨以為怨，文為至
> 精至妙也。何以怨？怨以暴之易暴，怨虞、夏之不作，怨適歸之無
> 從，怨周土之薇之不可食，遂含怨而餓死。此怨曷可少也？今學者
> 唯不敢怨，故不成事。

李贄讚揚司馬遷翻轉孔子之以德報怨說，將不怨不慍轉變為對怨刺之情的肯
定，以致其文得以精妙，也因為司馬遷勇於憤怨，抒發心中之不平，將內心之
憤懣，轉化為積極向上之動能，方能在文學、事功上有所成。而此種不平之鳴，
得以成為音樂、藝術之創作之源。

　　此外，他喜歡潔淨，與當時文人經常上妓院、納妾之舉不同，劉侗針對李
贄平時之生活習慣，曾說他生平所好在讀書、掃地、澗浴〔註89〕，而其好潔淨
的性格，已達潔癖的地步。又從其對求道之想望，卻無法忘情〔註90〕，即使一
心想以邵雍為典範，卻無法像康節般惟求道是想，反而「情」在成為李贄一生
中，影響其處事的重要因素，其行風範，正是魏晉六朝「情之所鍾，正在我輩」
〔註91〕的表現。從種種跡象來看，他絕對不是一個放縱自我情性、毫無節度的
人。所以，他會提出「止乎禮義」，也是相當合情合理的結果。

　　然既然音樂本身為心因情動而發之展現，但是音樂所傳遞的概念卻往往
具有模糊性，不像文字般明確。而儒家的美學觀，追求的是「盡善盡美」，「善」
是超越於「美」的存在，在以「善」為前提之下，「美」要如何成為可能？一

〔註88〕張建業編：《李贄全集注（第7冊：藏書注四）》（北京：社會科學文獻出版社，
　　　　2010），頁149。
〔註89〕劉侗〈李卓吾墓誌〉曰：「其讀書也，不以目，使一人高誦，傍聽之。讀書外
　　　　有二嗜：掃地、澗浴也。日數人膚帝具湯，不給焉。鼻畏客氣，客至，但一交
　　　　手，即令遠坐。」轉引自張建業主編：《李贄全集注（第26冊：附錄）》，（北
　　　　京：社會科學文獻出版社，2010年），頁245。
〔註90〕嘉靖三十四年（1555），李贄長子喪，在〈卓吾論略〉曰：「予年二十九而喪長
　　　　子，且甚戚。夫不戚戚於道之謀，而惟情是念，視康節不益愧乎！」
〔註91〕〔南朝宋〕劉義慶注、〔南朝梁〕劉孝標注、余嘉錫箋疏：《世說新語箋疏》，
　　　　（臺北：華正書局有限公司，1993年），頁638。

切依照「禮義」、「道德」而來的「音樂」，真的就是上乘之音樂美境嗎？竊以為音樂之美，有所謂內容與形式之分，儒家美學只是將具有禮義內容之美凌駕於音樂的純粹之美罷了。

分析李贄的禮義觀，可以說明他提出音樂要「發乎情性」之理由，在《焚書・卷三・雜述・四勿說》曰：

> 人所同者謂禮，我所獨者謂己。學者多執一己定見，而不能大同於俗，是以入於非禮也。……非禮之禮，大人勿為；真己無己，有己即克。……由中而出者謂之禮，從外而入者謂之非禮；從天降者謂之禮，從人得者謂之非禮；由不學、不慮、不思、不勉、不識、不知而至者謂之禮，由耳目聞見、心思測度、前言往行、彷彿比擬而至者謂之非禮。語言道斷，心行路絕，無蹊徑可尋，無塗轍可由，無藩衛可守，無界量可限，無扃鑰可啟，則於四勿也當不言而喻矣。……

李贄認為禮就是同，非禮就是獨己，一般人往往固執己見，造成不能「大同於俗」，最後陷入了「非禮」，這是外在規範下的法度。然真正的禮，是從「心」所發出的，反而由外強加的就不是禮，且得之於人的也不是禮，禮是「不學、不慮、不思、不勉、不識、不知」，因為情性中就有禮義的存在，所以真情性的自然表現就是禮義的表現，一旦「耳目聞見、心思測度、前言往行、彷彿比擬」就是刻意為之，就不是「由乎自然」。在魏晉時期，郭象也有相似的見解，當時郭象企圖調和自然與名教，因此提出「仁義自是人之情性。」〔註92〕認為名教乃合乎人之自然本性，凡是本性的自然發揮，必定符合名教，故仁義道德規範就存在於人的本性之中，郭象秉持的是「內」即「外」，「自然」即是「名教」，換言之，郭象仍有一個統攝之「道」在背後支持其論述。檢視李贄的禮義觀，也是順承其「由乎自然」之說，只要順乎心之真、情、義的音樂，就足以稱為禮樂，而此種說法，正與郭象「仁義自是人之情性」之說遙相呼應，但此間又有些微不同，李贄企圖破除外在道理聞見之束縛，其承襲嵇康的「越名教」，批判假道學所造成之假名教，雖然和郭象一樣，都肯認「仁義」自在心中，但李贄在自然順乎內在之真、情、義的同時，卻無統一之「道」的支持，而是人心自有其殊異，故本具仁義之情性之外發，當然也

〔註92〕〔戰國〕莊周撰；〔晉〕郭象注：《莊子》，（臺北：臺灣中華書局，1969年），卷四，頁3。

具有多元性。

另一方面，李贄在《老子解》曾提及德、仁、義、禮與道的概念，也可以看出他的禮、樂關係，《老子解》曰：

> 無為也，而亦無無為也，是謂上德，黃帝是也。其次，雖為之，而實無為，是謂上仁，堯之仁如天是也。又其次，不惟為之，而且有必為之心，是上義也，舜、禹以下聖人是也。夫失道而德，失德而仁，失仁而義，至於先義而後禮，則所以為之者極矣。故為而不應，則至於攘臂；攘臂不應，則刑罰甲兵相因而起矣。是亂之首，而忠信之薄也。凡此者，皆以識智在前，為道之障。不知德也、仁也、義也、禮也，皆道之華，而愚民之始，有真智者所不處也。夫華者不實，實則厚，華則不厚，安有大丈夫而不知處厚乎？欲處厚者，所當去識求智，而後無為，大道可幾也。

李贄認同老子清靜無為的思想，認為「無為」而「無以為」，是上德；其次，表面「無為」，而實際「有為」，這是「上仁」，不但「為之」且有「必為之心」，是「上義」。李贄在這裡界定了他內心對政治的高下層次之分，就是因為「有為」是從道、德、仁，到義的一個越來越倒退的過程，且一旦有所為，就會產生與百姓的對立與紛爭，甚至必須以刑罰武力介入，造成紛亂與「忠信之薄」，可見種種紛仍皆來自於統治者用「智」，反而造成「道」的遮蔽。這些表面上的德、仁、義、禮，不過是外在的虛華，是愚弄人民的開始，因此大丈夫必須採取清靜無為，才能讓民通達「大道」。李贄對《老子》的解讀，基本上是認同老子的「無為」，反對統治者之干預，與對思想之箝制，基於此，李贄又更進一步提出「無為」並非「不為」，而是「善為」，當有意執行「無為」之治，實際上也是一種「有為」，此即其《德業儒臣後論》所說：

> 今之言無為者，不過曰無心焉。夫既謂之心矣，何可言無矣！既謂之為矣，又安有無心之為乎？

故重點在於以「民眾之為」當作「己為」，若能順應民之情性，其政治舉措就是「上德」。而音樂亦如是，當有外加之禮所形塑出之「樂」，就不是真正的「由乎自然」之「真樂」，而是有為之「假樂」，唯有順應自然，順乎情性之樂，才是具禮義之音樂，透過此種「真樂」，方能感發百姓之「真」情。而也因為肯定來自情性之樂，方能從中流露出百姓之「真」心，故此為李贄對當時假道學之批判，同時也是其樂學之實踐。

小結

　　從前一章節李贄之「心」與「童心」理路而來，本章所述之音樂美學本質，所提出之音樂主體，乃植基於他的「心」，而「心」的發動因乎「情」，此藉由「情」動而展現者就是「童心」，而「童心」作為音樂之主體，具有真、情、性、私、禮義等本然內涵，故音樂之起，乃得自於「情性」，此「情性」乃源自於「心」，是心所天生具有。故「樂由心生」即是音樂表現真實之心，此「真」意不僅強化了真情之流露，在發抒「情」之過程中，便是「真」心之發揚，由此而發者得以成為「真樂」。也因為李贄肯定人的自然情性中之「私利」，認為對慾望之追求，乃人性中自然而然的想望，此種自然之欲也是「真」實之人性，由此肯認「私」之概念，使其所謂哀怨不平之情順理成章，故「童心」便是「真樂」之內在動力成因。

　　其次，「琴者，心也」之命題是李贄轉化《老子》有、無之概念，讓「琴」得以由原本「道器」之功能，轉變為「心器」與「情器」。作為心和音樂之間的媒介，李贄論「琴」，和同時代《谿山琴況》以「理一身之性情，以理天下之性情」為目的之論有所差異，李贄凸顯了「琴」理一身之「性情」之作用，但非藉由外在之「和」樂梳理人心，而是轉而由人之內在情理相偕統一，使琴成為人內在之「和」之外顯之器。也因為他反對由外而內的和樂統一與桎梏，故不像傳統道學家的抨擊俗樂、鄭聲，反而同時正視雅樂與俗樂皆各有其價值，畢竟「禮義」就在情性中，故演奏音樂就是發抒情性，使人心內部之情、義相融相即，從中得以情真性和。因此李贄本乎「情」之樂，自然成為由內而外的自然「真」樂。

　　另外，由於道即心，心即道，只要心通於道，就是通於自然，也是通於音樂、通於琴，因之發抒情性，就是表達琴心。故李贄所謂「聲音之道原與心通」若以本體論言，則是聲音由「心」而來，「心」因「情」動而為「童心」，而若由演奏與鑑賞言，則「心」與「心」皆因「童心」之真、善、美之融合，而使彼此之間以心通心，故有禪通之意。以上即李贄所謂「樂由心生」、「琴者心也」、「聲音之道原與心通」，彼此之間具有音樂之起源、樂器、鑑賞等關聯。

　　而其音樂起源則由音樂美學之主體「心」而來，且此「心」發展現者，即是自然呈顯之內在「情性」，此「情性」不可為偽，也無任何人為矯逆，必須順乎自然呈現其本來樣貌之自然之理，使內在真實情性與天然狀態流現，並在美學意境下，止乎禮義，達自得自適之境。所以李贄的音樂美學本體論，是從

「心」出發，只要能真切發抒情性，即可展現琴心，由真情至性所表現的音樂，才能與心相呼應，在抒發「欲」、「情」的過程中，與內在禮義相互調節滲透，在彼此平等之前提下，在美的展現中，形成真與善的交融。

　　然而，來自「心」、「情性」的音樂，要如何展現，或者需要具備那些要素，才能達到李贄所謂的「真樂」？這從他所提出的聲、音、樂之層次區分，以及對音樂結構：「律」的說明中可窺見一二。同時，也因為他的「發乎情性」、「由乎自然」說，延伸出其音樂風格論：「有是格，便有是調。」此皆傳統音樂美學並未深入述及之處，故下一章節針對音樂的層次、形式與風格加以闡發。

第五章　音樂的層次、形式與風格

　　承前章討論李贄論音樂的主體來自於「心」，其起源自「心」之「情性」，只要由乎「自然」之真心，即可自然而然止乎「禮義」，這種強化「人」樂的概念，已與傳統中藉由外加之「和樂」規範，使人民達政「和」之說法大相逕庭。因此，李贄所謂的「音樂」，已非純粹的物理運動，而是「心」、「情」之外發媒介。也因為「音樂」有了更濃厚的人性，所以李贄進一步論述音樂的層次時，除了承繼《禮記·樂記》曾經提出的聲、音、樂，以及嵇康所區分的聲、聲音、音、音聲等四類之外，又另外提出律、調的概念。基本上，他對於聲、音、樂的分際並未如《禮記·樂記》嚴格遵守，仍時有混淆使用的情形。且關於聲、音、樂的層次，也沒有《禮記·樂記》與嵇康分辨得清晰，就音樂美學言，李贄在名詞界定上，並不是相當縝密。

　　其次，在音樂結構的部分，李贄從詩歌的概念，延伸出「拘於律」，又「不可拘於一律」之說。前者乃基於「自然止乎禮義」來，即使必須「拘於律」，卻不可被外在之律所侷限，否則將淪為卑奴，而是應合乎內部規律。然就後者言，也不可過度「不受律」，否則會淪為過於亢奮，以致五音紛仍，亂無章法。必須順應個人情性，「由乎自然」，才能止於禮義法度。

　　至於風格論的部分，也是從其發於「情性」說出發，提出「有是格，便有是調」之創見。既言「自然」，便非有意為之，而是順乎本然樣態，不同的性格，必然流瀉出殊異之音調，此即「有是格，便有是調」也。故下文分就層次、結構、風格三個部分闡述。

第一節　層次說：聲、音、樂的區分

在儒、道音樂美學思想中，音樂往往呈現出一種三分結構，如：聲、音、樂；形、氣、神。而李贄音樂美學概念中談論到跟音樂有關係的詞彙有：聲、音、樂、音聲、聲音、律、調。在明代之前，中國音樂美學最早且較有系統論及聲、音、樂的區分者，主要為《禮記・樂記》，文曰：

> 凡音之起，由人心生也。人心之動，物使之然也。感於物而動，故形於聲。聲相應，故生變；變成方，謂之音。比音而樂之，及干戚羽旄，謂之樂。〔註1〕

〈樂言篇〉又曰：

> 夫民有血氣心知之性，而無哀樂喜怒之常，應感起物而動，然後心術形焉。是故志微噍殺之音作，而民思憂；嘽諧慢易繁文簡節之音作，而民康樂；粗厲猛起奮末廣賁之音作，而民剛毅；廉直勁正庄誠之音作，而民肅敬；寬裕肉好順成和動之音作，而民慈愛；流辟邪散狄成滌濫之音作，而民淫亂。〔註2〕

> 樂者，音之所由生也，其本在人心感於物也。〔註3〕

〈樂本篇〉是從表情手法來區分聲、音、樂，「聲」代表情感受物之影響而自然表現出來，也因為情感具有變動性，因此「聲」才會高低起伏強弱快慢的變化，故「聲」乃未經藝術加工之自然之聲。「音」則是將「聲」規則化，透過取捨、美化、重構而展現出具有節奏韻律之藝術作品。而具有藝術特徵之外，又有倫理道德內涵的就是「樂」，也就是「德音」。〔註4〕因此韶樂是「樂」，鄭衛之音是「音」。故「人心」乃樂之起源，凡是聲音的發生，皆來自人心活動。

《禮記・樂記》又說：「情動於中，故形於聲」〔註5〕，可見感情在「心」的波動，才有「聲」，因此音樂是感情的藝術。而「人心」是一切事物的本源，感於外物而動所生者為「聲」，又「聲者，樂之象也」〔註6〕，此「象」是藝術的表現手段，表現心之動的同時，也就表現了物之動，而音樂之「象」是不訴諸

〔註1〕〔清〕孫希旦撰：《禮記集解》，（臺北：文史哲出版社，1976 年），頁 894。
〔註2〕〔清〕孫希旦撰：《禮記集解》，（臺北：文史哲出版社，1976 年），頁 915。
〔註3〕〔清〕孫希旦撰：《禮記集解》，（臺北：文史哲出版社，1976 年），頁 895。
〔註4〕軒小楊：《先秦兩漢音樂美學思想研究》，（北京：中國社會科學出版社，2011 年 5 月），頁 195。
〔註5〕〔清〕孫希旦撰：《禮記集解》，（臺北：文史哲出版社，1976 年），頁 896。
〔註6〕〔清〕孫希旦撰：《禮記集解》，（臺北：文史哲出版社，1976 年），頁 922。

視覺而無形的意象。故特定的「心」就必定產生特定的「聲」，特定的「聲」就必定喚起特定的「心」，故「志微噍殺之音作，而民思憂；嘽諧慢易繁文簡節之音作，而民康樂」〔註7〕。

「聲」隨「心」所受外物殊異的感受，而有高低、清濁之別，此時的「聲」是未經加工的自然之聲，一旦將其形式化、結構化後是為「音」，「音」是與自然之聲、自然人聲相對立的藝術之聲、音樂之聲。而將這些「音」配以樂器、跳舞者，就是「樂」，但「樂者與音，相近而不同」，有德之音才能稱為「樂」，因為「樂者，通於倫理」，所以雅樂、古樂是「樂」、「和樂」，鄭聲、新樂為「音」、「淫樂」。是故「知聲而不知音者，禽獸是也；知音而不知樂者，眾庶是也，唯君子為能知樂。」《禮記・樂記》不僅把音樂當成是抒發內心感情之結果，同時也特別強調外界「刺激物」對情感之啟迪，同時認為「聖人作樂以應天」，且「聲音之道與政通」，將「樂」視為教化工具。換句話說，《禮記・樂記》在音樂的層次方面，提出由音到聲，再到樂的概念。吳冠宏認為，《禮記・樂記》展現的不只是詞意上的界定，同時也是儒家人文發展的進程與理序。〔註8〕

自從《禮記・樂記》提出聲、音、樂的層次後，到明代李贄之前，尚有嵇康提出〈聲無哀樂論〉，嵇康在〈聲無哀樂論〉中，對聲、音、樂的說解，是當代研究其文章的重要方向之一，有諸多前人研究可以參考。〔註9〕而吳冠宏〈當代聲無哀樂論研究的三種論點商榷〉則綜觀諸文，提出嵇康乃有意破除秦客主張，因此其使用聲、音、樂等詞不必與《禮記》相同，其所謂「聲」者，乃本諸音樂的「自體性觀照」，將聲音的產生推源於天地陰陽之氣的交感，與《禮記》的「心物交感」並不相同，此乃超拔於社會政治之外，直探天地陰陽五行變化，遠溯《莊子・齊物論》的「天籟」，以「聲」統攝「音」、「樂」，跳脫傳統樂論的哀、樂情感與道德依附，故其乃透過「樂→音→聲」的道家進路，解構《禮記・樂記》的「聲→音→樂」人文教化的發展關係。〔註10〕

〔註7〕〔清〕孫希旦撰：《禮記集解》，（臺北：文史哲出版社，1976年），頁705。

〔註8〕吳冠宏：〈當代〈聲無哀樂論〉研究的三種論點商榷〉，收入氏著《魏晉玄義與聲論新探》，（臺北：里仁書局，2006年），頁193。

〔註9〕諸論中有孫維權、朱明基、蕭振邦、李曙明、謝大寧、袁濟喜等，而吳冠宏則透過文獻梳理，提出〈聲無哀樂論〉具有超越「名理」的「玄理」性格。詳參吳冠宏：〈當代〈聲無哀樂論〉研究的三種論點商榷〉，收入氏著《魏晉玄義與聲論新探》，（臺北：里仁書局，2006年），頁190～193。

〔註10〕吳冠宏：〈當代〈聲無哀樂論〉研究的三種論點商榷〉，收入氏著《魏晉玄義與聲論新探》，（臺北：里仁書局，2006年），頁188～194。

　　而從李贄論樂的脈絡可發現，他延續前人說法，進一步區分音、聲、律、樂、調。至於音聲、聲音則往往與聲、音、樂混用。不同於過去《禮記・樂記》對聲→音→樂三者的定義如此明確，且對其層次高下也有殊異的解讀。

　　李贄則在原本《禮記・樂記》的聲→音→樂的順序，與嵇康樂→音→聲之辨名析理上，變化為音、聲、樂，另外，又進一步提出律、調，形成音、聲、律、樂、調的差別。且音、聲不是如前兩者所言的彼此相承以層遞性關係，而是一種相對概念，這在他的《老子解》中可以有所發現，《老子・第二章》曰：

> 天下皆知美之為美，斯惡已；皆知善之為善，斯不善已。故有無相生，難易相成，長短相形，高下相傾，音聲相和，前後相隨。是以聖人處無為之事，行不言之教，萬物作焉而不辭，生而不有，為而不恃，功成而弗居。夫唯弗居，是以不去。〔註11〕

老子認為萬物是變動的，因此聖人要讓萬物自然發展，就必須「處無為之事，行不言之教。」要「功成而弗居。」李贄在《老子解・上篇・二章》中，針對老子此說提出解釋：

> 西施，人之所美也，魚見之深入，鳥見之高飛，獸見之決驟，美者果可以為美乎？盜跖暴戾，其徒誦義無窮；夷、齊餓死，而文武之王不損，善者果可以為善乎？無他故焉，善惡好醜，兩兩相形，猶之有無、難易、長短、高下、音聲、前後之相待也，有則俱有，誰能去之？
>
> 是以聖人於此，無為而事治，不言而教行。何也？蓋聖人之於萬物，實未嘗為之、生之、作之也。故萬物並作而不知遜讓以為美，並生而不有其所以生我者，竭力以為之，而不恃其所以為我者。若為萬物之自成，而非聖人之功也。烏乎居乎！夫惟無功之可居，是以美固弗居，惡亦弗去；善固弗居，不善亦弗去：如斯而已矣。〔註12〕

李贄對西施之美，提出「美者果可以為美」的疑問，對盜跖的兇暴，伯夷、叔齊恥食周粟，提出「善者果可以為善」的疑惑。老子認為只要有善就會有惡，有高就會有下，有音就會有聲。李贄解釋為音、聲關係是相對義，非絕對義，是一種相形、相待的關係。故有音就會有聲，有前就會有後，兩者是同時並存

〔註11〕〔魏〕王弼注、樓宇烈校釋：《老子周易王弼注校釋》，（臺北：華正書局，1983年），頁6～7。

〔註12〕張建業主編：《李贄全集注（第14冊：老子解注、莊子解注、道古錄注、孫子參同注）》，（北京：社會科學文獻出版社，2010年），頁12。

的。故聖人無為而可治事，不言而可行教，因為聖人對萬物並不曾強加任何事物於其上，因此萬物可以竭力並作並生，且不以此為自恃。因無功可居，所以美惡、善不善皆自然存在，張建業認為，李贄在這裡是表達了和儒家不同的見解，認為聖人有美善，也同時有惡、不善，西施有美，也同時是不美的，盜跖有暴戾，同時也有善。因此他是將《老子》的對立統一思想發揮為莊子的相對論，這和《老子》的思想是不盡相合的。〔註13〕

換言之，李贄的確是發揮了《老子》的音、聲概念，但是就莊子的相對論來解釋音聲彼此關係，音、聲是相輔相成，音也不是聲的次概念，兩者不是非彼即此的關係，這對理解李贄音樂美學的音、聲、樂概念，是有所幫助的。

李贄提出「訴心中之不平」的發憤說，是否會造成「調」（風格）的失措混亂？因為發憤已是鬱積甚久，不得不發，以他人之酒杯，澆心中之塊壘，這樣的情緒抒發，是否會衝破「格」，展現出不同於自然情性之外的「調」？而這樣的不平之鳴，和「以悲為樂」的觀念又是如何連成一氣？「調」是否是不可能更改的？是天生的？是不可變異的？不能以移子弟的？以下個別針對聲、音、樂等詞彙加以推究之：

一、聲

《說文解字注》中對「聲」做了如下的定義：

> 生於心。有節於外，謂之音。宮商角徵羽，聲也，絲竹金石匏土革
> 木音也。〔註14〕

意指聲是來自於心，而宮商角徵羽即是西方音樂中的音高 C、D、E、G、A，代表中國音樂的律制。又聲者，《說文解字》曰：「音也。從耳殸聲。殸，籀文磬。」〔註15〕聲為八音之石磬，八音者，絲竹金石匏土革木也，且石磬是八音中最精詣而入耳最深者。這又將「聲」拉入了樂器學的角度，以樂器性質提出最能深入人耳的「音」就是「聲」。李贄在〈讀律膚說〉曰：

> 蓋聲色之來，發于情性，由乎自然，是可以牽合矯強而致乎？故自然

〔註13〕張建業主編：《李贄全集注（第14冊：老子解注、莊子解注、道古錄注、孫子參同注）》，（北京：社會科學文獻出版社，2010年），頁14。

〔註14〕〔漢〕許慎撰、〔清〕段玉裁注：《說文解字注》，（臺北：紅葉文化事業有限公司，1999年），頁。頁598。

〔註15〕〔漢〕許慎撰、〔清〕段玉裁注：《說文解字注》，（臺北：紅葉文化事業有限公司，1999年），頁。頁598。

發于情性，則自然止乎禮義，非情性之外復有禮義可止也。惟矯強乃失之，故以自然之為美耳，又非于情性之外復有所謂自然而然也。

「聲」是發自於情性、自然的波動狀態，是不可牽合矯強而來，一旦有刻意加諸框架，就會失去情性的本質，非自然之聲。李贄這裡所謂「自然」是指順應情性而言，順應情性就會止乎禮義，因此自然之美不可在心外求之，而應本乎心之情性。蔡仲德曾指出，李贄音樂美學屬於道家思想，但此種止乎禮義之說，卻非道家，而是儒家思維，且李贄認為禮義就在情性之中，而非與情性二分，一旦失其情性，產生的就不是「聲」，而是「邪聲」。可見將李贄音樂美學思想歸屬於道家之說，應有商榷空間。

《焚書・卷五・讀史・段善本琵琶》提及：

……德宗聞名，召加獎賞，即令崑崙彈一曲。段師曰：「本領何雜耶？兼帶邪聲。」崑崙拜曰：「段師神人也。」德宗詔授康崑崙。段師奏曰：「請崑崙不近樂器十數年，忘其本領，然後可授。」

李贄強調要去除原本紛雜所學，回歸到純樸本質，才能有新的東西入內，否則就是被原本的道理聞見遮蔽，造成新的觀點無法進入內心。自莊子提出「唯道集虛」（《莊子・人間世》）〔註16〕，強調只有大道才能匯集凝寂虛無之心境，此說影響荀子在《解蔽》中所謂：「虛壹而靜謂之大清明」，其提出「不以夢劇亂知，謂之靜。」〔註17〕即指做學問應避免成見，以免造成偏蔽之失，換言之，「心」必須處於虛、壹、靜的狀態始能知「道」，且「虛」字尤為重要，此論可與李贄此說相扣合。康崑崙演奏的曲中有「邪聲」，是由於其所學之「雜」，「雜」就是外在之道理聞見，因「雜」造成童心之「染」，進而形成「邪聲」，必須忘其本領，使心達到「虛」「壹」，才能「靜」，此種「虛」、「靜」在荀子看來，具有道德修養且為「禮」的根本。而李贄定義「聲」為具有旋律起伏的表現手段，且能反映演奏者的真實情性，心必須「虛」，方能避免受道理聞見影響，以成就內在「禮義」之「情性」外發。

《焚書・增補一・又與從吾》又曰：

兄于大文章殊佳，如碑記等作絕可。蘇長公片言隻〔註18〕字，與金

〔註16〕〔清〕王先謙著：《莊子集解》，（臺北縣：漢京文化事業有限公司，1988年），頁36。

〔註17〕〔清〕王先謙著：《荀子集解》，（臺北：世界書局，1965年），頁264。

〔註18〕《李贄文集》作「只」，應該用「隻」較為合理

> 玉同聲，雖千古未見其比，則以其胸中絕無俗氣，下筆不作尋常語，
> 不步人腳故耳。

李贄以蘇軾之文為例，認為蘇文得自於胸中無俗氣，反映於外，就如已具金聲玉振調理的聲，此處的「聲」字意義與音樂同。

既然「聲」的存在是發自於情性，那麼「聲」、「心」、「邪聲」的關係，就是「山河大地」與「清淨本原」的關係，〈觀音問・答自信〉云：

> 若無山河大地，不成清淨本原矣，故謂山河大地即清淨本原可也。
> 若無山河大地，則清淨本原為頑空無用之物，為斷滅空不能生化之
> 物，非萬物之母矣，可值半文錢乎？然則無時無處無不是山河大地
> 之生者，豈可以山河大地為作障礙而欲去之也？清淨本原，即所謂
> 本地風光也。視不見，聽不聞，欲聞無聲，欲嗅無臭，此所謂龜毛
> 兔角，原無有也。原無有，是以謂之清淨也。清淨者，本原清淨，
> 是以謂之清淨本原也，豈待人清淨之而後清淨耶？

李贄認為「山河大地」是「清淨本原」（即心、靈明）的意識內容，因此山河大地和心是合一的概念，因此山河與有情同在，若沒有「山河大地」，則心也會如「龜毛兔角」，從這個角度看「聲」、「心」、「邪聲」，可以下圖表現：

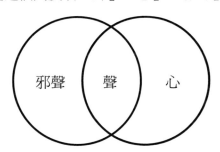

現實客觀存在的「邪聲」，因為沒有與「無染」的情性交疊合一，因此是「邪」、「有渣滓」。而「心」本是無聲、無嗅、無有的抽象存在，具有真情性者才算是具有「心」，去除外在污染的「意識」、「聞見」這才是「心」，而具有真情性者才是有「真心」，一如《焚書・卷一・書答・答耿中丞論淡》所言：「夫古之聖人，蓋嘗用湔刷之功矣。但所謂湔磨者，乃湔磨其意識；所謂刷滌者，乃刷滌其聞見耳。」此即莊子所謂「去知」〔註19〕。因此，心具備「真」的特質，以及天賦禮義的「善」，是不能被外在既定的觀念所蒙蔽。

〔註19〕〔清〕王先謙著：《莊子集解》，（臺北縣：漢京文化事業有限公司，1988年），頁69。

再看「心」與「邪聲」交疊之後所形成的「聲」,「聲」就算沒有經過形式化、結構化,也具備美的價值,例如:《焚書·卷四·雜述·豫約小引·早晚守塔》曰:

> 丈夫漢喜則清風朗月,跳躍歌舞,怒則迅雷呼風,鼓浪崩沙,加三
> 軍萬馬,聲沸數里,安得有此俗氣,況出家人哉!

丈夫發自情性而展現在外的聲,凡由心而發,自可達到「聲沸數里」的壯美。可見李贄對「音樂」的界定,是有相當大的幅度與彈性。

至於心所具「美」的部分,則不可獨立於「物」(聲)之外,必須以具備真情實性的心,發而為聲,去除道理聞見之「邪」,而成為真「聲」,正所謂「聲應氣求之夫,決不在于尋行數墨之士。」(《焚書·卷三·雜述·雜說》)這個「聲」代表的就是無染、沒有渣滓的審美對象,而此「邪」字,有虛假義,「氣」則指「情」。換言之,李贄在此將「聲」定義為兼具真善美之物,「美」也不能獨立於心、物之外,必須是心、物合一的產出結果。此也是〈童心說〉所強調的「童心」所出,必為「至文」,故「童心」所發之音樂,必為「至樂」。

二、音

許慎《說文解字》對「音」的解釋為:

> 聲生於心,有節於外,謂之音。宮商角徵羽,聲也;絲竹金石匏土
> 革木,音也。从言含一。凡音之屬皆从音。〔註20〕

所謂从言含一,言示所發之聲,一示道,道立於一,聲之倫理有條不紊,能合於道者為音,即和合眾聲而有條理成章之合聲曰音。以上《說文解字》對「聲」「音」的層次區別,並不甚詳細。以下將李贄對「音」的意涵分幾個層面論述:

(一)自然聲響

李贄在「音」的界定上比較豐富、模糊、混用。首先,音代表的是一般自然聲響。如:

> 夫空谷足音,見似人猶喜,而謂我不欲見人,有是理乎?」(《焚書·
> 卷三·雜述·高潔說》)

> 卓吾子讀而感曰:恭喜家有聖母,膝下有真佛。夙夜有心師,所矢

〔註20〕〔漢〕許慎撰、〔清〕段玉裁注:《說文解字注》,(臺北:紅葉文化事業有限公司,1999年),頁102。

皆海潮音，所命皆心髓至言，顛撲不可破。(《焚書·卷四·雜述·
讀若無母寄書》)

嗚呼！足矣，我安得不快乎！雖無可語者，而林能以是為問，亦是
空谷足音也，安得而不快也！(《焚書·卷四·雜述·二十分識》)

心展現在外可成音，這個音樂包含有「情」的抒發。但上列所謂「空谷足音」、
「海潮音」者，都只是對音、聲字眼的說明，並非音、聲、樂的系統之言。

(二) 五音所指

再來，是中國宮商角徵羽等五音的指涉，如〈讀律膚說〉曰：

拘于律則為律所制，是詩奴也，其失也卑，而五音不克諧；不受律
則不成律，是詩魔也，其失也亢，而五音相奪倫。

這裡所指的「音」，乃是具有高低起伏的宮、商、角、徵、羽五音。若沒有受
外在格律之規範，則彼此無法達到和諧之境。

(三) 美妙樂聲

「音」也可代表美妙的樂聲，如《焚書·卷三·李中谿先生告文》：

平昔文章，咸謂過人，不知愚者得之，徒增口業，智者比之，好音
過耳，達人大觀，視之猶土直也。

「好音」者，意指美妙樂音也。而《焚書·卷三·雜述·方竹圖卷文》曰：

彼其一遇王子，則疎節奇氣，自爾神王，平生挺直凌霜之操，盡成
簫韶鸞鳳之音，而務欲以為悅己者之容矣，彼又安能孑然獨立，窮
年瑟瑟，常抱知己之恨乎？

因其人之風範情操，而成高山流水之妙音，《焚書·卷四·雜述·八物》又曰：

夫芝草非常，瑞蘭馨香，小人所棄，君子所喜，設於世無君子亦已。
譬之玩物，過目則已，何取於溫？譬之好音，過耳則已，何取於飽？
然雖無取於溫飽，而不可不謂之希奇也。是一物也。

「好音」者，也是指涉美妙樂音。

(四) 知音

再者，指的是知音。《焚書·卷六·五言八句·秋懷》：

白盡餘生髮，單存不老心。栖栖非學楚，切切為交深。遠夢悲風送，
秋懷落木吟。古來聰聽者，或別有知音。

以此指知交能辨心曲。

（五）話語腔調

還有代表話語、腔調者。如《焚書‧卷六‧五言四句‧夜半聞雁有引》其四：

> 日月湖中久，時聞冀北音。鴻飛如我待，鼓翼向山陰。

「北音」指的是北方話語。《焚書‧卷六‧七言四句‧初至雲中》曰：

> 錫杖朝朝信老僧，蒼茫山色樹層層。出門祇覺音聲別，不審身真到
> 白登。

「音聲」則是指鄉音有別。

（六）性格風格

最後，則為表現個人性格、風格的音樂，如〈讀律膚說〉：

> 故性格清徹者音調自然宣暢，性格舒徐者音調自然疏緩，曠達者自
> 然浩蕩，雄邁者自然壯烈，沉鬱者自然悲酸，古怪者自然奇絕。

不同性格可表現出不同的音調風格，性格與風格有如清澈／宣暢；舒徐／舒緩；曠達／浩蕩；雄邁／壯烈；沉鬱／悲酸；古怪／奇絕等差異。又如〈征途與共後語〉曰：

> 蓋成連有成連之音，雖成連不能授之於弟子，伯牙有伯牙之音，雖
> 伯牙不能必得之于成連。所謂音在于是，偶觸而即得者，不可以學
> 人為也朦者唯未嘗學，故觸之即契，伯牙唯學，故至于無所觸而後
> 為妙也。

也因為成連、伯牙雖為師徒，但兩人各有其性格之殊異，因此也會有其自成之格調，故審音可知人。

（七）聲音兩字連用

聲音兩字連用者，則著重在「音」，指表現個人性格、風格的音樂意涵，如〈征途與共後語〉曰：「侯謂聲音之道可與禪通，似矣。」此處之「聲音」連用，指的就是音樂。

綜上所述，李贄所謂「音」，是具有多重意涵的表述，且並不純然運用在音樂體系中。而其對「音」之區辨，也不如《禮記‧樂記》和嵇康的明確。

三、樂

凡是由心產生，且能引發他人感觸者稱為「樂」。李贄藉由對《淮南子》

和音樂有關係的文字陳述,延伸其對於「樂」概念的探討,這表現在《讀升庵集‧樂論》中:

> 《淮南子》曰:「《雅》、《頌》之聲,皆本於情,故君臣以睦,父子以親。今取怨思之聲,施之管弦,聞其音者,不淫則悲。淫則亂男女之別,悲則感怨思之氣,豈所謂樂哉?趙王遷房陵,思故鄉,作《山水》之謳,聞者莫不隕涕;荊軻西刺秦王,高漸離擊筑易水之上,聞者莫不瞋目裂眥,髮指穿冠。因以此聲入宗廟,豈古之所謂樂哉!
>
> 〔批語〕卓吾子曰:樂由心生,此二人皆真樂也。不隕涕、不瞋目,更又何待?

根據《淮南子‧卷二十‧泰族訓》原文與《楊升庵集》比較,兩者內容稍有出入〔註21〕,但差異性對文意影響不大,且因本段文字是李贄根據《楊升庵集》批點,故採楊慎內容論述應較為適切。

《淮南子》本章主談君主治國之道,是延續仁義、道德根本之說,重申「事不本於道德者,不可以為儀;言不合乎先王者,不可以為道」(〈泰族訓〉)〔註22〕之旨。為說明權宜之術不可為治國之本的道理,特以趙王遷、荊軻之歌能征服聽者而不可入宗廟為例,提出「無聲者,正其可聽者也;其無味者,正其足味者也」(〈泰族訓〉)〔註23〕,反映出作者特有的審美觀。

另《淮南子》中也有以道家為主,吸取儒家音樂美學思想之論。其據《老

〔註21〕〔漢〕劉安撰、〔漢〕高誘注:《淮南子注》(根據世界書局《諸子集成》本影印)(上海:新華書店,1986年07月第1版),頁365。本段文字原文為:「今夫《雅》、《頌》之聲,皆發於詞,本於情,故君臣以睦,父子以親。故《韶》、《夏》之樂也,聲浸乎金石,潤乎草木。今取怨思之聲,施之於弦管,聞其音者,不淫則悲,淫則亂男女之辨,悲則感怨思之氣。豈所謂樂哉!趙王遷流於房陵,思故鄉,作為《山水》之謳,聞者莫不殞涕。荊軻西刺秦王,高漸離、宋意為擊筑,而謌於易水之上,聞者莫不瞋目裂眥,髮植穿冠。因以此聲為樂而入宗廟,豈古之所謂樂哉!」對照兩者,有兩注不同,首先是:「今夫《雅》、《頌》之聲,皆發於詞,本於情」楊慎改為「今夫《雅》、《頌》之聲,皆本於情」。以及「故君臣以睦,父子以親,故《韶》、《夏》之樂也,聲浸乎金石,潤乎草木。今取怨思之聲,施之於弦管」楊慎改為「故君臣以睦,父子以親,今取怨思之聲,施之於弦管」,其餘內容皆一致。

〔註22〕〔漢〕劉安撰,劉文典集解:《淮南鴻烈集解》,(臺北:明倫出版社,1992年),頁77。

〔註23〕〔漢〕劉安撰,劉文典集解:《淮南鴻烈集解》,(臺北:明倫出版社,1992年),頁77。

子‧四十章》：「天下萬物生於有，有生於無。」〔註 24〕及《莊子‧天地》：「無
聲之中獨聞和焉。」〔註 25〕在〈原道訓〉提出：

> 無形而有形生焉，無聲而五音鳴焉，無味而五味形焉，無色而五色
> 成焉。是故有生於無，實出於虛。天下為之圈，則名實同居。〔註 26〕

認為有聲之樂出於無聲之道，此乃傳承老子「大音希聲」論，「無」是音樂之
本，有聲之樂則為末。《淮南子‧主術訓》曰：

> 樂生於音，音生於律，律生於風，此聲之宗也。〔註 27〕

就無聲和五音提出同音相應說，風雨之聲可由音律知，音樂之音從屬於自然之
音，其說統一了自然之音與音樂之音。

　　至於《雅》、《頌》之音皆發自言詞，本於真情，故君臣用之和睦關係，父
子用之相互親近，這是對有聲之樂的肯定，傳承自儒家禮樂教化「節文」
觀。和《淮南子》視禮樂、倫理、法律制度等，皆以自然規律為圭臬，不謀而合。
故聖人為政要能原其本末，藉由慎擇音樂，防淫辟之風，以得性為本，得欲為
末，使民求「本於道德」、「合於先王」。

　　《淮南子》否定有聲之樂是因為主張「不以人滑天，不以欲亂情」（《淮南
子‧原道訓》）〔註 28〕，力求保持「性命之情」，只要能達「性命之情」，則「仁
義固附」。不好的音樂，會使世俗之人沉溺其中，喪失本性，流連哀思的音樂，
以管弦彈奏，聽者不是放縱，就是悲傷；放縱就會擾亂男女分際；悲哀就會使
人感到哀怨。此即「樂之失淫」，聖人「廢而不用」。李增在《淮南子哲學思想
研究》提及：

> 儒家制定的禮樂既是外在的。禮俗的制約也是外在的規範。這些都
> 不是按照人自然的本性。淮南子就說「禮俗、衣服，非人之本性也。」
> 〈齊俗訓〉所以舉凡是風俗、習慣、法律、社會規範皆是人外在之

〔註 24〕〔魏〕王弼注、樓宇烈校釋：《老子周易王弼注校釋》，（臺北：華正書局，1983
　　　　年），頁 110。
〔註 25〕〔清〕王先謙著：《莊子集解》，（臺北縣：漢京文化事業有限公司，1988 年），
　　　　頁 101。
〔註 26〕〔漢〕劉安撰，劉文典集解：《淮南鴻烈集解》，（臺北：明倫出版社，1992 年），
　　　　頁 19。
〔註 27〕〔漢〕劉安撰，劉文典集解：《淮南鴻烈集解》，（臺北：明倫出版社，1992 年），
　　　　頁 20。
〔註 28〕〔漢〕劉安撰，劉文典集解：《淮南鴻烈集解》，（臺北：明倫出版社，1992 年），
　　　　頁 13。

套框與枷鎖，皆是違反人自然之本性。而這些有強制性的強迫人去
遵守，便是干擾了人的恬愉清靜而妨礙其自由。這種「迫性拂情，
而不得其和」〈精神訓〉是道家所反對的。〔註29〕

趙王遷被流放到房陵，因思鄉而創作《山水》〔註30〕之歌，聽者為之涕泣，這
是有聲之樂的弊端，淫於聲色，使人縱欲失性。而荊軻西進刺殺秦王，高漸離
在易水為他擊筑送別，聽者無不瞪大眼睛，眼角裂開，頭髮直豎，這是因為音
樂破壞人心的平和，即所謂「重於滋味，淫於聲色，發於喜怒，不顧後患者，
邪氣也。」（《淮南子‧詮言訓》）〔註31〕因此《淮南子》質疑此種聲調不應送
入宗廟。

　　此段文字須特別留意「樂」字解讀，解讀不同，會影響李贄批語兩個「樂」
字之理解。到底「豈所謂樂哉」以及「豈古之所謂樂哉」兩者之「樂」義為何？
陳麗桂認為，第一個「樂」指的是「快樂」，第二個「樂」指的是「音樂」〔註
32〕。熊禮匯將兩個都解釋為「快樂」。〔註33〕首先，「淫」與「悲」，前者指行
為，後者指情感，都是聞音而造成的結果。《淮南子‧本經訓》云：

　　　凡人之性，心和欲得則樂，樂斯動、動斯蹈、蹈斯蕩、蕩斯歌、歌
　　　斯舞，歌舞節則禽獸跳矣。〔註34〕

人性只要心和欲得就會喜樂，喜樂引發出動作、舞蹈、歌唱，因此音樂是來自
內心情感滿足而產生的自然發抒。而《淮南子‧齊俗訓》又曰：

　　　且喜怒哀樂，有感而自然者也。故哭之發於口，涕之出於目，此皆
　　　憤於中而形於外者也。譬如水之下流，烟之上尋也。夫有孰推之者？
　　　故強笑者，雖病不哀；強親者，雖笑不和。情發於中，而聲應於外。

〔註29〕李增：《淮南子哲學思想研究》，（臺北：洪葉文化事業有限公司，1999年），
　　　　頁107。
〔註30〕王念孫曰：「『山水』當為『山木』，字之誤也。」高誘注同。史記趙世家集解、
　　　　正義及文選恨賦注引此，並作「山木」。詳見于大成：《淮南論文三種》（臺北：
　　　　文史哲出版社，1975年），頁179；劉文典：《淮南鴻烈集解》（臺北：文史哲
　　　　出版社，1992），頁693。
〔註31〕〔漢〕劉安撰，劉文典集解：《淮南鴻烈集解》，（臺北：明倫出版社，1992年），
　　　　頁39。
〔註32〕〔漢〕劉安撰、陳麗桂校注：《淮南子》（臺北：國立編譯館，2002年），頁1494。
〔註33〕〔漢〕劉安撰、熊禮匯注譯：《新譯淮南子》（臺北：三民書局，1997年），頁
　　　　1142。
〔註34〕〔漢〕劉安撰，劉文典集解：《淮南鴻烈集解》，（臺北：明倫出版社，1992年），
　　　　頁90。

內心喜怒哀樂之情發於外乃自然之理，不需強加外力，即可流現，這也是「必
有其質，乃為之文」(《淮南子‧本經訓》)的反應，故情感發自乎心中，展現
為聲音。誠如李增所言：

> 所謂樂，即是人本有喜、怒、哀、樂之情緒，有這些情緒之實情，
> 乃用藝術之形式，以適當地表達出來。此處之所謂「樂」的意義要
> 注意分辨之，一者指情緒中的快樂之情，另一者是指音樂。不過在
> 此行文中，樂不只指音樂而已，且是表達情緒——喜、怒、哀、樂
> ——的外在藝術的形式。這種藝術形式，可用聲音表達以成歌，以
> 手足之動以成舞，以圖畫顯形謂之美術，以文字歌咏謂之詩賦，以
> 事物彫其形態謂之雕刻等等。總之，樂（或藝術形式）之表達是為
> 了表現情緒。人的情緒，喜、怒、哀、樂之表達，尤其是怒之發作，
> 常會蕩而失控，失控則濫，濫則其行為不淨，或傷害他人而有所釋
> 憾，這便是「淫」。而當情緒失控而淫則失節而不德矣。所以樂（情
> 緒）必須要有節，以節制情緒而毋使淪於不道德。是故《淮南子》
> 曰：「性命之情，淫而相脅，以不得已則不和，是以貴樂。……樂者，
> 所以救憂也。」(〈本經訓〉)因此，樂（情緒）之表達要通過（藉著）
> 樂（藝術形式）以適當之發洩、疏通，宣導而勿使淫濫，而使樂（情
> 緒）昇華，是為樂（藝術）之功能。〔註35〕

今聽聞怨思之聲而產生「淫」的行動與「悲」的情緒，「豈所謂樂哉」之「樂」
字便是承接「悲」而來。《淮南子‧修務訓》曰：「歌者，樂之征也；哭者，悲
之效也。」〔註36〕可見作者是把「樂」(音樂)與「樂」(喜樂)相聯繫，否
定悲樂，故「豈所謂樂哉」之「樂」做為情感用詞「喜樂」「快樂」解，應無
爭議。

其次，「豈古之所謂樂哉」的「樂」該如何解？《淮南子》提出趙王遷因
思鄉而創作。高漸離因有感於荊軻刺秦（刺激物），而產生情感，再透過擊筑
（第二個刺激物），引發聽者的隕涕、瞋目。這種「不平」之樂，和《淮南子》
希望以正樂疏導民心的內涵不同。《淮南子》推崇雅頌古樂，否定新聲，主張
音樂須和而不淫。並強調美的時代性，反對膠柱調瑟，主張「利民為本」，順

〔註35〕李增：《淮南子》(臺北：東大出版社，1992年)，頁132。
〔註36〕〔漢〕劉安撰，劉文典集解：《淮南鴻烈集解》，(臺北：明倫出版社，1992年)，
　　　　頁38。

應時代與人民審美情趣的變化而改革禮樂。由此可證，趙王遷、高漸離的不平之樂，是不該帶入宗廟的，故此處的「樂」，應指「音樂」才合理。

李贄所謂「樂由心生」，到底是指「音樂」從心而來，還是「快樂」從心而來？若為前者，則代表心本身就已有「音樂」之「象」，因外物觸動而引發音樂之「形」。若為後者，則代表情感來自於心，因為「心」已具喜怒哀樂之情，故藉由音樂藝術表現手法的刺激，將快樂的情緒引導出來，形成具喜怒哀樂的音樂，這是對嵇康〈聲無哀樂論〉的修正。

李贄視趙王遷、高漸離創作的都是「真樂」，因得自真情之引發。在《淮南子・泰族訓》本段文字後文為：

> 故弁冕輅輿，可服而不可好也；大羹之和，可食而不可嗜也；朱弦漏越，一唱而三歎，可聽而不可快也。故無聲者，正其可聽者也；其無味者，正其足味者也。吷聲清於耳，兼味快於口，非其貴也。故事不本於道德者，不可以為儀；言不合乎先王者，不可以為道；音不調乎《雅》、《頌》者，不可以為樂。故五子之言，所以便說掇取也，非天下之通義也。〔註37〕

所以高帽、大車可服戴乘坐，卻不能過於喜好；調味的汁湯可食用，卻不能對它有特殊愛好；琴瑟朱弦音響從底孔緩緩傳出，一唱而三歎，可以聽賞，卻不能以此為快適。所以沒有聲響的音樂，正是它值得聆聽之處；沒有味道的地方，正是味道充足的東西。邪淫之樂聽起來特別嘹亮悅耳，多種滋味吃起來感到很痛快，但這並不可貴。所以事情若不依據道德，是不能成為法度；言語不合於先王之說，就不能成為道理；聲音不能與雅頌的樂調相調和，便不能成為樂曲。所以商鞅、申子、韓非、蘇秦、張儀等五人言論，都只是一時根據情勢臨時變通的說辭，強詞奪理，不是能通行於天下的通用法則。

《淮南子》藉此強調無聲之樂可使有聲之樂得到修正，「使有聲者，乃無聲者也；能致千里者，乃不動者也。」聲音未達和諧不足以作樂，這是對儒家樂教的繼承。《禮記・樂記》提倡「樂由天作」〔註38〕，音樂是按天的道理製作的，音樂的終極本源不是「心」，而是「天」。然李贄認為音樂來自於「心」，藉由心的觸動，引發出真實情感後，才是真正的樂，若沒有在聆聽音的過程中

〔註37〕〔漢〕劉安撰，劉文典集解：《淮南鴻烈集解》，（臺北：明倫出版社，1992年），頁77。
〔註38〕〔清〕孫希旦撰：《禮記集解》，（臺北：文史哲出版社，1976年），頁907。

有所感觸，達到「隕涕」、「瞋目」，則非真正的樂。

　　李贄在聲、音、樂三者的界定並不明確，怨思之「聲」代表具有怨思之「情」的空氣振動，而「音」則是經調理格式化後的音符，如具怨思之情的管絃之音，「樂」則是發自心的感發應對，若沒有使人產生「隕涕」、「瞋目」等情感衝撞，則不成「樂」。換言之，「此二人皆真樂也」句，真樂，並非指快樂，而是泛指真情實感，若沒有內心的真情實感，那麼音樂也不成為音樂。若「聲音」不具引發他人悲憤真情，則不能算是真正的音樂，故「樂由心生」的「樂」應指音樂。

　　耑此，李贄傳承《老子》、《莊子》、《禮記‧樂記》、《淮南子》等音樂美學，在聲、音、聲音的辨名上並沒有像《禮記‧樂記》那麼分明，而是較趨近於道家老子音聲相和的概念而來。又將自然音與音樂音加以統一，融合了莊子「人籟」、「地籟」、「天籟」說，以「法天貴真」之「天籟」為大美、至美，凸顯順應天性，透過無為、心齋、坐忘即可「使其自己」，並「自取」至妙之樂。可見李贄在聲、音、樂的詞意界定上，是以道家精神言敘的。

第二節　結構論：不可拘於一律

　　要理解李贄的音樂美學的結構論，就不能不先界定「律」的概念，「律」代表的是一種外在形式的規範，中國音樂自古有「樂律」及詩樂合一的傳統，也有相當多的音樂文學「因聲以度詞，審調以節唱」〔註39〕，詩歌文學以符合音樂準則為格律要求，詩歌的音樂性可以「律」度之。「律」包含詩歌的用韻、平仄、格律等等，此皆不離內在音樂規律而填詞。從李贄的〈讀律膚說〉可見其對「律」的解讀，包含詩歌是否需要受制於「律」的規範？「律」的概念是否與「由乎自然」相衝突？「由乎自然」是否代表「情」的毫無限制？不拘於「律」的美是否會落入毫無法度？「止乎禮義」是否和不拘於律的「自然美」相矛盾？凡此種種，是本段所企圖解決的問題意識。

　　首先，必須界定「律」的概念，「律」是種外在規範，包含格律、音律、格套，〈讀律膚說〉是李贄針對讀律的解讀，〈讀律膚說〉曰：

　　　……拘於律則為律所制，是詩奴也，其失也卑，而五音不克諧；不

〔註39〕〔唐〕元稹：〈樂府古題序〉，《元稹集編年箋注》，（西安：三秦出版社，2002年），頁688。

受律則不成律，是詩魔也，其失也冗，而五音相奪倫。不克諧則無
色，相奪倫則無聲，蓋聲色之來，發於情性，由乎自然，是可以牽
合矯強而致乎？……莫不有情，莫不有性，而可以一律求之哉！然
則所謂自然者，非有意為自然而遂以謂自然也。若有意為自然，則
與矯強何異。故自然之道，未易言也。

李贄認為不可「拘於律」，也不可「不受律」，而是要自然而然成就章法。「拘
於律」則五音「不克諧」，「不拘於律」則五音「相奪倫」，皆會失其聲色。且
因人人皆有其特殊情性，所以不可以外在之律約束，但若失去理序也會不成
聲，所以一切端賴心之自然而然。其「聲色之來，發於情性，由乎自然」說，
對音樂的起源，有所界定。嵇康也曾提出音樂乃源自天地合德、陰陽五行，徐
麗真《嵇康的音樂美學》認為：

嵇康與傳統儒家樂論存在著不同的立場，並不以情感作為音樂的表
現內容。嵇康以為五色、五聲均出於自然，音樂源於天地自然，然
而，在這樣的命題下，嵇康也並未等同於漢儒，將音樂美的根源上
溯於天。「夫推類辨物，當先求之自然之理。」通過對名教世界的反
省，在音聲上，嵇康獲得了「自然」的意義。〔註40〕

嵇康著意於以虛待物，達到真人、至人之境，以彰顯萬物，藉由自化，可使萬
物自然冒現，聲心異軌，使音樂脫離人心哀樂，回歸到獨立的客觀性質。〔註
41〕也因音樂具客觀性，所以藉由樂器的不同性能與聲響變化，可以體驗殊異
的審美經驗，這已是脫離倫理學，而回到純音樂性的意義。〔註42〕

　　然被視為繼承莊子、嵇康音樂美學思想的李贄，其音樂觀中的「律」應該
以更寬廣的角度看待。音樂的外在形式是為音樂的內容而服務，追求「律」又
不能局限於「律」。李贄的音樂本於心、情性、禮義。外在的律則可從基本的
樂曲形式，擴展到音樂的律學，如：明初朱載堉完成《樂律全書》，內容包含
律學、樂學；音樂文學中的聲律；以及在演奏過程中的表演形式，與心理、生
理的要求，和傳統對文人彈琴的既定規範。這和嵇康以陰陽五行之氣來解讀是
不一樣的。

　　中國音樂傳統對五音的認定，不僅是宮、商、角、徵、羽的調性，自《禮

〔註40〕徐麗真：《嵇康的音樂美學》，（臺北：華泰出版社，1997年），頁17～20。
〔註41〕徐麗真：《嵇康的音樂美學》，（臺北：華泰出版社，1997年），頁15。
〔註42〕徐麗真：《嵇康的音樂美學》，（臺北：華泰出版社，1997年），頁23。

記・樂記》便有「聲音之道,與政通矣。」〔註43〕及「治世之音安以樂,其政和。亂世之音怨以怒,其政乖。亡國之音哀以思,其民困。」〔註44〕認定音樂內容可影響政治,音樂反映的也是人民心之所感,從音樂可體察時政。所以〈樂記〉強調「天尊地卑,君臣定矣。卑高已陳,貴賤位矣」乃自然而然,五音宮、商、角、徵、羽即對應到君王、人臣、平民、事情、萬物等各階層,因此「不克諧」代表的就是人倫的失常;「相奪倫」則指人倫相互侵犯,要求過度與不及,都無法達到上乘之境。

換句話說,「律」包含各種外在規範,所以必須思考李贄對外在規範的要求,是要「拘於律」或是「不拘於律」,這牽涉到是否需要限制「情」的表現,限制就是規範,規範的具體實踐就是「禮」。

李贄曾說:「道本人性,學資平易。」(〈何心隱論〉)他認為道來自人性,因此「繩人以太難,則畔者必眾;責人於道路,則居者不安」(〈何心隱論〉),若音樂之「律」的束縛過於強制,就會拘束情性發展,若太過寬鬆,則會流於恣意放蕩。也因人即道、道即人,所以人和道並非對立,道心就是人的本心,是具有禮義的心,有天賦道德規範,故情性與道德是一種相融關係,不需外尋,一旦往外追求,反會造成人、道的對立與二分。所以「魚生於水而忘乎水,人生於道而忘乎道。」這是針對程朱理學的「性即理」的反對,也是對心學「心即理」的傳承。

由此來看「律」是可「拘」,也可「不拘」,如其所謂:「道本不遠於人,而遠人以為道者,是故不可以語道。可知人即道也,道即人也,人外無道,而道外亦無人。」由於李贄的音樂主體是人,「律」不應是外加形式束縛情性,也非把某種意志強加於人,關鍵在於提升個人道德自律,形成道德自覺,情性自然流現於合於律,又不限於律的音樂中。

又《焚書・卷四・雜述・征途與共後語》曰:

> ……而引伯牙以為證,謂古不必圖譜,今不必碩師,……夫伯牙于成連,可謂得師矣,按圖指授,可謂有譜有法,有古有今矣。伯牙何以終不得也?且使成連而果以圖譜碩師為必不可已,則宜窮日夜以教之操,何必移之海濱無人之境,寂寞不見之地,……唯至於絕海之濱,空洞之野,渺無人跡,而後向之圖譜無存,指授無所,碩

〔註43〕〔清〕孫希旦撰:《禮記集解》,(臺北:文史哲出版社,1976年),頁896。
〔註44〕〔清〕孫希旦撰:《禮記集解》,(臺北:文史哲出版社,1976年),頁896。

師無見，凡昔之一切可得而傳者，今皆不可復得矣，故乃自得之
也。……明有所不見，一見影而知渠；聰有所不聞，一擊竹而成偈：
大都皆然，何獨矇師之與伯牙耶？

以伯牙與成連設喻，圖譜記載本標誌明確音符、節奏，按圖譜指授，便是拘於
律，伯牙受業於成連，便是有樂譜、有法度的依循，但終究難以突破前人成就，
畢竟圖譜可使人有依循之本，卻無法自得與超越。唯有忘卻既往圖譜之指授，
方能有所得，一旦受制於「律」，反有「畫工」之鑿痕，難達造化無工之境。

　　李贄〈雜說〉曾對形式嚴加批判，認為結構的要求會落入畫工的窠臼，〈雜
說〉曰：

《拜月》、《西廂》，化工也；《琵琶》，畫工也。夫所謂畫工者，以其
能奪天地之化工，而其孰知天地之無工乎？今夫天之所生，地之所
長，百卉具在，人見而愛之矣，至覓其工，了不可得，豈其智固不
能得之與！要知造化無工，雖有神聖，亦不能識知化工之所在，而
其誰能得之？……蓋工莫工于《琵琶》矣。彼高生者，固已彈其力
之所能工，而極吾才于既竭者也夫。惟作者窮巧極工，不遺餘力，
是故語盡而意亦盡，詞竭而味索然亦隨以竭。吾嘗攬《琵琶》而彈
之矣：一彈而嘆，再彈而怨，三彈而向之怨嘆無復存者。此其故何
邪？豈其似真非真，所以入人之心者不深邪！蓋雖工巧之極，其氣
力限量只可達於皮膚骨血之間，則其感人僅僅如是，何足怪哉！《西
廂》、《拜月》，乃不如是。

既然結構、偶對、理道、法度、相應、相生等等都是對形式的要求，一旦過度
追求就不是至文。當過於極盡工巧，就會造成「語盡而意亦盡」，故李贄對《琵
琶記》有「一彈而嘆，再彈而怨，三彈而向之怨嘆無復存者」之嘆，當一味重
視外在工巧，只能達到表面的皮膚骨血，反無法深刻感人。音樂如果太過拘泥
於外在法度，同樣也會失其精神魂魄。

　　李贄對形式工巧的反對，可以從中國文人對音樂寫意的要求窺探之。中國
音樂和西洋音樂有很大的不同，西洋音樂相當重視「正確」的演奏，其包含音
符、樂句、曲式、風格，若未嚴謹讀譜，往往會造成錯誤的演奏。換句話說，
西洋音樂的「真」表現在正確的「圖譜」演繹上。反觀中國音樂在演奏過程中，
並沒有如此一板一眼的嚴格要求拍子長度、音高精準、風格詮釋，甚至連過去
的黃鐘之宮的音高都尚有爭議，中國傳統音樂是著重在生命情境的抒懷，文人

的音樂審美理想講究的是樂與「道」統一，音樂是通向道的方法，因此意境的淡遠，天地自然合一、合德的境界，才是中國文人音樂所追求的形而上哲理，若過於追求形而下的技巧、圖譜，反而會限制了內心的意蘊、文化精神的探求。因此在具體演奏時，著重的是心理狀態是否符合「道」，而這個「道」在李贄看來就是「心」，因此任「心」，就是自然任「道」。

其次，「由乎自然」又「不拘一律」是否代表「情」的表達毫無規範？中國儒家自古以來，就有「情深而文明，氣盛而化神，和順積中、而英華發外，唯樂不可以為偽」〔註45〕（《禮記・樂記》）之說，「情」一般被誤以為是一種情緒、情慾，然而「情」的根本在於「實」，具有「聯繫」的功能，也因為有「情」，所以使人、物、自然、天彼此交錯，只是一般人往往誤以為「德行」本身是由「情」所確立。反觀道家，莊子〈大宗師〉、〈齊物論〉已點出「道」是「有情」，魏晉時期何晏、王弼便已針對聖人是否有情進行辯論，王弼認為聖人有情乃順自然而有，王弼言：

> 聖人茂於人者神明也，同於人者五情也。神明茂，故能體沖和以通無；五情同，故不能無哀樂以應物。然則，聖人之情，應物而無累於物也。今以其無累，便謂不復應物，失之多矣。〔註46〕

「情」乃「實」，不是「感情用事」，也不是「慾」，郭梨華認為，由於「情」乃「內在的真實」，只要表裡一致，就是「誠」，而孔子認為「情」的表達需符合「禮」，情與禮的關係，就是仁與禮的關係。《中庸》將「情」視為「誠」的底蘊，是具體化的普遍之「情」，只是並未擴展此說。《禮記・樂記》的「情」牽涉到「聲音」蘊含「情」，傳遞情感。音樂的本質就是快樂，而「情」就是「天地同合」，故可與倫理相通。而「情」不脫離心、性，且「情」無善惡之分，「欲」則因人化物，而有「滅天理」的結果，故音樂蘊含禮與倫理，得以本於「情」，卻不會流於「欲」。〔註47〕

而李贄強調「禮義就在情性中」，「自然」即情性，不需外加形式上的「律」，他在《焚書・卷四・雜述・豫約小引・早晚鐘鼓》曰：

> ……雖曰遠近之所望而敬者僧之律行，然聲音之道原與心通，未有

〔註45〕〔清〕孫希旦撰：《禮記集解》，（臺北：文史哲出版社，1976 年），頁 921。

〔註46〕《三國志・魏書・鍾會傳》裴注引何劭為《王弼》傳。詳見〔晉〕陳壽、〔宋〕裴松之注：《新校本三國志注附索引》，（臺北：鼎文書局，1977 年），頁 795。

〔註47〕郭梨華：〈由《性情論》探究孔子後學之「情」論〉，出自氏著：《出土文獻與先秦儒道哲學》，（臺北：萬卷樓，2008 年），頁 280～288。

平素律行僧寶而鐘鼓之音不清越而和平也。既以律行起人畏敬於先，
又聽鐘鼓和鳴於清晨良霄之下。

雖遠、近所望而敬的是僧徒本應守的戒律，但聲音是和心相通的，沒有平常
持守戒律，鐘鼓之音也不會清脆悠揚。既已先透過暮鼓晨鐘，以梵唄收警醒
之效，那麼「律行僧寶」和「不可拘於一律」之間是否有所矛盾？其實李贄
是從美學角度審視「律」與音樂「形式」的，就像文學作品，「陌生化」是造
成文學美的關鍵，如果沒有「陌生化」的創造，就會變得陳腔濫調，而這個
「陌生化」是從何而來？可能是作者的才氣，或是他「量變」所造成「質變」
的內化。音樂也是如此，一開始總是要由律、形式開始，之後才能夠達到不
拘一律的創造性過程的產出。「美」本身就不是一種靜止不動、唯一的標準，
一旦靜止不動，就會變成陳腔濫調，因此「美」必須是有變動本質，因時代
遞移而進步，這也符合李贄追求變動的文藝觀。所以李贄是先從「律」來提
升「技」，接著以「忘」來達到美的創造，因「忘」才能滌除各種斧鑿之痕，
去除「畫工」之虛偽，達上乘「化工」，這也是李贄融合儒、釋、道三家的圓
融美學觀，也是其「化工」說的實踐。魏晉時代，嵇康也因「忘技」去除刻
意的技巧規範，以內化於生命情境之人技合一，才達「手揮五弦，目送歸鴻」
的造化之境。

　　另外，文人音樂往往在音樂審美過程中，表現出「靜、淡、遠、玄」等含
蓄樸素之美，但「情」造成的另一現象，卻是哀怨精神的發揮。《焚書・卷五・
詩匯・七言絕句・讀杜少陵二首》曰：

少陵原自解傳神，一動鄉思便寫真。不是諸公無好興，縱然興好不
驚人。（其一）

困窮拂鬱憂思深，開口發聲淚滿襟。七字歌行千古少，五言杜律是
佳音。（其二）

本詩論述有「情」才有「真」，而杜甫的「真」來自於思鄉愁緒，他之所以能
夠創作佳作，實來自他的傳「神」，而傳「神」又始於「困窮拂鬱憂思」，也因
內在困窮鬱憂，所以杜律方能成為佳音，可見不拘於一律是以李贄的情性論為
基礎，「困窮拂鬱憂思」是不平之鳴，也是李贄「古之賢聖，不憤則不作矣。
不憤而作，譬如不寒而顫，不病而呻吟也，雖作何觀乎？」（〈忠義水滸傳序〉）
對發憤、不平之作的肯認。

　　在《焚書・增補一・又與從吾孝廉》曰：

《華嚴合論》精妙不可當，一字不可改易，蓋又一《華嚴》也。如向、郭註《莊子》，不可便以《莊子》為經，向、郭為註；如左丘明傳《春秋》，不可便以《春秋》為經，左氏為傳。何者？使無《春秋》，左氏自然流行，以左氏又一經也；使無《莊子》，向、郭自然流行，以向、郭又一經也。然則執向、郭以解《莊子》，據左氏以論《春秋》者，其人為不智矣。

文學不必依附經書，就已有獨特之美，《左傳》即使不解《春秋》，以其內容文采也足以彰顯其意義價值。好的文學不需透過「依附」經書傳道而存在，好的聲音、音樂也未必需要透過依附「傳道」「雅正」而存在，一切端賴自我情性的抒發為要。

最後，止乎禮義是否和不拘於律的「自然美」相矛盾？李贄〈雜說〉說：「夫所謂畫工者，以其能奪天地之化工，而其孰知天地之無工乎？」朱謙之認為，李贄所謂的造化無工，就是自然，表面上以禪宗語，實際上是來自張橫渠的《易說》，李贄精通《易》學，著有《九正易因》、《張橫渠易說序》，指出「變易故神」，「神則無有不易矣」，展現其變化思想〔註48〕。筆者認為李贄思想中具有變動的本質，所以他提出的「止乎禮義」也非寂然不動，而是在「心即道」的基礎下，與深具「良知」的「狂者胸次」，隨「心」、隨「時」而達到最符合當下狀態的「禮義」之道，在音樂表現中，得以「無入而不自得」，呈現每一個「當下」即「現成」之音樂美，故「止乎禮義」和不拘於律的「自然美」並未相矛盾。

第三節　風格論：有是格，便有是調

在西方音樂美學中，所謂「風」即作風、流風，屬精神層次；「格」指格調、格式，屬形式部分。兩者若能完美結合，即可達到風格的主客統一，形式、內容的融合。在音樂史上，文藝復興時期已形成「藝術風格」概念，之後在音樂的創作、演奏皆有越來越重視「風格」的趨勢，透過和弦、樂句、樂段、樂章、一部具體作品或多組作品中，都可展現某流派、作曲家、歷史時期、文化的風格特徵，展現的是織體、和聲、旋律、節奏等等的表現特點，故音樂風格

〔註48〕朱謙之：《李贄──十六世紀中國反封建思想先驅者》（武漢：湖北人民出版社，1957 年 2 月第一版第二次印刷），頁 37。此書雖屬早期之作，但其中已點明李贄思想中的強烈變動性。

代表的是一種整體特色的具體化，暗示一定的情感、意義與藝術意志。〔註49〕

　　李贄除了對聲、音、樂有所闡發外，又多了「調」「律」的層次。「律」在前一節已做說明，本節著重「調」的分析。李贄說：「有是格，便有是調。」「格」代表的是人品、氣量、風度的泛稱，例如：鮑照〈蕪城賦〉：「格高五嶽。」〔註50〕《說文解字》解釋「調」曰：「和也，從言周聲。」〔註51〕指融合相合之意，言合意通而後事得和諧，故從言。而「周」本作「密」解，《賈子・道術》謂：「合得密周謂之調。」〔註52〕故調從周聲，有音律、風格的意涵。「格」反而傾向精神面向，「調」則偏重形式層面。

　　中國音樂風格最早的論述可見於《詩經》十五國風，各諸侯國殊異的風土民情造就了音樂不同的風格，也使音樂空前繁榮。而明代是一個追求獨特個性的時代，這可從張大復在《梅花草堂集・病》言論探得線索：

> 木之有癭，石之有鴝鵒眼，皆病也。然是二物者，卒以此見貴於世。
> 非世人之貴病也，病則奇，奇則至，至則傳。天隨生有言，木病而
> 後怪，不怪不能傳其形；文病而後奇，不奇不能駭於俗。〔註53〕

張大復以「癭」、「鴝鵒眼」凸顯「病」，因其具「奇」之特徵，故能超越世俗，彰顯個性、情趣、鋒芒，出類拔萃。顯示晚明時代「病」、「癖」、「痴」「狂」等特徵，故張岱《瑯嬛文集・卷四・五異人傳》認為：

> 人無癖不可與交，以其無深情也；人無疵不可與交，以其無真氣
> 也。〔註54〕

就是因為「癖」與「疵」不故作姿態，不受世俗影響，所以具「深情」、「真氣」

〔註49〕高拂曉：《期待與風格：邁爾音樂美學思想研究》，（北京：中央音樂學院出版社，2010年），頁116～118。

〔註50〕〔南北朝〕鮑照：《鮑照集校注》（上冊），（北京：中華書局，2012年），頁23。按「格：量度。五嶽：我國五大名山的總稱，一般指泰山，衡山，華山，恒山，嵩山。《周禮・春官・大宗伯》：『以血祭祭社稷、五祀、五嶽。』鄭玄注：『五嶽，東曰岱宗，南曰衡山，西曰華山，北曰恒山，中曰嵩山。』」故「格高五嶽」指人格如五嶽崇高。

〔註51〕〔漢〕許慎撰、〔清〕段玉裁注：《說文解字注》，（臺北：紅葉文化事業有限公司，1999年），頁94。

〔註52〕〔漢〕賈誼撰，彭昊、趙勖校點：《賈誼集》，（長沙：岳麓書社，2010年），頁92。

〔註53〕〔清〕張大復：《梅花草堂集》，出自明末遺民：《謏聞續筆》，（揚州：廣陵書社，2007年），頁12144。

〔註54〕〔明〕張岱：《瑯嬛文集》，（臺北：淡江書局，1956年），頁118。

的特質，備受推崇。〔註55〕在這樣的時代風氣下，李贄重視個人獨特性之美學觀，是可以理解的。〈讀律膚說〉曰：

> 淡則無味，直則無情。宛轉有態，則容冶而不雅；沈著可思，則神傷而易弱。欲淺不得，欲深不得。拘于律則為律所制，是詩奴也，其失也卑，而五音不克諧；不受律則不成律，是詩魔也，其失也亢，而五音相奪倫。不克諧則無色，相奪倫則無聲，蓋聲色之來，發于情性，由乎自然，是可以牽合矯強而致乎？故自然發于情性，則自然止乎禮義，非情性之外復有禮義可止也。惟矯強乃失之，故以自然之為美耳，又非于情性之外復有所謂自然而然也。故性格清徹者音調自然宣暢，性格舒徐者音調自然疏緩，曠達者自然浩蕩，雄邁者自然壯烈，沉鬱者自然悲酸，古怪者自然奇絕。有是格，便有是調，皆情性自然之謂也。莫不有情，莫不有性，而可以一律求之哉！
> 然則所謂自然者，非有意為自然而遂以謂自然也。若有意為自然，則與矯強何異。故自然之道，未易言也。

李贄重點在於內容與形式間的關聯，「發於情性，由乎自然」意指情性決定了風格，風格非矯強所能致。人人皆有其情性，不能藉由外在統一規範，形成同樣風格，李贄之說對儒家正樂、雅樂的反動。前文已述及自然之「性」非學而能改易，其寂然不動之是身為人之天生本質，也是性格、性情、特質，人人自具而有其殊異。由個體本性特質展現出的音樂，當然也是風格獨具。「淡則無味」並非反對「淡和」說，而是指陳不可為了過度追求風格獨具，而刻意雕琢，更不能為求內容深沉，而過度思考，須掌握有度，自然格調才能外發。

然同時代的徐上瀛《谿山琴況》談及琴之二十四況，雖也提倡「曲得其情，則指與音和」〔註56〕之境，然其所謂「情」，並非一般之情感、情緒、情欲等「俗情」，而是化去「俗情」以朗現性情之中和，藉由涵養情性以通太和之氣，並同於天地造化〔註57〕，此即「神閒氣靜，藹然醉心，太和鼓鬯，心

〔註55〕吳承學、李光摩編：《晚明文學思潮研究》（武漢：湖北教育出版社，2001），頁352～353。
〔註56〕〔明〕徐上瀛：《谿山琴況》，收入《續修四庫全書・子部・藝術類》，（上海：上海古籍出版社，2002年），頁474。
〔註57〕林彥邦：《太和鼓鬯：〈谿山琴況〉之美學觀》，（臺北：文津出版社，2013年），頁114～123。

手自知」〔註58〕。徐上瀛所言之「況」有比較、象徵、況味、情趣、指法妙處、突現之滋味等等意涵〔註59〕，雖徐氏區分了二十四種「琴況」，然其皆統攝於一「和」字，透過「蕭其氣，澄其心，緩其度，遠其神」，在自然無為通達化境時，方能「從萬籟俱寂中冷然音生」〔註60〕。因此徐上瀛《琴況》仍把人「心」和於「造化」，以成「至聖」，是基於「太音希聲，古道難復」，故提倡要以「性情中和相遇」，方能在「太和」統攝下，呈現和、靜、清、遠、古、澹、恬、逸、雅、麗、亮、采、潔、潤、圓、堅、宏、細、溜、健、輕、重、遲、素等二十四種琴趣。

　　而李贄反對的則是一個外加的統一，侷限人之情性之各種可能，故其倡言相似的性格特質，才會產生雷同之風格，李贄《紅拂記‧第三齣‧秋閨談俠》言：

〔劇本原文〕紅拂：「姐姐你我終日選伎征歌，隨行逐隊，如何是好。」

〔夾批〕的真同調。

王世貞在〈曲藻〉中稱《紅拂記》「潔而俊」；徐複祚〈曲論〉評論《紅拂記》：「佳曲甚多，骨肉勻稱」。此寫紅拂女和樂昌公主的對話，「女中丈夫」紅拂女因慧眼識英雄，夜奔李靖，追求愛情自由；與樂昌公主在陳朝滅亡時和丈夫徐德言分散，兩人各持一半破鏡，期待日後相見，有同樣的對愛強烈堅持之性格特徵，因此李贄評論：「的真同調」。

　　不同性格者，展現的自然也有殊異的風格，在《焚書‧卷五‧讀史‧漁父》中，李贄又曰：

細玩此篇，畢竟是有此漁父，非假設之辭也。觀其鼓枻之歌，迴然清商，絕不同調，末即頓顯拒絕之跡，遂去不復與言，可以見矣。如原決有此見，肯沈汨羅乎？實相矛盾，各執一家言也。但為漁父則易，為屈原則難，屈子所謂邦無道則愚以犯難者也。誰不能智，唯愚不可及矣。漁父之見，原亦知之，原亦能言之，則謂為屈原假設之詞亦可。

〔註58〕　〔明〕徐上瀛：《谿山琴況》，收入《續修四庫全書‧子部‧藝術類》，（上海：上海古籍出版社，2002年），頁474。

〔註59〕　林彥邦：《太和鼓弖：《谿山琴況》之美學觀》，（臺北：文津出版社，2013年），頁56～61。林彥邦彙整前人相關研究，提出「況」字諸義。

〔註60〕　〔明〕徐上瀛：《谿山琴況》，收入《續修四庫全書‧子部‧藝術類》，（上海：上海古籍出版社，2002年），頁484。

李贄認為漁父並非是假設問答的虛構人物，因為從其「鼓枻之歌」和屈原兩人比較，是「絕不同調」，由漁父最後「不復與言」的姿態，可推敲得知如屈原有相同論見，絕不可能自沉汨羅江。漁父可和光同塵，屈原卻堅守立場和原則，兩人性格相殊，不會有相同的音調風格。

此外，人品深度也會影響風格表現，《續焚書・卷四・雜著匯・書胡笳十八拍後》曰：

> 此皆蔡伯喈之女所作也。流離鄙賤，朝漢暮羌，雖絕世才學，亦何足道！餘故詳錄以示學者，見生世之苦如此，欲無入而不自得焉，雖聖人亦必不能云耳。讀之令人悲嘆哀傷，五內欲裂，況身親為之哉！際此時，唯有一死快當，然而曰「薄志節兮念死難」，則亦真情矣。故唯聖人乃能處死，不以必死勸人。我願學者再三吟哦，則朝聞夕死，何謂其不可也乎哉！

本篇乃李贄晚期之作，耿李之爭造成他四處遷徙，他對蔡文姬所作〈胡笳十八拍〉心有戚戚焉，認為蔡琰顛沛流離時，還能寫出此作，因此體會到一旦面對生世苦痛，連聖人也難自得。〈胡笳十八拍〉讓人感受到悲嘆哀傷，五臟欲裂，更何況是親身經歷人世滄桑的蔡文姬？在此處境下，只有一死才能爽快，然蔡琰又在〈悲憤詩〉中表露「薄志節兮念死難」的真情流露，李贄讚揚蔡文姬的，就是因其才學品格與經歷，造就出作品的深度風格。

由於性格人人獨具，所以不可能人人風格皆同，過去嵇康站在雅樂的立場，要求音樂要「和」，〈聲無哀樂論〉所謂：

> 然聲音和比，感人之最深者也。勞者歌其事，樂者舞其功。夫內有悲痛之心，則激切哀言。言比成詩，聲比成音。雜而詠之，聚而聽之，心動於和聲，情感於苦言。嗟歎未絕，而泣涕流漣矣。夫哀心藏於苦心內，遇和聲而後發。和聲無象，而哀心有主。夫以有主之哀心，因乎無象之和聲，其所覺悟，唯哀而已。〔註61〕

嵇氏立基於與天道「和」的前提開展音樂美學，提出只有和樂才能感發人的志氣，但李贄認為每個人的性格不同，不可能靠外在之「和」而統一風格，尤其他主張追求風格獨具的音樂美。《焚書・卷一・書答・與焦弱侯》曰：

> 人猶水也，豪傑猶巨魚也。欲求巨魚，必須異水；欲求豪傑，必須

〔註61〕〔三國〕嵇康著、戴明揚校注：《嵇康集校注》，（北京：人民文學出版社，1962年），頁198～199。

異人。此的然之理也。今夫井，非不清潔也，味非不甘美也，日用
飲食非不切切於人，若不可缺以旦夕也。然持任公之釣者，則未嘗
井焉之之矣。何也？以井不生魚也。欲求三寸之魚，亦了不可得矣。

本文是李贄寫給摯友焦竑的文章，焦竑深受李贄影響，李贄視英雄豪傑為聖
人，其觀點不同於儒家的內聖外王，而是具強烈實踐性的狂者特色。這種對性
格獨特的說法，也在他論述孔子教學中體現，〈答耿中丞〉曰：

夫天生一人，自有一人之用，不待取給于孔子而後足也。若必待取
足于孔子，則千古以前無孔子，終不得為人乎？故為願學孔子之說
者，乃孟子之所以止於孟子，僕方痛憾其非夫，而公謂我願之歟？

李贄肯定每個人都有其用處與價值，並不需要依循孔子才可有所成，如果只能
以孔子為規準，將無法走出屬於自己的路，這也就是孟子為何只能止於孟子的
原因。音樂如果僅是依循前人的步伐，是無法有所創新，有所突破，最後將只
能止於前人論調，無法自創新調。〈答耿中丞〉又曰：

且孔子未嘗教人之學孔子也。使孔子而教人以學孔子，何以顏淵問
仁，而曰「為仁由己」而不由人也歟哉！何以曰「古之學者為己」，
又曰「君子求諸己」也歟哉！惟其由己，故諸子自不必問仁於孔子，
惟其為己，故孔子自無學術以授門人，是無人無己之學也。無己，
故學莫先於克己；無人，故教惟在於因人。試舉一二言之。如仲弓，
居敬行簡人也，而問仁焉，夫子直指之曰敬恕而已。雍也聰明，故
悟焉而請事。司馬牛遭兄弟之難，常懷憂懼，是謹言慎行人也，而
問仁焉，夫子亦直指之曰「其言也訒」而已。牛也不聰，故疑焉而
反以為未足。由此觀之，孔子亦何嘗教人之學孔子也哉！孔子未嘗
教人之學孔子，而學孔子者務舍己而必以孔子為學，雖公亦必以為
真可笑矣。

學音樂就如同學習古人之道，對象不同，方法相似。由孔子的因材施教，可見
孔子肯定每位弟子獨特的才情，依照不同的質性順加引導，學習是為求個人提
升，孔子本意也非要眾人以他為唯一標準，一旦定於一尊，將無法有所突破。
音樂的內容反映作曲家的內在與想法，若只限定在唯一標準，不但無法呈現多
元格調，也會限制音樂的美。在〈答耿中丞〉曰：

公既深信而篤行之，則雖謂公自己之學術亦可也，但不必人人皆如
公耳。故凡公之所為自善，所用自廣，所學自當。僕自敬公，不必

> 僕之慶矣；否則同者少而異者多，賢者少而愚不肖者多，天下果何
> 時而太平乎哉！

李贄強調公有公的善，此善和他人不同，況且未必每個賢者都要有相同的善行
表現，因為「所為自善，所用自廣，所學自當」，才能展現出人人殊異獨特的
才性，由此成就不同的美。

　　李贄畢竟深受心學宇宙心、本體心的影響，只是他突破為「人心」就是「道
心」，「道心」即主宰知覺運動的「體」，「人心」即知覺運動之「用」，也因為
「心」即「道」，因此有不同的心性，就會產生不同的才情，進而表現為不同
的音聲。然而也因為「心」即「道」，所以內在的情性展現氣，自然也有高、
低、清、濁之分。在〈復焦秣陵〉曰：

> 蘇長公何如人，故其文章自然驚天動地。世人不知，祇以文章稱之，
> 不知文章直彼餘事耳，世未有其人不能卓立而能文章垂不朽者。弟
> 于全刻抄出作四冊，俱世人所未嘗取者。世人所取者，世人所知耳，
> 亦長公俯就世人而作者也。至其真洪鍾大呂，大扣大鳴，小扣小應，
> 俱繫彼精神髓骨所在，弟今盡數錄出，閒時一披閱，平生心事宛然，
> 如見如對長公披襟面語朝夕共遊也。憾不得再寫一部，呈去請教耳。

李贄雖然追求格調的獨特，但前提是作者須擁有卓立情性，方能外發為不朽之
作。一如蘇軾之文，就是因其情性不凡，故文字可以與金玉同聲，驚天動地。
但世人往往推崇其文章，卻忽略文章不過是「末」，實得自卓立情性之「本」。
蘇軾作品如「洪鍾大呂」，足以「大扣大鳴，小扣小應」，乃因維繫於「精神髓
骨」，而此「精神髓骨」就是他的特立情性。故音樂、藝術、文章的表現，都
來自於內在的「格」，這個「格」，就是「情性」之謂也，有此格，方能有此調。
李贄雖並未明言音樂家的「格」是否應有高下之分，但從對蘇軾的評價，亦可
看出他對創作者的人格與情性仍隱含對真、善之要求，是知藝術之美和人格之
真善，不可截然劃分。

　　又《焚書‧卷二‧書答‧又與從吾》曰：

> 《福建錄孝第策》冠絕，當與陽明《山東試錄》並傳。「朱紫陽斷案」
> 至引伯玉四十九、孔子七十從心，真大手段，大見識。弟向云「善
> 作者純貶而褒意自寓，純褒而貶意自存」是也。兄于大文章殊佳，
> 如碑記等作絕可。蘇長公片言隻字，與金玉同聲，雖千古未見其比，
> 則以其胸中絕無俗氣，下筆不作尋常語，不步人腳故耳。如大文章

終未免有依仿在。後輩有志向者何人，暇中一一示我，我亦愛知之。

世間無根器人莫引之談學，彼不為名，便是為利，無益也。

李贄提出作文要「胸中絕無俗氣」、「下筆不作尋常語」、「不步人腳故」，都是針對藝術觀點而發。認為《福建錄孝弟策》應該與《山東試錄》並傳，且善作文章者，往往寓褒於貶，寓貶於褒，這都是極大見識，而李贄認為蘇軾是因為心中沒有俗氣，具備「根器」，方能寫出非尋常語，不因襲前人，有所創發。

根據《佛學大辭典》對「根器」的解釋是：

> 人之性譬諸木而曰根，根能堪物曰器。《大日經‧疏九》曰：「略說法有四種，謂三乘及秘密乘，雖不應吝惜，然應觀眾生，量其根器，而後與之。」〔註62〕

將人性比喻為樹木之根，「根」足以容納「物」，故曰「器」。李贄認為沒有「根器」，就是沒有「成佛之性」，若缺乏「根器」，就會往「名」「利」求，反而無法成就佳作，可見創作者的「格」、質性，是音樂所不可或缺的基礎。

也因為音樂必須發於情性，「情性」是發抒者所獨有，他人不能模仿，一旦模仿就不是獨出胸臆，背離美，所以音樂之美應有獨特性，方能達到化工境界，這是來自童心說的基礎。故《焚書‧卷一‧書答‧復宋太守》曰：

> 千聖同心，至言無二。紙上陳語，皆千聖苦心苦口，為後賢後人。……苟是上士，則當究明聖人上語；若甘為下士，只作世間完人，則不但孔聖以及上古經籍為當服膺不失，雖近世有識名士一言一句，皆有切于身心者，皆不可以陳語目之也。……故凡論說，必據經引傳，亦不得已焉耳。今據經則以為陳語，漫出胸臆則以為無當，則言者亦難矣。……若只作一世完人，則千古格言盡足受用，半字無得說矣。所以但相見便相訂證者，以心志頗大，不甘為一世人士耳。

聖人同心，好的言論也只有一個，故經典都是聖人苦口婆心之語，為啟迪後人而作。若想當上士，應當深入探究聖人言論；若只是想當下士、世間完人，那麼不僅要完全服膺孔子學說，還有連當代有識之士之論，都不可以僅以陳語視之。若論說純粹只是引經據典，而視漫出胸臆的論見不當，這也是不應該的。李贄在此表達了獨出胸臆者為上士，說陳語者為完人的觀念，如果只甘願當完人，那麼從經典中所獲得的格言，就已足夠，若不甘為一世人士，就應獨出胸

〔註62〕丁福保編纂：《佛學大辭典》四，（北京：中國書店出版，2009年），頁174。本書共五冊，納入《佛學工具書集成》套書之中。

臆。由此可證，獨出其「格」，方能有其「調」，非模仿前人之論可達到。

然也因為「有是格，便有是調」，人人性格殊異，因此能夠形成各種風格，李贄以開放的胸襟看待風格的多元表現，並未延續傳統的唯「和」為美的標準。《焚書·卷四·雜述·玉合》：

> 此記亦有許多曲折，但當要緊處却緩慢，却泛散，是以未盡其美，然亦不可不謂之不知趣矣。韓君平之遇柳姬，其事甚奇，設使不遇兩奇人，雖曰奇，亦徒然耳。此昔人所以歎恨于無緣也。方君平之未得柳姬也，乃不費一毫力氣而遂得之，則李王孫之奇，千載無其匹也。
>
> 迨君平之既失柳姬也，乃不費一時力氣而遂復得之，則許中丞之奇，唯有崑崙奴千載可相伯仲也。嗚呼！世之遭遇奇事如君平者，亦豈少哉！唯不遇奇人，卒致兩地含冤，抱恨以死，悲矣！夫然君平者唯得之太易，故失之亦易，非許俊奇傑，安得復哉？此許中丞所以更奇也。

「奇」是李贄音樂美學另一風貌。李贄認為《玉合記》有曲折特色，但在緊要關頭有緩慢泛散之失，故未盡其美，但仍屬有趣，主因在「奇」，《玉合》的「奇」表現在情節上，以唐代安史之亂為背景，安祿山建國大燕，自稱皇帝，導致兵亂，此劇則以韓翃、柳氏兩人愛情的分聚離合為主題，進士韓翃與歌伎柳氏兩情相悅，於是韓翃贈以玉合為訂情物，但遇安史之亂，兩人被迫分離，後柳氏寄身佛寺以避戰亂，不料被番將沙吒利看上而遭虜，待戰亂平息，韓翃回歸，欲尋回柳氏，受許俊之幫助救回柳氏，後有情人終成眷屬。「奇」用在文學上著重在情節，而在音樂中則展現在內容、形式上的對立，音符彼此之間的收、放，延伸與收縮，和諧與不和諧之間的對比，呈現出突兀，推展出音樂的內容、形式上的對立動力，本來預期的心理狀態，因音樂材料的變化轉折，也隨之形成與音樂欣賞過程的感性期待背離的音樂方向，而造成一種「陌生化」的美感。

小結

綜合以上所述，李贄論聲、音、樂以及音樂、格調，可以遠／近、虛／實、內／外、形式／內容、奇／正、顯／隱、心／聲、結構／詮釋的關係進行衍繹。

首先，在心、聲關係上，是以心為主體，以聲為客體，透過音樂作為承載

「心」、「情」之媒介，得以展現多元之音樂特色，所有的音樂，不論好壞，都是源自於「心」的外發，若無「心」之基礎，「情」之發動，自然也不會有真正的音樂產生。所以在其音樂之美的判準中，是以獨抒「心」之「情性」為綱領，由此而發之音樂，則為人樂、至樂。

其次，在音樂的虛與實方面，李贄追求「無聲」之大美，而這種天籟至樂是必須以心之「虛」為前提，但這種「虛」是得自於道家「虛靜」之工夫，因為「虛」才能在人「心」本然之質性，在每一次音樂之展現中，破除性分，使每一次地「童心」外發，有更多無限之美的生成。且這樣的磨練，必須立基於人倫物理之「實」境中，方能有所圓成。

再者，就內外關係上，李贄是以「心」為「內」，「情」為外，而「情」的具體化，就是「聲」、「音」、「樂」，若沒有「心」的引導，一切外在聲音基本上僅是「邪聲」，並不是真正的音樂，故音樂可以說是心、情之載體。在結構論方面，李贄所著重的「拘於律」是指內在於人之「情性」之「禮義」法度，而「不可居於一律」則指外部統一之規範，故其著意於基於人心之「自律」，而非外在於人心之「他律」。若從風格論看，若無人之性格於「內」之基礎，就不會有殊異音調之「外」發，故「格」與「調」本身也具「內」與「外」之關係。

就形式與內容方面來說，李贄追求音樂的內容，必須來自真情實感，也就是「情性」，而外發為音樂，仍要有「拘於律」之限制，但是又不可以過於囿限於「律」，此「律」具有自然而然之所止之意味，故其說著意於「不可拘於一律」，這是一種自然有度的表現，是因為人天生所具有的「禮義」、「乾元」讓人心所發之樂得以自然而然自然規律。所以「至樂」、「人樂」必須是由內而外之個體情性外顯，而非由外而內的「和」之統一，相較於同時代徐上瀛《谿山琴況》以「太和」統攝二十四況，李贄追求的是更個體化的音樂，殊異之情性，表現為多元之內容風格。而徐上瀛則是要回復古代琴樂中的「和」之造化之境，兩者雖同時期，卻反映了截然不同的美學觀念。

在音樂的「奇」與「正」方面，透過音樂內容與人倫物理形式的對立，彰顯出「奇」，交融在「止乎禮義」的「正」樂中，形成了「陌生化」的音樂美感，使音樂的呈顯不是只有既定模式的外發，反而呈現共性中有殊性的特色。此種同中有異的音樂美學觀，是李贄站在「人」的個體性出發的必然結果。

在顯與隱的層面，可以發現音樂是比文字語言更具有強烈直接表達人心

的媒介，所以隱微的心情，藉由外顯的音樂，反而在表「心」的功能上，更加強化其作用。

在心與聲的部分，李贄雖然沒有在聲、音、樂的辨名析理上像《禮記・樂記》那麼明確，但是他提出了心與聲之間密不可分的關係，同時也因為肯定人人有不同之「性」，方能展現出不同的音樂格調，也讓其樂論具有多音紛呈之效，和《谿山琴況》二十四況背後有一「太和」支撐有所不同，因此這也是李贄樂論之特徵。

最後，結構與詮釋方面，可以看見李贄在結構的抒發上，破除了傳統一致的外在規範，過去倡議以樂中節，他反而訴諸於內在的自律道德，強化人本具之禮義的可能，呈現出一種屬於個人自身的客觀規律，這使他的音樂美學呈現出「拘於律」又「不可以拘於律」的特色，展現了人人皆有其內在一把尺的自身獨特音樂美學之效果。

第六章　樂器與演奏

　　至於李贄文本中曾經具體提出的樂器、基本演奏、意境表演三方面，密合無間，蓋樂曲的演出，有待演奏者利用樂器，依循樂譜，熟練後，藉由技法的展現，呈現「道」的詮釋，達合天之境。然演奏的樂器依發出的音響、音色、性質差異，均會給予聽者不同的聆聽感受，荀子曾提出依樂器的不同性質，對聽者的審美感受所造成的影響，其意識到聲音與情感有一致性。故《荀子·樂論篇》曰：

> 聲樂之象：鼓大麗，鐘統實，磬廉制，竽笙簫和，笙簧發猛，塤箎翁博，瑟易良，琴婦好，歌清盡，舞意天道兼。鼓其樂之君邪。故鼓似天，鐘似地，磬似水，竽笙簫和笙簧，似星辰日月，鞉柷、拊鞷、椌楬似萬物。曷以知舞之意？曰：目不自見，耳不自聞也，然而治俯仰、詘信、進退、遲速，莫不廉制，盡筋骨之力，以要鐘鼓俯會之節，而靡有悖逆者，眾積意謘謘乎！〔註1〕

鼓的音色較為宏偉壯麗、鐘的音色則是飽滿厚實、磬的音色聲清脆有度、琴的音色委婉柔和、人聲則較為清潤。其中，鼓具有穩定節奏的功效，因此如同天，鐘的厚實音色則如同地。也因為各個樂器有其不同的聲響特徵，所以依照其樂器的殊異特質，會引發人們不同的情感反應，對人產生各種審美影響。形成「凡姦聲感人而逆氣應之，逆氣成象而亂生焉」（《荀子·樂論篇》）〔註2〕之「聲氣感應」。但也因聲、情密切聯結，「聲樂之入人也深，其化人也

〔註1〕〔清〕王先謙著：《荀子集解》，（臺北：世界書局，1965年），頁255～256。
〔註2〕〔清〕王先謙著：《荀子集解》，（臺北：世界書局，1965年），頁254。

速」(《荀子‧樂論篇》)〔註3〕，故音樂理所當然成為教化之具，以音樂之「和」使人民趨向於正。

由此看來，弦樂的音響總不如打擊樂般令人震懾，打擊樂也無法彰顯弦樂的柔媚優雅。就是有不同性質的樂器，才會引導出不同的情緒、情感。因此，本章希望從李贄的樂器與演奏觀點，進行對其音樂美學的審視。而器與技的實踐，是否也能夠呈顯出工夫修養而體道的過程，亦是本章所欲申述之重點。

第一節　樂器說：反對樂器高下之分

李贄論述到和音樂樂器有關係的詞彙有琴、鐘鼓、歌喉。琴是文人音樂的代表，也是李贄會演奏的樂器；鐘鼓則多與出家後在寺廟修行的體悟有關。歌喉則延續魏晉六朝的「長嘯」說，但「嘯」的描述不及魏晉文人深刻。至於針對陶淵明「絲不如竹，竹不如肉」的自然觀，李贄則持反對立場，提出樂器無高下之分，肯認每個樂器的功用。

以下分別就李贄的琴、鐘鼓、歌喉、反對樂器高下之分等四個面向探討其樂器論。

一、琴

傳統士大夫多以古琴、琵琶為主要演奏樂器，因琴弦張力較緊，音域較低，屬於低音樂器，故琴聲深韻幽雅，音色悠遠深沈，節奏舒緩，音響使人心緒寧靜。也因樂器性質不同，可營造相異的審美趣味，故琴樂歷來多有文人音樂之稱。李贄著力最多的樂器就是古琴，琴論主要集中在他的〈琴賦〉。徐海東提出李贄〈琴賦〉乃得自於嵇康〈琴賦〉的反思與體悟〔註4〕，但筆者對照兩者內容，實有歧異之處。

嵇康〈琴賦〉內容主要概分為幾個部分：首先，對琴的材料及製作琴者的要求來看，認為琴材必須要靈秀，至人才能製琴。接著，以琴歌表達其齊物逍遙之境，最後才陳述琴聲感人的功效。〔註5〕而李贄的琴賦則是先強調心是琴

〔註3〕〔清〕王先謙著：《荀子集解》，（臺北：世界書局，1965 年），頁 253。
〔註4〕徐海東：〈「琴者心也」與「琴者禁也」辨析──「李贄音樂美學的思想基礎」研究之三〉，《交響（西安音樂學院學報）》第 3 期，2013 年，頁 42～46。
〔註5〕〔三國〕嵇康著、戴明揚校注：《嵇康集校注》，（北京：人民文學出版社，1962 年），頁 83～109。

的基礎；接著，論述有其心，才能有其吟；再來，反對陶淵明的「絲不如竹，竹不如肉」的說法；最後，則是提出音樂可以自然而然流露出演奏者內心的境界。兩造的〈琴賦〉實未有相呼應之處，何得言李贄〈琴賦〉乃得之於嵇康〈琴賦〉？筆者從〈琴賦〉一文在李贄文集中收錄之脈絡來看，發現〈琴賦〉列於《焚書》內的「讀史」，而「讀史」是李贄針對前人提出個人之評論，其中〈絕交書〉、〈養生論〉、〈琴賦〉、〈憂憤詩〉在書中依次排列，是李贄就嵇康琴論所發，李贄在〈絕交書〉懷疑該文為「相知者代康而為之辭」；〈養生論〉則讚賞嵇康「人品之高，文辭之妙」，並非七賢所及；〈憂憤詩〉則以內容多「自責之辭」，但嵇康臨終奏《廣陵散》卻「無此紛紜自責，錯謬幸生之賤態」，故懷疑〈憂憤詩〉非嵇康所作。然唯有〈琴賦〉內容和嵇康〈琴賦〉觀點大異其趣，故筆者認為，此篇應是李贄得之於嵇康〈琴賦〉，但只是藉相同篇名表達李贄對古琴的批判性解讀。

　　李贄〈琴賦〉先論琴的功用，〈琴賦〉曰：

> 《白虎通》曰：「琴者，禁也。禁人邪惡，歸於正道，故謂之琴。」
> 余謂琴者心也，琴者吟也，所以吟其心也。人知口之吟，不知手之
> 吟；知口之有聲，而不知手亦有聲也。如風撼樹，但見樹鳴，謂樹
> 不鳴不可也，謂樹能鳴亦不可。此可以知手之有聲矣，聽者指謂琴
> 聲，是猶指樹鳴也，不亦泥歟！

《白虎通》是兩漢時期具讖緯神學的音樂美學思想代表作。《白虎通‧禮樂》提出幾個音樂觀念：鄭聲「淫色」說、以八風、六律、四時釋樂舞等級，舞佾人數、論四夷之樂，規定製作四夷之樂的目的是宣揚聖王功德、以五聲配五行，以八音配八卦，認為音樂與萬物之間可以數、聲相通，展現濃厚的陰陽五行、天人感應的思想色彩。〔註6〕

　　《白虎通》繼承儒家禮樂的等級觀念，強調禮樂具有陶冶性情的作用，其內容以三綱六紀的精神貫穿，《白虎通‧五經》曰：

> 人情有五性，懷五常，不能自成，是以聖人像天五常之道而明之，
> 以教人成其德也。〔註7〕

人有仁義禮智信五常，也有喜怒哀樂愛惡六情，五常是道德規範，六情易生慾

〔註6〕蔡仲德：《中國音樂美學史》，（北京：人民音樂出版社，2003年），頁408～412。

〔註7〕〔漢〕班固：《白虎通》，（臺北：黎明文化出版社，1996年），頁8206。

望，五常是是六情的行為準則。禮樂是啟發道德之性的方式，故《白虎通》所謂「琴者，禁也」乃視琴為禁止淫邪、端正人心的樂器，強調琴之教化作用。

有學者認為李贄的「琴者，心也」是從「琴者，禁也」的對立面而來，因其任性而發，尊重人的主體性，以人為本、以新為本。〔註8〕

王維則認為李贄將琴與心看作是互動的過程，透過琴、心互動，以激發個體生命力，文人在古琴演奏中找到心所寄寓的處所。「琴者，禁也」是通過自律以淡化內心欲望，以期達天人合一。操琴是一種儀式，每個步驟都有要求。而「琴者，心也」彰顯了晚明士人的主體意識，情感得以在琴樂中自由延伸，並舉出琴曲《流水》歷來各有其演奏手法來驗證，李贄肯定「真情」，制止過分不正當的「淫邪」之心。〔註9〕

徐海東則持反對意見，指出李贄並未明確反駁《白虎通》觀點，只是錯誤引用《白虎通》的概念；其次，《白虎通》是以教化看古琴，李贄是以審美看古琴；故李贄〈琴賦〉是對嵇康〈琴賦〉的評議。〔註10〕

中國傳統對琴這項樂器多有彰顯德性的期許，假琴為「器」以修身養性，提高品格，琴最適宜「修德」，故嵇康〈琴賦〉言：「眾器之中，琴德最優，故綴敘所懷，以為之賦。」且琴與禮有相通之處，桓譚《新論・琴道篇》曰：「琴之言禁也，君子守以自禁也。」〔註11〕禁即節制言行之規範，延伸為道德禮儀之準繩。除了琴與禮間的聯繫外，琴自身的獨特性也成為被士大夫用來修身養性的原因，一如《新論・琴道篇》所言：「琴有《伯夷》之操。夫遭遇異時，窮則獨善其身，故謂之操。」〔註12〕後世琴曲也多有以操命名者，此呼應士大夫獨善之身的想法。〔註13〕

筆者認為李贄並未刻意強化琴「德」的功能，且基於李贄所謂的「天生一人，自有一人之用」的情性論主張，及「樂由心生」、「聲音之道原與心通」等

〔註8〕 王志成：〈李贄的音樂美學思想〉，《藝術百家》第5期，2005年，頁136～139。胡健、張國花：〈從《琴論》看李贄的音樂美學思想〉，《求索》第5期，2007年，頁168～170。楊雪：〈淺論李贄音樂美學思想中的「流行」因素〉，（四川：四川師範大學科學碩士論文），2011年3月，頁8～10。以上學者都持相同意見。

〔註9〕 王維：〈李贄的音樂美學思想初探〉，《藝術研究》第4期，2005年，頁59。

〔註10〕 徐海東：〈「琴者心也」與「琴者禁也」辨析──「李贄音樂美學的思想基礎」研究之三〉，《交響（西安音樂學院學報）》第3期，2013年，頁44。

〔註11〕 〔漢〕桓譚撰，〔清〕孫馮翼輯注：《新論》，（臺北：中華書局，1981年），頁3。

〔註12〕 〔漢〕桓譚撰，〔清〕孫馮翼輯注：《新論》，（臺北：中華書局，1981年），頁3。

〔註13〕 楊曉魯：《中國音樂與傳統禮儀文化》（吉林：新華書店，1994年），頁105～106。

觀念來看，音樂就是表達心體的載體，因「情」的運轉而發，且禮義內含於情性中，可見「琴者，心也」具備天賦道德的哲學意識。李贄引用《白虎通》應該只是藉此說明過去傳統對琴的功能，並非有明確抨擊琴具備的「禁人邪惡，歸於正道」的意圖。針對李贄錯誤引用此說，筆者重新審視《白虎通・禮樂》的原文：「琴者，禁也，所以禁止淫邪、正人心也。」「禁止淫邪」就是李贄〈琴賦〉所謂的「禁人邪惡」，而「正人心」就是「歸於正道」，故李贄並未誤解《白虎通》原意，只是原文的徵引並未精確。

其次，是關於琴的發音方式。李贄視琴為心的外顯，是用來表達心的樂器。但人往往只知以歌喉演唱，卻不知手的演奏，知道歌喉會發出聲音，卻不知手也會發出聲音。就如同風撼動樹木，只聽到樹的悲鳴，卻說樹不會鳴唱，這是不對的，說樹會鳴唱，也是不對的。因為樹的鳴唱是藉由風的吹拂所帶動的，如果沒有風的吹拂，樹也不會鳴唱。李贄以手喻風，以琴喻樹，手拂琴，如同風吹拂樹木一般，聽到琴聲，就說琴發出聲音，這就如同指稱樹悲鳴一樣，這是很拘泥的說法。因為是手撥弄琴弦發出聲響，而手的操弄得自心，琴的鳴唱就是由心通手，手通心的結果，此即琴之所以能表心的理由。李贄以「真空」解讀心、手、琴的關係，琴（樹）是聲的憑依因（ground）而非生起因（cause）（手）（風），所以心、手、琴合一才是李贄的樂器論。

〈琴賦〉又曰：

> 尸子曰：「舜作五絃之琴，以歌南風，曰：『南風之薰兮，可以解吾民之慍兮。』」因風而思民慍，此舜心也，舜之吟也。微子傷殷之將亡，見鴻雁高飛，援琴作操，不敢鳴之於口，而但鳴之於手，此微子心也，微子之吟也。文王既得后妃，則琴瑟以友之，鐘鼓以樂之，向之展轉反側，寤寐思服者，遂不復有，故其琴為《關雎》。而孔子讀而贊之曰：「《關雎》樂而不淫。」言雖樂之過矣，而不可以為過也。此非文王之心乎？非文王其誰能吟之？漢高祖以雄才大畧取天下，喜仁柔之太子既有羽翼，可以安漢；又悲趙王母子屬在呂后，無以自全。故其倚瑟而歌鴻鵠，雖泣下霑襟，而其聲慷慨，實有慰籍之色，非漢高之心乎？非漢高又孰能吟之？

李贄先舉出舜作五弦琴，唱南風歌，思慮民間疾苦乃舜的心，也是舜的演奏；而微子有感於商將滅亡，故作琴曲，演奏發抒其心其情；周文王因得賢后妃而作《關雎》，將心情寄託於演奏中；以漢高祖一方面欣慰太子足以安漢，又擔

心趙王母子無法保全，故心情無法在音樂中掩藏。因此李贄認為琴若失去手的操作，是不可能鳴奏出符合心情的音樂的；另一方面，手若沒有琴這個「器」，也是無法發出音樂的。所以說琴是可鳴的，也是不可鳴的。

　　從古代各類琴曲文獻得知，琴有表達心情的功能。以現存最早的琴曲譜《碣石調·幽蘭》來看，《碣石調·幽蘭》又稱為〈猗蘭操〉，蔡邕在《琴操·猗蘭操》曾說：

> 猗蘭操者，孔子所作也。孔子歷聘諸侯，諸侯莫能任，自衛反魯，
> 過隱谷之中，見薌蘭獨茂，喟然嘆曰：夫蘭當為王者香，今乃獨茂，
> 與眾草為伍，譬猶賢者，不逢時與！鄙夫為倫也，乃止車援琴鼓之
> 云：習習谷風，以陰以雨，之子于歸，遠送于野，何彼蒼天，不得
> 其所？逍遙九州，無所定處，世人闇蔽，不知賢者。年紀逝邁，一
> 身將老。自傷不逢時，託辭於薌蘭云。〔註14〕

此曲托孔子胸懷大志卻生不逢時，只能藉空谷幽蘭表達內心苦悶之情，暗示士大夫「濟世」不成，只能獨善其身的矛盾心理。也因時不我與的心境古今相同，故其譜末小所注「此弄宜緩，消息彈之」的演奏手法，表現出「隱顯莫測」的用意，其「悲愁交作」，「名狀難言」。」以「緩」和「微」的演奏手法表幽怨壓抑的心情。〔註15〕鮑照（公元，414～466）《幽蘭》詩便有「華落知不終，空愁坐相誤」〔註16〕，及「長袖暫徘徊，駟馬停路歧」〔註17〕之說。而李贄琴

〔註14〕〔漢〕蔡邕：《琴操》，（北京：中華書局，1985年），頁4。

〔註15〕楊曉魯：《中國音樂與傳統禮儀文化》，（吉林：新華書店，1994年），頁106～107。

〔註16〕引《鮑照集校注》箋注，按〈戰國策·楚策一〉：「以財交者，財盡而交絕；以色交者，華落而愛渝。是以嬖女不敝席，寵臣不避軒。」此二句《鮑參軍集注》黃節補注：「結佩，禮也。抱梁，信也。禮信不察。《離騷》：「悔相道之不察兮，延佇乎吾將反。回朕車以復路兮，及行迷之未遠。」王逸注：「迷，誤也。」明遠蓋用此意。」〔南朝宋〕鮑照：《鮑照集校注》（上冊），（北京：中華書局，2012年），頁366。

〔註17〕引《鮑照集校注》箋注，按《韓非子·五蠹》：「諺曰：『長袖善舞，多錢善賈。』此言多資之易為工也。」駟馬停路歧：《史記》卷六二《管晏列傳》：「其夫為相御，擁大蓋，策駟馬，意氣揚揚，甚自得也。曹植《美女篇》：「美女妖且閒，采桑歧路間。柔條紛冉冉，葉落何翩翩。」此二句《鮑參軍集注》黃節補注：「辛延年《羽林郎》：『長裾連理帶，廣袖合歡襦。不意金吾子，娉婷過我廬。銀鞍何煜爚，翠蓋空踟躕。』長袖徘徊，駟馬停路，蓋本《羽林郎》意。」〔南朝宋〕鮑照：《鮑照集校注》（上冊），（北京：中華書局，2012年），頁368～369。

論就是傳承此種幽怨精神。

〈琴賦〉又曰：

> 然則謂手為無聲，謂手為不能吟亦可。唯不能吟，故善聽者獨得其
> 心而知其深也，……吾又以是觀之，同一琴也，以之彈於袁孝尼之
> 前，聲何夸也？以之彈於臨絕之際，聲何慘也？琴自一耳，心固殊
> 也。心殊則手殊，手殊則聲殊，何莫非自然者，而謂手不能二聲可
> 乎？而謂彼聲自然，此聲不出於自然可乎？

嵇康在袁孝尼面前彈《廣陵散》時，因心存狂傲，故琴音有誇耀之聲；臨死前，以同一張琴彈同一首《廣陵散》，卻充滿悲慘之琴音。原因何在？同樣的樂器，同樣的曲調，只因心情不同，「心」發促使演奏手法轉變，創造出不同的音樂表現。前後兩次的演奏皆出於自然，但為何用同一雙手彈奏同樣的音樂，卻能彈出不同的表情？難道是說兩個聲音有自然和不自然的差別嗎？李贄認為嵇康前後兩次的演奏都是合乎自然的，因為無論心境如何，兩者都是來自於真情至性。凡發乎「心」者，皆為自然之真聲。

魏晉天下大亂，名士多不能保全，士大夫常懷憂慮，故往往以狂行掩飾內心不滿，如：阮籍以〈酒狂〉反對司馬氏，嵇康以《廣陵散》諷刺朝政。也因朝政失意，文人轉往隱居山林，以琴為伴，所以琴在魏晉時期有其重要地位。嵇康〈琴賦〉云：「眾器之中，琴德最優。故綴敘所懷，以為之賦。」〔註18〕所謂「綴敘所懷」便是假琴為器，針砭時弊。〔註19〕在自然、名教之爭，情、禮衝突之下，魏晉文人「即情變禮」〔註20〕，「禮緣人情」〔註21〕，將情感寄託於琴音，促進琴樂發展。此期「琴」的發展包含四個面向：

> 第一，演化出以情為基礎的一系列審美標準；第二，由此而演化出
> 以表現情感為目的一整套演奏手法。第三，使琴成為士大夫階級抒
> 發情感的主要樂器和親密伴侶。第四，產生了一大批建立在情感說
> 之上的琴學著作。第五，產生出各種因情感表現方式差異而形成的

〔註18〕〔三國〕嵇康著、戴明揚校注：《嵇康集校注》，（北京：人民文學出版社，1962年），頁84。

〔註19〕楊曉魯：《中國音樂與傳統禮儀文化》，（吉林：新華書店，1994年），頁107。

〔註20〕「元嘉季年，禍難深酷，聖心天至，喪紀過哀。是以出適公主，還同在室，即情變禮，非革舊章。」出自〔南北朝〕沈約：《新校本宋書附索引一》，（臺北：鼎文書局，1975年），頁397。

〔註21〕周法商撰輯：《顏氏家訓彙注》，（臺北縣：中央研究院歷史語言研究所，1993年），頁24。

各種琴樂流派。〔註22〕

李贄的琴論深受魏晉影響，且向來歆慕魏晉名士風範，其琴論當有由魏晉而來的架接。〈琴賦〉又說：

> 故蔡邕聞絃而知殺心，鍾子聽絃而知流水，師曠聽絃而識南風之不
> 兢，蓋自然之道，得手應心．其妙固若此也。

蔡邕從音樂聽出殺機，鍾子期從音樂體悟伯牙心中的氣象，師曠從音樂感受自然變化。因此音樂是人藉由奏琴的過程，表現心的真實，音樂之妙就在於「得手應心」。李贄這是將傳統手舞足蹈的精神，延伸到琴的演奏上，並擴大「情」的作用。其視樂器為客觀的存在物，人心在琴音中無法掩飾，李贄是將「有中之無」進化為「有中之有」，他沒有阮籍〈樂論〉中對樂器形制的要求，也和嵇康〈琴賦〉「眾器之中，琴德最優」的觀點不相同。他提倡的是音樂出自人之「本心」，演奏者藉肢體動作，由技入道，此道即心，音樂演奏就是工夫修養的過程，藉此展現人的主體境界，使心體、道體外發，再讓聽者由樂體道，形成演奏者與聆賞者之「視域融合」。

二、鐘鼓

打擊樂器鐘鼓是李贄文本中常見樂器，且多與佛教文獻有關。傳統佛教梵唄只有法器，而無樂器，但從音樂史角度看，鐘鼓也是中國樂器的一種，鍾的材料為銅，透過木槌撞擊鐘口邊緣，可展現廟堂莊嚴之音。鼓為無音階的打擊樂器，敲擊鼓面各部分，可發揮不同音色，變化出多樣節奏，輪擊技巧可達雷霆萬鈞之勢，因此鐘鼓這類樂器只能表現節奏力度，無法展現曲調、和聲效果。《無量壽經》曰：

> 即時香風吹七寶樹，出五音聲。無量妙華，隨風四散。自然供養，
> 如是不絕。一切諸天，皆齎百千華香，萬種伎樂，供養彼佛，及諸
> 菩薩聲聞之眾。前後往來，熙怡快樂。〔註23〕

在梵唄聲中，藉由萬種伎樂供養阿彌陀佛，讓在會諸大菩薩和聲聞大眾皆從音樂感受到喜悅。音樂是佛教三寶的供養之一，能弘法舟楫，佛教音樂是修行之法門，也可普度眾生，助人在寧靜、清新、淡雅、自然的音符中，體會到

〔註22〕楊曉魯：《中國音樂與傳統禮儀文化》，（吉林：新華書店，1994年），頁107～108。

〔註23〕〔魏〕天竺三藏康僧鎧譯，淨空法師註解：《大乘無量壽經簡註易解》，（臺北：三重淨宗學會，2002年），頁252。

自性之圓滿，並助眾生通向智慧彼岸，證得菩提，此即「音樂禪」。《法華經》有偈云：

> 若使人作樂，擊鼓吹角貝，簫笛琴箜篌，琵琶鐃銅鈸。如是眾妙音，盡持以供養；或以歡喜心，歌唄頌佛德，乃至一小音，皆以成佛道。〔註24〕

《法華經》是李贄鑽研的佛教經典之一，他每談及鐘鼓之器，必與佛教有關。《法華經》所提各種樂器營造出之妙音，皆為佛教供養之具。在梵唄中得以證成菩提法音，使人遠離一切苦惱，得證解脫。其鐘鼓相關的文字，主要載於《焚書・卷四・雜述・豫約小引・早晚鐘鼓》：

> 夫山中之鐘鼓，即軍中之號令，天中之雷霆也，電雷一奮，則百穀草木皆甲坼；號令一宣，則百萬齊聲，山川震沸。山中鐘鼓，亦猶是也。

鐘、鼓的音樂特徵是宏亮、有震懾力，如軍中號令、天中雷霆。佛教中對鐘鼓這兩項樂器的紀錄可追溯到唐代，唐代佛教音樂可分兩類：一類是法事音樂和寺廟音樂，唱、奏，給佛、菩薩、餓鬼等現世不存的對象聽的音樂；一類是民間佛曲或民間佛樂，唱、奏給現實對象如僧眾或俗人聽的音樂。林謙三從《妙法蓮花經》、《無量壽經》、《佛所行贊》、《方廣大莊嚴經》等典籍中，發現許多樂器名，其中鼓類有：法鼓、大鼓、鼗、鼙、細腰鼓、都曇鼓、奎樓鼓等，現多已成為我國民族樂器。〔註25〕蔡俊抄在《禪林讚集》則提出佛教的法器有鐘、鼓、木魚、磬、鐺、鐃鈸、手鈴等，在佛樂的器樂音樂包括純法器組合的敲擊音樂，和法器與其他管弦樂器組合的合奏音樂。〔註26〕可見深入佛教義理的李贄，之所以多處提及鐘鼓，實與他學佛歷程與居士身分有關係。

　　若從樂器性質來看，《佛學大辭典》說鐘的梵語是犍稚，又作犍槌，犍地，犍遲，犍椎。譯曰鐘，又曰磬，打木，聲鳴等，是作法事時集眾而打者。〔註27〕據《增一阿含經》曰：

> 阿難即升講堂，手執犍稚，並作是說：「我今擊此如來信鼓，諸有如

〔註24〕轉引自〔唐〕釋道世著，周叔迦，蘇晉仁校注：《法苑珠林校注》（三），（北京：中華書局，2003 年），頁 1174。

〔註25〕轉引自楊曉魯：《中國音樂與傳統禮儀文化》，（吉林：新華書店，1994 年），頁 186。

〔註26〕蔡俊抄：《禪林讚集》，（臺北：新文豐出版社，1998 年），頁 5。

〔註27〕丁福保編纂：《佛學大辭典》五，（北京：中國書店，2009 年），頁 103。

來弟子眾者，盡當普集。爾時復說此偈：降伏魔力怨，除結無有餘。

露地擊揵稚，比丘聞當集。諸欲聞法人，度流生死海。聞此妙響音，

盡當雲集此。」〔註28〕

可見鐘在佛教的宗教儀式作用，擊鼓可以信眾普集，鳴鐘可使「有得聞者，並皆雲集，共同和利。又諸有惡趣受苦眾生，令得停息。」(《四分律刪繁補闕行事鈔・集僧通局篇第二》)〔註29〕足見佛教裡的鐘磬是揵稚的樂器之一。李贄〈早晚鐘鼓〉又曰：

……聲音之道原與心通，未有平素律行僧寶而鐘鼓之音不清越而和

平也。

提出視鐘鼓的敲擊有其律規。鐘是寺院中最常用，也是最重要的法器之一，此正統法器敲擊時，藉其穩定節拍，可避免梵唱者節奏不穩，並由此烘托梵唄的靜謐、莊嚴、古雅。〔註30〕據《敕修百丈清規・法器章》載：

大鐘，叢林號令資始也。曉擊，則破長夜，警睡眠；暮鳴則覺昏衢，疏冥昧。引杵宜緩，揚聲欲長，凡三通，緊緩各一十八椎，總一百零八下。起止三下稍緊，與大鼓、報鐘互相照應。凡鳴鐘先默頌願偈云：「願此鐘聲超法界，鐵圍幽暗悉皆聞，聞塵清淨證圓通，一切眾生成正覺。」誦竟，方執椎。〔註31〕

鐘響足具警醒作用，藉由引杵揚聲，使眾生達到清淨境界，這種透過擊磬達無自性的方式，是不同於儒家藉由音樂，達到與個人人格融合的過程，《論語・憲問》曰：

子擊磬於衛。有荷蕢而過孔氏之門者，曰：「有心哉！擊磬乎！」既而曰：「鄙哉！硜硜乎！莫己知也，斯己而已矣。深則厲，淺則揭。」

子曰：「果哉！末之難矣。

荷蕢之人在孔子的磬聲中，體會到孔子的人格與志向，具有藉物體志的作用。這也是荀子所謂「君子以鐘鼓道志，以琴瑟樂心」(《荀子・樂論篇》)〔註32〕

〔註28〕轉引自丁福保編纂：《佛學大辭典》五，(北京：中國書店，2009年)，頁607。

〔註29〕〔唐〕釋道宣：《四分律刪繁補闕行事鈔》，收入吳立民等主編：《佛藏輯要》，(成都：巴蜀書社，2003年)，頁308～309。

〔註30〕高楠順次郎等著：《佛教藝術——音樂、戲劇、美術》，(臺北：華宇出版社，1988年)，頁89。

〔註31〕〔唐〕釋德輝：《敕修百丈清規》，收入〔唐〕大智禪師編：《禪門規式》，出自《中華律藏》第35冊，(北京：國家圖書館出版社，2009年)，頁99。

〔註32〕〔清〕王先謙著：《荀子集解》，(臺北：世界書局，1965年)，頁254。

的道理，與佛教音樂截然不同。

　　至於鼓的部分，《佛學大辭典》曰：「樂器名，張皮於木，以桴擊之而鳴者。」
〔註33〕《楞嚴經》卷三曰：「食辦擊鼓，眾集撞鐘，鐘鼓音聲，前後相續。」
〔註34〕擊鼓時，鼓聲隨鼓棒移位，能敲擊出風雨雷電等音聲。擊鼓與鳴鐘不
同，沒有明確規定敲擊次數，但擊鼓的鼓點要營造如風、雨、雷電等模仿與刻
畫，因此這個部分有相當嚴格、細緻的要求，需透過力度、速度的改變來模擬，
而速度、力度的變化，是需要擊鼓者的技巧及想像力，才能展現出風、雨、雷
電，使之具藝術感染力。故李贄要求「輕重疾徐，自有尺度：輕則令人喜，重
能令人懼，疾能令人趨，徐能令人息。」強調擊鼓必須有節制的力道。

　　後鐘鼓成為法會佛事不可缺少的法器，《高僧傳‧經師‧釋曇憑》云：

　　誦三本起經，尤善其聲。後還蜀，止龍淵寺。巴漢懷音者，皆崇其
　　聲範。每梵音一吐，輒鳥馬悲鳴，行途住足。因製造銅鐘，願於未
　　來常有八音四辯。庸蜀有銅鐘，始於此也。〔註35〕

《增一阿含經》又云：

　　若打鐘時，願一切惡道諸苦並皆停止。若聞鐘聲兼說偈讚，得除五
　　百億劫生死重罪。〔註36〕

鐘鼓與梵音之聲可使人隨其所向，並於聞聽過程悟眾苦難之止息，在音韻流轉
下，化解危厄。

　　傳統民間寺院鐘鼓素有「晨鐘暮鼓」之習。鐘鼓最早用於報時，齊武帝在
景陽樓內懸一口大銅鐘，白日撞鐘，晚上擊鼓報時。南朝京城五百寺，寺寺有
鐘；唐後更是「有寺必有鐘，無鐘即無寺」，一般叢林道場鼓樓、鐘樓乃相對
稱，通常是「左鐘右鼓」。寺院中對早晚鳴鐘有嚴格規定，每天早晨先撞鐘後
打鼓，每天晚上先擊鼓後撞鐘，早晨鐘鼓用在「打板」，晚上鐘鼓用於「止靜」。
無論早晚，大鐘敲擊的次數、點數均有明確的安排，早上鐘聲先快後慢，晚上
是先慢後快，快十八下，慢十八下，重覆三次，共一百零八下，目的要「斷除

〔註33〕丁福保編纂：《佛學大辭典》五，（北京：中國書店出版，2009年），頁131。
〔註34〕〔唐〕般刺密諦譯，〔明〕憨山德清述：（臺北：方廣文化出版社，2006年），
　　　　155～156。
〔註35〕〔梁〕釋慧皎撰、湯用彤校注：《高僧傳》，（北京：中華書局，2007年），頁
　　　　504。
〔註36〕轉引自〔唐〕釋道世著，周叔迦，蘇晉仁校注：《法苑珠林校注》（六），（北京：
　　　　中華書局，2003年），頁2854。

百八煩惱」，使人收攝身心，明心見性。《高僧傳‧經師‧釋法鏡》有道：「非聲則無以警眾，非辯則無以適時，非才則言無可採，非博則語無依據。至若響韻鍾鼓，則四眾驚心，聲之為用也。」〔註37〕鐘鼓的目的有警醒震儡人心之效。而李贄進一步強調要有平日的「律行僧寶」，才能產生清越和平的鐘鼓之音，可知其對鐘鼓敲擊的節奏運行有嚴格要求。

聽鐘鼓之聲便能陶冶心性，達感動喜悅之境，因此不用入門禮佛見僧即可專心修行，頓悟改正，此為佛教音樂之特徵與功效。〈早晚鐘鼓〉又曰：

> 時時聞此，則時時薰心；朝朝暮暮聞此，則朝朝暮暮感悅。故有不待入門禮佛見僧而潛脩頓改者，此鐘鼓之音為之也，所繫誠非細也。不然，我之撞鐘擊鼓，如同兒戲，彼反怒其驚我眠而聒我耳，反令其生躁心矣。

經常聽聞暮鼓晨鐘就可薰心感悅，維繫的並非如來為諸菩薩演說甚深微妙之法「細」，而是有度的鐘鼓之音。鐘鼓之音若未合乎法度，則為噪音，反擾人心、亂其情，李贄在此將佛教音樂的功效提升到超越佛教經典的高度。

三、反對「絲不如竹，竹不如肉」

李贄反對傳統「絲不如竹，竹不如肉」的樂器高下之分說，〈琴賦〉曰：

> 由此觀之，同一心也，同一吟也，乃謂「絲不如竹，竹不如肉」，何也？夫心同吟同，則自然亦同，乃又謂「漸近自然」，又何也？豈非叔夜所謂未達禮樂之情者耶！故曰：「言之不足，故歌詠之；歌詠之不足，故不知手之舞。」康亦曰：「復之不足，則吟詠以肆志；吟詠之不足，則寄言以廣意。」傅仲武《舞賦》云：「歌以詠言，舞以盡意。論其詩不如聽其聲，聽其聲不如察其形。」以意盡於舞，形察於聲也。由此言之，有聲之不如無聲也審矣，盡言之不如盡意又審矣。

「絲不如竹，竹不如肉」來自陶潛〔註38〕，意指弦樂不如管樂，管樂不如聲

〔註37〕〔梁〕釋慧皎撰、湯用彤校注：《高僧傳》，（北京：中華書局，2007年），頁521。

〔註38〕陶潛〈晉故征西大將軍長史孟府君傳〉曰：「又問：『聽妓，絲不如竹，竹不如肉？』答曰：『漸近自然。』」陶潛詩文中的「自然」，往往包涵主、客體雙重意義。主體為本身個性之自然，客體則涵括宇宙萬物、古往今來、萬化遷流、人事演變之自然。詳見陳美利：《陶淵明探索》，（臺北：文津出版社，1996年），頁35。

樂，因為最自然的音樂來自人聲，器樂不及聲樂在生理發音的自然，故有濃厚貶器樂而崇聲樂之意。李贄持不同意見，因為弦樂器發音必須藉由手，管樂器則需透過口之吹奏，歌聲也來自於口之運氣，對音樂的發聲而言，手（器樂）、口（歌喉）並無區別，只要表現「心」聲就可為音樂，「手」、「口」不過是音樂表現形式之差異而已，只要心同吟同，自然亦同，何來有高下之分？

　　李贄在《讀升庵集・絲不如竹，竹不如肉》又云：

> 晉孟嘉論樂云：「絲不如竹，竹不如肉。」或問其故，曰：「漸近自然。」馬融《長笛賦》云：「庖羲作琴，神農造瑟，女媧制簧，暴辛為塤，垂之和鐘，叔之離磬，或鑠金礱石，華睆切錯，丸挺雕琢，刻鏤鑽窄。然後成器。惟笛因其天姿，不變其材，蓋亦簡易之義、賢人之業也。」晉人「絲不如竹」之說本此。《禮記》曰：「登歌在上，貴人聲也。」古者清聲在上，謂之登歌；匏竹在下，謂之下管。「竹不如肉」之說本此。
>
> 〔批語〕卓吾子曰：絲者，絲之聲也，出乎手；竹者，竹之聲也，出乎口。歌者，口也，心之聲也，肉之為也，豈假竹而有乎？可以知自然之道矣。若夫馬賦《長笛》，自然贊笛，亦如嵇康賦《琴》，自然贊琴耳，無差別也。噫！伯牙之琴，王子之簫，孫登之嘯，亦可謂之不自然，亦可謂之不如肉乎？

中國歷代對絲、竹、肉三類樂器，有不同主從關係之差異。秦漢時期，絲竹樂多為聲樂伴奏，故有「絲竹更相和，執節者歌」（《晉書・卷二十三・誌第十三・樂下》）之說。宋代則在聲樂前加入一段絲竹樂，有導引之作用。明清因戲曲流行，促成獨立絲竹樂之合奏。〔註39〕「絲不如竹」、「竹不如肉」視管樂比弦樂更接近人氣運行，透過氣之吐納而發出聲，比藉由彈奏弦樂器而發聲更合乎自然，故曰：「絲不如竹」。而《禮記・樂記》中對人聲則更加褒揚，從「自然」角度看人聲發音，是最符合身體運行，不需要其他媒介，就可吟、嘯、歌。但歌所發抒的是心中的情感（聲），透過口（肉）來表達，而非管樂，故曰：「竹不如肉」。但李贄認為，若要由生理角度看，那麼所有不是直接以口表現音樂的樂器，皆不如聲樂，然伯牙、嵇康奏琴、馬融吹笛，孫登長嘯，都不是自然發音，但並非不及聲樂，因此他不贊同「絲不如竹」、「竹不如肉」，不論琴、

〔註39〕李莉：《江南絲竹中的琵琶演奏藝術》，（上海：上海音樂學院碩士學位論文，2008 年 6 月）。

簫、嘯聲，凡能表「心」，就無高下。

歌喉可以表心，器樂當然也可以表心，兩者都能體現出情性的「自然之美」。即使手、琴無言而不能吟，但「善聽者」卻能「獨得其心而知其深」。「心同吟同」是站在音樂表現的精神、情感出發，「絲不如竹，竹不如肉」漸進自然的傳統觀念卻是從生理距離來看樂器，李贄的見解是比傳統觀念合理，也較符合審美常理，更可確定他的樂器觀仍是本於「童心說」，凡真心展現的音樂就是妙音，這是李贄音樂美學對樂器一視同仁的平等觀。

第二節　身體工夫：坐落實處

楊雪〈淺論李贄音樂美學思想中的「流行」因素〉一文提出李贄的「琴為心聲」，就是琴即為心聲，指頭上的技藝也是心聲的傾訴，手指撥動琴弦，就是「手亦有聲」，這是李贄對琴藝的重視及人琴合一的理念。藝術風格因所處的環境、心境不同而迥異，若能做到情感、藝術合一，就是「得手應心」，那麼什麼樣的藝術風格都可以說是得「自然之道」了。〔註40〕筆者認同楊雪的說法，從演奏過程體察自然，人琴合一就是天人合一，但楊雪雖提及李贄的演奏境界，卻未論述他所謂的「技」到底為何？「技」在李贄音樂美學中又有甚麼樣的意義與價值？

杜保瑞曾在〈心統性情與心即理的哲學問題意識分析〉說：

> 做工夫是要分心在做的還是身體在進行的，是心在做的工夫叫修養論，理論上講就是本體工夫，亦即本體論進路的工夫論；是身體在進行的工夫叫修練論，理論上講就是宇宙論進路的工夫。〔註41〕

演奏（技）或靠口舌、或靠肢體動作，坐落於樂器，使樂器鳴響出演奏者對樂器、樂曲、樂譜之理解感悟，是一種心、氣、體、器交融之過程，也是在身體進行的工夫路數中，將心、性、情外顯的過程。因此演奏可視為身體工夫的修練。

李贄曾多次指陳音樂演奏法，包含弦樂、聲樂、擊樂等等，演奏當中往往涉及身體觀，透過實際演奏，與本體精神貫通。又音樂演奏往往與不同的樂器

〔註40〕楊雪：〈淺論李贄音樂美學思想中的「流行」因素〉，（四川：四川師範大學科學碩士論文，2011 年 3 月），頁 8〜10。

〔註41〕杜保瑞：〈心統性情與心即理的哲學問題意識分析〉，2015 年 5 月 14 日引用自 http://homepage.ntu.edu.tw/~duhbauruei/4pap/1con/48.htm

性質有關，不同的樂器藉由不同的演奏手法，呈顯出不同的修養效果，故以下就李贄演奏技法的弦樂、聲樂、擊樂三面向分述之。

一、弦樂彈奏法：吟

　　李贄具體陳述弦樂的演奏手法，集中在《焚書・卷五・讀史・琴賦》：

> ……余謂琴者心也，琴者吟也，所以吟其心也。人知口之吟，不知手之吟；知口之有聲，而不知手亦有聲也。……因風而思民慍，此舜心也，舜之吟也。……微子心也，微子之吟也。……此非文王之心乎？非文王其誰能吟之？……非漢高之心乎？非漢高又孰能吟之？由此觀之，同一心也，同一吟也，……夫心同吟同，則自然亦同，……然則謂手為無聲，謂手為不能吟亦可。唯不能吟，故善聽者獨得其心而知其深也……

李贄並沒有細膩且具體描述弦樂器的演奏技巧，而多以「吟」字表達。若從古琴演奏手法來看，右手的指法技巧主要為抹、挑、勾、剔、打、摘及其不同的組合，如輪、鎖、雙彈、如一、疊涓、撥、刺、伏、撮、打圓、歷、滾、拂等，左手指法技巧則有按音與滑音兩種。按音有跪、帶起、罨、推出、同聲、爪起、掐起。滑音有吟、猱、綽、注、撞、逗、喚、上、下、淌、往來、進復、退復、分開等。〔註42〕嵇康曾在〈琴賦〉有對琴的表情與彈法相當細膩的描述。〈琴賦〉曰：

> 紛淋浪以流離，奐淫衍而優渥。粲奕奕而高逝，馳岌岌以相屬。沛騰遌而競趣，翕韡曄而繁縟。……於是曲引向闌，眾音將歇。改韻易調，奇弄乃發。揚和顏，攘皓腕，飛纖指以馳騖，紛馺譶以流漫。〔註43〕

嵇康描繪琴的演奏有輕快、豐滿、高超、急促、奔放、纖巧等各種變化，敏察出琴的不同表現方式與美感之間的關聯。也因「曲用每殊，而情之處變」，故同樣演奏琴，也會因曲調不同，表現出多種音樂感染力。相較李贄〈琴賦〉的各「吟」字，都當演奏解，由其詞彙之運用，可知李贄在古琴的實際演奏上，必不如嵇康高妙，從其論述內容相對薄弱來看，這應與嵇康是中國音樂史上優秀的音樂家有關，而李贄並非以琴家著稱。

〔註42〕葉明媚：《古琴音樂藝術》，（臺北：臺灣商務印書館，1992），頁 7。
〔註43〕〔三國〕嵇康著、戴明揚校注：《嵇康集校注》，（北京：人民文學出版社，1962年），頁 93。

但從古琴演奏「吟」和「猱」的技巧來看,兩者都屬於震音,前者較為舒緩,後者較為密集,「吟」所表現出的音樂多屬「虛」音。「虛」音在古琴音樂中往往涉及\韻味,通常藉「吟」法表弦外之意。也因為琴樂追求「無盡」、「無限」、「深微」、「不竭」之境,力求以最少的聲音表現最豐富之精神內涵,故從琴音之淡、希,可表無窮之意。也因中國傳統古琴音樂多有體現儒家之德,與道家之無聲之境,且其古琴音色有若斷若續、若有若無之特徵,從「吟」之技法表現絲絃的溫柔微弱,恰好反映老子最推崇的無聲之樂,亦形成傳統琴樂清微淡遠、古淡疏脫、清靜和遠、淳靜簡略、蕭散簡遠、恬淡清逸、靜遠淡逸等意趣,足以展現天籟之美境。〔註44〕

由此看來,李贄寫琴之彈奏手法,只專注於「吟」的技巧,實隱含「吟」最能展現琴的虛音,即無聲之美的意圖。這和他受道家講求自然、逍遙,強調「大音希聲」的思想息息相關。也因為「吟」可展現「虛」的形上藝術,與「唯道集虛」、「虛室生白」(《莊子‧人間世》)〔註45〕的美學觀,從以實托虛的琴法特徵言,李贄重視「吟」法,根本上就是重視音樂表現之虛空處所帶來的空靈微虛之境,這種以有顯無、以音生韻的演奏,可謂道家精神之滲透,也是「心」的虛靜澄明在音樂美境之顯現。

二、聲樂演唱法:吟、嘯、歌

李贄提及聲樂相關的演唱手法有:吟、嘯、歌三種,皆來自內心的情感。所謂「吟」,大陸學界與台灣學界都有各種說法,大體上凡是具有一定的節奏,依照字詞的聲腔進行變化,而沒有具體的旋律的單純腔調,基本特色是「寓吟于念,念中含吟」。〔註46〕較著重於語言的平仄長短。

李贄具體陳述聲樂的演唱手法,散見各個篇章,其中和「吟」有關係者,有〈琴賦〉:「人知口之吟,不知手之吟。」以及《焚書‧卷六‧五七言長篇‧九日同袁中夫看菊寄謝主人》:「子美空吟白髮詩,淵明采采亦徒疲。」《焚書卷六‧四言長篇並引‧讀書樂》云:「一與心會,自笑自歌;歌吟不已,繼以呼呵。」

〔註44〕葉明媚:《古琴音樂藝術》,(臺北:臺灣商務印書館,1992),頁7～37。
〔註45〕〔清〕王先謙著:《莊子集解》,(臺北縣:漢京文化事業有限公司,1988年),頁36。
〔註46〕轉引自張清泉:〈詩歌吟唱教學的理論與實務〉,《國文學誌》,2005年12月,頁1～37。

三國時代，諸葛亮就有「亮躬耕隴畝，好為《梁父吟》」〔註47〕。《梁父吟》本為漢代樂府的葬歌，屬於樂府舊題，具有悲涼傷感的慰藉之情，「感於哀樂，緣事而發」。諸葛亮《梁父吟》藉吟詠抒己之懷，寄託其不凡才略之器識，與士人立身處世不易之慨。唐代李白作《梁甫吟》嘆「何時見陽春」之懷才不遇。而李贄的「吟」來自於內心感觸的抒發，包含杜甫的沉鬱而吟，及心領神會之「吟」。這是一種自由抒發情性，表現獨特個性的演唱，也包含「心」中不平而鳴之憤。

至於「嘯」，李贄在《焚書‧卷五‧讀史‧養生論》云：

> 嵇、阮稱同心，而阮則體妙心玄，一似有聞者，觀其放言，與孫登
> 之嘯可覩也。

李贄認為魏晉南北朝的孫登之嘯有體妙心玄之作用。「嘯」乃古人之特殊習尚，在魏晉尤為風行，與中國古典詩歌藝術及文人生活結合，顯示文學與音樂的密切關係。〔註48〕李贄傳承此體系，在《焚書‧卷六‧四言長篇並引‧讀書樂》云：「倚嘯叢中，聲震林鵲，歌哭相從，其樂無窮。」以「嘯」表達文學之樂，直抒胸臆，聲震林鵲，內心情感宣洩無遺，達自得之樂。

又在《焚書‧卷六‧五七言長篇‧哭耿子庸》其二曰：

> 行行還出門，逝者在於斯。反照未生前，我心不動移。仰天一長嘯，
> 茲事何太奇！從此一聲雷，平地任所施。開口向人難，誰是心相知？

面對摯友耿子庸之死而興喟嘆，以嘯聲表達摯友消亡之痛，一如魏晉六朝「王長史登茅山，大痛哭曰：『琅琊王伯輿終當為情死。』」（《世說新語‧任誕》）〔註49〕可見李贄傳承了魏晉士人相同的「深情」表現，以「嘯」寄託內心之悲憤。

關於「嘯」的理論，較早可追溯到西晉成公綏之〈嘯賦〉，〈嘯賦〉云：

> 狹世路之阨僻，仰天衢而高蹈。遺娇俗而遺身，乃慷慨而長嘯。……
> 發妙聲於丹脣，激哀音於皓齒。響抑揚而潛轉，氣衝鬱而飄起。協
> 黃宮於清角，雜商羽於流徵。……良自然之至音，非絲竹之所擬。
> 是故聲不假器，用不借物。近取諸身，役心御氣。動脣有曲，發口

〔註47〕〔晉〕陳壽、〔宋〕裴松之注：〈蜀書‧諸葛亮傳〉，《新校本三國志注附索引》，（臺北：鼎文書局，1977年），頁911。

〔註48〕范子燁：〈論「嘯」——中國古典詩歌中的一種音樂意象（下）——為新鄉晉孫登嘯臺而作〉，《新鄉師範高等專科學校學報》第1期，2007年，頁86～94。

〔註49〕〔南朝宋〕劉義慶注、〔南朝梁〕劉孝標注、余嘉錫箋疏：《世說新語箋疏》，（臺北：華正書局有限公司，1993年），頁764。

成音。觸類感物，因歌隨吟。大而不洿，細而不沈。……情既思而能反，心雖哀而不傷。總八音之至和，固極樂而無荒。……於時綿駒結舌而喪精，王豹杜口而失色。虞公輟聲而止歌，甯子檢手而歎息。鍾期棄琴而改聽，孔父忘味而不食。百獸率舞而抃足，鳳皇來儀而拊翼。乃知長嘯之奇妙，蓋亦音聲之至極。

「嘯」為撮口發出長而清越之聲，具強烈之抒情性，成公綏有感於世道艱難，故寄寓內心之慷慨意，發而為「長嘯」，「嘯」具抑揚頓挫，直抒沉鬱惝悕之情，其為自然發抒情性之「至音」，不假借器樂，而能感物而發，能調理情緒，抒憂感懷，故比歌唱更貼近於「心」聲，因此成公綏對「嘯」有高度的讚揚，認為「嘯」足以「總八音之至和」，實超越鄭、衛、《韶》、《夏》之音，故從自然之角度言，成公綏之論「嘯」，實為魏晉南北朝時期「越名教而任自然」（〈釋私論〉）〔註50〕之展現，而李贄把「嘯」視為延續魏晉傳統精神中的抒情方式，其著意於長「嘯」中的情感延續性，表達「心」之真情實感。

再者，所謂「歌」指的是有確定旋律，傳唱成譜，甚至可以加諸管絃與舞蹈之演唱方式。李贄在《焚書・卷六・五言八句・春宵燕集得空字》說：「竹影寒塘下，歌聲細雨中。」又〈讀書樂〉云：

> 天生龍湖，以待卓吾……一與心會，自笑自歌；歌吟不已，繼以呼呵。……歌匪無因，書中有人；我觀其人，實獲我心。哭匪無因，空潭無人；未見其人，實勞我心。……怡性養神，輟歌送哭。何必讀書，然後為樂？乍聞此言，若憫不穀。……此獨不朽，願與偕歿，倚嘯叢中，聲震林鶻，歌哭相從，其樂無窮，寸陰可惜，曷敢從容！

本詩是李贄晚年之作，因讀書心領神會而有所得的快樂，李贄以讀書論世，尚友古人，以古人為知音，因此感動而歌。有感現實中知音難尋，不禁勞神苦思，悲極而哭。當心有所體悟，即發於聲，有嘯、歌、哭等表達方式。感慨至深時，則「歌」「哭」並用，此為「心」有所感，自適廓落自得時的音樂表現。

三、擊樂敲奏法：撞、擊、槌

在擊樂的演奏手法方面，李贄主要著墨於佛教儀軌的論述。中國佛教音樂發展有幾個時期：首先是東漢時，梵唄、佛事的萌芽，「悉曇」與「聲明」

〔註50〕〔三國〕嵇康著、戴明揚校注：《嵇康集校注》，（北京：人民文學出版社，1962年），頁234。

的初傳；三國兩晉時，曹植創作了中國第一支梵唄〈魚山梵唄〉，又有誦經唱念「儀軌」制度建立，且開始學習使用「悉曇」與「聲明」；南北朝時，全面建立佛教的清規與儀軌，南朝有蕭子良整理梵唄、並有法樂梵舞的產生，北朝寺院則常有「伎樂」，佛教音樂也開始流向宮廷；隋唐因各種宗派分立，又產生新的儀軌，法樂除了原來的清商法樂，又有佛曲的改編，且有二十八調、八十四調的理論盛行。宋代以後，主要分為禪、淨、律三宗，樂器有琵琶、箏、簫、胡琴、鼓等等，寺廟與宮廷都使用佛教音樂，也有「音樂咒」。明清時，明太祖將寺院劃分為禪、講、教，禪僧、講僧只能從事禪學禪法及三藏的研究傳授，教僧則從事民間佛事，此時也建立了課誦制度，且朝暮課誦制度成為常規活動，有《禪門日誦》的編輯刊行。佛事音樂成為儀軌的組成，也出現了從民間傳統曲調擷取部分充實儀軌佛事，「悉曇」與「聲明」也已滅絕，水陸法會多用絲竹樂器，器樂音樂成為佛事的附屬品，也是寺院和社會文化娛樂的藝術品。〔註51〕

李贄在〈早晚鐘鼓〉中曰：

> 山中鐘鼓，亦猶是也。未鳴之前，寂寥無聲，萬慮俱息；一鳴則蝶夢還周，耳目煥然，改觀易聽矣。縱有雜念，一擊遂忘；縱有愁思，一摋便廢；縱有狂志悅色，一聞音聲，皆不知何處去矣。……

音樂演奏的過程，還沒有開始擊奏時，是「寂寥無聲，萬慮俱息」，一旦開始擊奏，就會「蝶夢還周，耳目煥然，改觀易聽」，這裡證明了音樂可以改變人的「觀聽」，可使人忘記「襍念」，廢除「愁思」，去除「狂志悅色」，達到心靈上的寧靜。

李贄認為敲擊技巧應有輕重力度，疾徐節奏應有尺度。就音樂審美角度看，力度會影響情緒、節奏會影響行為。力度輕重會牽動情感喜懼，節奏快慢則帶動人的行為，和軍鐘號令、天中雷霆效果一樣，不可輕忽。

若以佛教音樂的梵唄節奏來看，有自由節奏與固定節奏兩種，前者速度彈性，每一拍的時值甚長，甚至沒有節拍奏，而多用於維那的起腔、講經起止儀中維那獨唱的鐘聲偈、疏文表白。而後者則有固定時值，多以偶數拍子，尤其是四四拍、四八拍，由於節奏平穩，所以適合表現宗教情感。〔註52〕

〔註51〕胡耀：《佛教與音樂藝術》，（天津：天津人民出版社，1992年），頁1～67。
〔註52〕高楠順次郎等著：《佛教藝術──音樂、戲劇、美術》，（臺北：華宇出版社，1988年），頁86。

由此看來，李贄也重視鐘鼓的律度要「和」，大師雲棲袾宏說：

> 或曰，子以成敗論人物乎。曰：非然也。夫子記子路不得其死。非不賢子路也。非不愛子路也。行行兼人。有取死之道也。卓吾負子路之勇。又不持齋素而事宰殺。不處山林而遊朝市。不潛心內典而著述外書。即正首丘。吾必以為倖而免也。雖然。其所立遺約。訓誨徒眾者。皆教以苦行清修。深居而簡出。為僧者當法也。蘇子瞻譏評范增。而許以人傑。予於卓吾亦云。〔註53〕

雲棲袾宏曾對李贄多有批評，認為他未秉持佛門清修，亦未齋戒茹素，未潛心修行。但針對李贄教誨眾僧苦行清修、深居簡出等要求，雲棲袾宏仍加以讚賞。從李贄的佛教音樂思想可發現，他並非完全反對「和」的美學觀，反而因沉潛於佛教修為中，所以對鐘、鼓等器樂敲奏之演奏方式，皆有一定規範，只要合乎律行，則可使人「心」趨於平和沉穩。

綜上所述，李贄在音樂表演技巧上，除鐘鼓的演奏手法有提到較明確的方法外，其餘並未深入說妹。他從其〈童心說〉出發的音樂美學，最著重的仍是「真心」，技巧所能達到的僅是「氣力限量只可達於皮膚骨肉之間」（〈雜說〉），若沒有更深沉的心靈情感投入，是達不到「當下現成」之體道意境，而這種「當下現成」的工夫，須落實於人倫物理的「實」處，全「心」貫注，才有其實踐意義。

楊儒賓在〈生生的自然觀〉說：

> 不管在實際的操作上，美感經驗與悟後的本地風光境界如何難以一刀兩斷；就經驗的性質而言，兩者畢竟有異。美感經驗因美感主體而成立，這個詞語屬於美學的範圍，它不必然要帶進工夫論的問題。但理學家所理解的舞雩風光是果地事，是天理流行義，它不可能沒有超越的面相，也不可能沒有預設「自然之說轉化為天理流行之說」的過程。它的美感是情意知未分家的一種美感形態，更徹底的講，也就是這種風光意味著體用一如、道氣一如之意，亦即，這是種道化的自然觀。〔註54〕

〔註53〕〔明〕雲棲袾宏：《雲棲大師遺稿》，收入藍吉富主編：《大藏經補編》第23冊，（臺北：華宇出版社，1984年），頁253。

〔註54〕楊儒賓：〈生生的自然觀〉，出自鄭毓瑜編：《中國文學研究的新趨向：自然審美與比較研究》，（臺北：臺灣大學出版中心，2005年），頁 p.156。

從一般理學家觀點看，曾點舞雩屬於果地事，但是若從實際演奏的音樂美學角度來看，美感經驗未必是果地事，且往往更多牽涉到的是現成事，尤其以時間藝術的音樂來說更是如此，故以筆者之管見看來，李贄在此是透過身體工夫，以看似漸修的過程，但實際是藉由每一個「當下」之體驗，只要是坐落「實」處，同時以虔誠之「心」、發自真「情」至「性」自然而然地流露，在在皆可見其美之況味。

第三節　本體工夫：技即道矣

既然李贄的身體工夫是以尚「實」、全「心」的精神加以實踐，以成就當下每一刻之美學體驗。其初衷與最終目的，皆為「心」的修養，故本節則從本體工夫論述他「技即道」的觀點。徐復觀曾在中國「工夫的樂論」中，述及孔子對音樂的學習進程，是從曲、數等技巧，延伸到志，最後才是人格主體。是一種由技術進入到精神，並把握人格主體的過程，而能否成功掌握，端賴向音樂沉浸融合的結果。〔註55〕可知儒家具備道藝合一觀，「藝」包含了「技」的內涵。

由前一節的弦樂彈奏、聲樂演唱、擊樂敲奏等三類演奏技巧來看，可知李贄並非無視技巧，反而強調這些演奏之身體工夫，必須輔以「心」之投入，才能有所成，故此工夫路數反映了李贄所謂認字有認字之學佛方式，不認字也有不認字的學佛方式的思維，然不管是何種方法，都須在人倫物理上磨練為要，音樂亦如是，不可一味囿於技巧，追求演奏技能來求道，而是在演奏過程的全「心」投入，才能體「道」。

既然音樂之本為「心」，「聲音」可使人以「心」通「心」，李贄又沒有大量文字強化技巧的重要時，是否可以說李贄的音樂美學觀，只是一味提倡用心彈琴、用心歌唱就是最好的音樂呢？這必須從李贄如何看待「技」來闡釋。

李贄談論「技」的概念，在《焚書・卷五・讀史・樊敏碑後》有具體論述：

> 鑴石，技也，亦道也。文惠君曰：「嘻！技益至此乎？」庖丁對曰：
> 「臣之所好者道也，進乎技矣。」是以道與技為二，非也。造聖則
> 聖，入神則神，技即道耳。技至於神聖所在之處，必有神物護持，

〔註55〕徐復觀：《中國藝術精神》（增補六版），（臺北：台灣學生書局，1979年9月），頁14～19。

而況有識之人歟！且千載而後，人猶愛惜，豈有身親為之而不自愛惜者？

石工書名，自愛惜也，不自知其為石工也，神聖在我，技不得賤矣。否則，讀書作文亦賤也，寧獨鐫石之工乎？雖然，劉武良以精鐫書名可也，今世鐫工，又皆一一書名碑陰何哉？學步失故，盡相習以謂當然，可笑矣！故雕鐫者工，則書鐫者姓名，碑蓋藉鐫而傳也。鐫者或未甚工，而所鐫之字與其文，或其人之賢，的然必傳於世，則鐫石之工亦必鐫石以附之。所謂交相附而交相傳也。蓋技巧神聖，人自重之。能為人重，則必借重於人。然元祐奸黨碑，石工常安民乃懇求勿鐫姓名於其後，又何耶？

鐫石是「技藝」，也是「道」，李贄視「技」即「道」。他援引「庖丁解牛」技道為二，由技入道說，指其謬誤，力陳只要技法提升到嫻熟高超，便可達到「造聖則聖，入神則神」之化境，此即精神自由、隨心所欲的境界，也是「道」之體現，故「技即道耳」，只要「技巧神聖，人自重之」，技巧之高妙處，就是自然內化至生命情境中，毫無斧鑿刻意造作之痕。針對李贄的技、道觀點，傅小凡認為：

技與道畢竟有程度上的不同，也有本質上的區別。技是技術，它是對對象自身規律的掌握，是主體意志與對象的性能之間最佳的協調。當一個工匠駕馭對象的能力達到隨心所欲的程度時，就進入到自由的境界，這就是「由技入道」。李贄強調「技即道耳」與他強調「人即道也」的觀點是一致的。因為「由技入道」的觀點，理學家也是接受的。前提是「道」是外在於主體的精神本體，人只能通過格物的技能，達到對「道」的把握，從而實現主客觀的統一。而這種統一就是主體能力與規律的符合，這顯然不是主體性哲學的觀點。技是人的能力，道是人的本質。本質和能力之於人而言自然是一體的。所以李贄認為「技即道耳」。〔註56〕

傅小凡之說，深入肯綮，因人心即道心，所以「技」「道」都歸依於「人」此一主體中，所以「技」就是「道」。李贄在《焚書‧卷五‧讀史‧思舊賦》曰：

夫康之才之技，亦今古所有；但其人品氣骨，則古今所希也。

雖然李贄讚賞嵇康的才情與琴技，歷史善鼓琴者，有琴技能出其右者，但唯有

〔註56〕傅小凡：《李贄哲學思想研究》，（福州：福建人民出版社，2007年），頁67。

嵇康的人品氣骨古今少有，故李贄重視「技」的同時，也不是將技巧無限上綱，「技」與「道」雖為一體，但兩者仍有高下之分，「道」仍比「技」高一層。換言之，人的本質還是高於人的能力，即使技巧再高超，若沒有與之相稱的「心」，「技」也不足道也。故其在《焚書・卷五・讀史・孔北海》說：「文章非末技，大閑豈容掩？」讚賞孔融的節操，卻也否認文章並非雕蟲小技，間接肯認「技」在文藝創作中有其重要性。

可見李贄在「技」、「道」的觀念上，是傳承自莊子所謂的「技進於道」之論，但又有所不同。楊儒賓〈莊子與人文之源〉對莊子的技道關係，也是主張「技進於道」這種看法：

> 莊子之於儒門並非純是後儒的重新建構，而是內在於《莊子》文本
> 即有頑強的證據，「莊子儒門說」在莊子學史上絕不陌生，但在晚明，
> 此說的內涵才頗細緻的展開……莊子強調主體的氣化性（遊乎天地
> 之一氣）、語言性（卮言）、技藝性（技進乎道）、與世同構性（體盡
> 無窮）。這種氣化日出的精神既是不斷遊化，但也不斷湧現新理，亦
> 即帶來新的「人文」。〔註57〕

所以莊子是以「技進乎道」來看待藝術技巧。嵇康加以繼承，撫琴操縵，讓技巧爐火純菁，即可由「技」進於「道」，琴自此成了載道之器。而李贄將其轉化為「技即道」。對李贄而言，他重視的是「當下」、「現成」，只有在情理融通，並全「心」貫注於音樂的創造當下時存在，透過演奏的「技」達到內在情感的抒發與自我療癒，使「技」的演出過程就是人內在情理趨於平衡的狀態，故李贄提倡「技」即「道」。

修養工夫方面，李贄曾主張成佛取徑未必需要有認字能力，認字有認字的求「道」之法，不認字也有不認字的求「道」之法，在《焚書・書答・觀音問・與澄然》說：

> 認不得字勝似認得字，何必認得字也？只要成佛，莫問認得字與否，
> 認得字亦是一尊佛，認不得字亦是一尊佛」初無認字佛，亦無不認
> 得字佛。無認字沸，何必認字；無不認字佛，何必不認字也？大要
> 只要自家生死切耳。

這是一種「體用一源」、「即體即用」的概念，故由此看其技即道之論，不難理解是和他頓悟相契合。因此求道之法不是只有一種，也非只有頓悟之法，漸悟

〔註57〕楊儒賓：〈莊子與人文之源〉，《清華學報》新 41 卷第 4 期，頁 587～620。

也是求道法門，各種方法都是為求生命之學所用，故彼此之間並無矛盾。再以其《焚書‧卷三‧雜述‧李生十交文》相關論述來看：

> 技能可人，則有若琴師、射士、棋局、畫工其人焉。術數相將，則有若天文、地理、星曆、占卜其人焉。其中達士高人，未可即得，但其技精，則其神王，決非拘牽齷齪，卑卑瑣瑣之徒所能到也。聊以與之遊，不令人心神俱爽，賢於按籍索古，談道德，說仁義乎？

李贄認為琴師、射士、棋局、畫工等有高超技術者視為朋友。認為他們多能以真誠相待，超越拘牽齷齪、卑卑瑣瑣的假道學家。足見李贄並未貶低技藝，反肯認學有專精者，可亦師亦友。又在〈早晚鐘鼓〉云：

> 然則山中鐘鼓所係匪鮮淺也，可聽小沙彌輩任意亂敲乎？輕重疾徐，自有尺度：輕則令人喜，重能令人懼，疾能令人趨，徐能令人息，直與軍中號令、天中雷霆等耳，可輕乎哉！雖曰遠近之所望而敬者，僧之律行，然聲音之道原與心通，未有平素律行僧寶而鐘鼓之音不清越而和平也。既以律行起人畏敬於先，又聽鐘鼓和鳴於清晨良霄之下。……我之撞鐘擊鼓，如同兒戲，彼反怒其驚我眠而聒我耳，反令其生躁心矣。

李贄並未貶低技巧、技藝價值，從他具體指出鐘鼓之音應自有尺度，輕重緩急要有準則，尤其視律行僧寶為鐘鼓和鳴的基礎，故李贄認為未合乎節奏力度的鐘鼓之音反使人生躁靜之心，躁靜說是他視技即道美學觀的另一面向。

關於音樂的躁靜說，嵇康〈聲無哀樂論〉曾提出「哀樂者，情之主也；躁靜者，聲之功也。」〔註58〕吳冠宏也在〈鍾情與玄智的交會──嵇康〈聲無哀樂論〉之理解新向度〉一文中論：

> 理解與評價〈聲論〉，皆當重回「主客並重」的立場，〈聲論〉不論在「聲音客體」的發顯上或「主體生命層域」的深會上都展現出不容忽視的成績，「客觀主義論」與「主體實踐論」雖各有其立論之取向與用心，然片面的強調都易滑落了〈聲論〉立足兼融於「聲」（客）與「情」（主）的旨趣。嵇康一則分判聲情，使情歸情，聲歸聲，一則又滌情顯氣，使主客體相離於「哀樂之情」卻於「躁靜之情」處相即，可見定位〈聲論〉，不僅在辨異「聲」與「情」，也必須辨異

〔註58〕〔三國〕嵇康著、戴明揚校注：《嵇康集校注》，（北京：人民文學出版社，1962年），頁217。

「情」之「哀樂」與「躁靜」，進而在更高的層次——「道」上玄同
主客，使主體之心與客體之聲皆能以「氣」通「道」，玄化於至和之
理境。〔註59〕

換言之，嵇康的躁靜說，乃是聲與人彼此聲氣相應，躁靜之應來自人情之不
同，哀樂是人心使然，必須藉由躁靜之氣相應，以發滯導情，才能達到淨化
而至平和，此即虛己以達和域，也是嵇康從道家「滌除玄覽」、「天籟」、「氣」、
「心齋」等概念而來的發想。〔註60〕嵇康仍受有秦漢氣化宇宙觀之影響，故
其論述以陰陽五行看「五音」〔註61〕，反觀李贄在相關論點的闡述上，顯然
不及嵇康深刻。

至於李贄所謂的「律行」是否和「不可拘於一律」的觀點有所矛盾？若無
圖譜依循，是否就會落入亂無章法？李贄在〈征途與共後語〉曰：

……夫伯牙于成連，可謂得師矣，按圖指授，可謂有譜有法，有古
有今矣。伯牙何以終不得也？……蓋成連有成連之音，雖成連不能
授之於弟子，伯牙有伯牙之音，雖伯牙不能必得之于成連。所謂音
在于是，偶觸而即得者，不可以學人為也。……唯至于絕海之濱，
空洞之野，渺無人跡，而後向之圖譜無存，指授無所，碩師無見，
凡昔之一切可得而傳者，今皆不可復得矣，故乃自得之也。此其道
蓋出于絲桐之表，指授之外者，而又烏用成連先生為邪？然則學道
者可知矣。明有所不見，一見影而知渠；聰有所不聞，一擊竹而成
偈：大都皆然，何獨矇師之與伯牙邪！

李贄所謂「一見影而知渠」，「一擊竹而成偈」，並不代表他是一味反對技巧，
基於前文所述李贄「心」即「道」、技道不二、「技」即「道」之概念，可知他
並不非刻意要忘掉技巧圖譜的指授，而是這些技巧方法已內化到生命情境裡，

〔註59〕 吳冠宏：〈鍾情與玄智的交會——嵇康〈聲無哀樂論〉之理解新向度〉，收入氏
　　　　著：《魏晉玄義與聲論新探》，（臺北：里仁書局，2006年），頁222。

〔註60〕 吳冠宏：〈當代〈聲無哀樂論〉研究的三種論點商榷〉，收入氏著：《魏晉玄義
　　　　與聲論新探》，（臺北：里仁書局，2006年），頁207～210。

〔註61〕「嵇康關於宇宙發生說及宇宙構成說，在其著作中不是主要的論題，但仍可
　　　　見到零散的言論。從他這些有限的、涉及宇宙觀的言論，顯示了他仍承受秦漢
　　　　氣化宇宙觀之影響。……嵇康在〈聲無哀樂論〉一文中謂由陰陽五行化生而來
　　　　的「五音」，其形上的體性稟賦著作為宇宙本根的「道」之「和」、「平和」、「太
　　　　和」、「至和」，與秦漢以來宇宙觀氣論中的「中和」說頗契合。」詳參曾春海：
　　　　《竹林七賢的玄理與生命情調》，（臺北：五南出版社，2013年），頁98～99。

所以不需要刻意去「想」，滋生過於追求外在形式，反害「道」、害「情」。對李贄而言，因為在「技」中已足以體現「道」，亦即在「有」中可體現「無」，在「用」中足以體現「體」，所以當下盡心、至情的演奏，融會發揮內化之「技」，就是成「道」、成「心」，所以絕非拋下技、圖、譜，隨意彈奏，而是在依循技、圖、譜的過程，同時是成道的過程。而依循技、圖、譜有依循技、圖、譜的「當下現成」，拋開技、圖、譜也有拋開技、圖、譜的意境。「律行」和「不可拘於一律」只是音樂表現的不同進程，彼此並無矛盾之處，也是李贄深受王龍溪之「良知之現成、當下一念之現成，使見在一念既不將迎，亦不停駐，從而使天機常活」〔註62〕的影響，而體現在其音樂美學中。

其次，李贄強調「忘」，並不代表忘記所有的音樂技巧，而是技巧的「不著形跡」，內化至演奏家的生命，不以外在技巧為唯一是求。李贄在《初潭集・卷之十四・師友四・書畫》曰：

> 謝太傅云：「顧長康畫，有蒼生來所無。」《續晉陽秋》曰：「愷之好丹青，曾以一廚畫寄桓玄，皆其絕者，深所珍惜，悉糊題其前。桓乃發廚後取之。愷之見封題如初，而畫並不存，直云：『妙畫通靈，變化而去，如人之登仙矣。』」
> 〔批語〕只得如此道，亦畢竟是變化去也。
> 顧長康道畫：手揮五弦易，目送歸鴻難。
> 〔批語〕留譜與人。

從李贄批語「留譜與人」，可知他不是完全排斥圖譜價值，反而對規律的遵循自有其著墨處，關鍵在合乎「心」之規準，止乎禮義之法度。又在《讀升庵集・段善本琵琶》曰：

> 唐貞元中，長安大旱，詔移兩地祈雨。街東有康崑崙，琵琶號為第一手，自謂街西無己敵也。登樓彈新翻調《綠腰》。及度曲，街西亦出一女郎，抱樂器登樓彈之，移在楓香調中，妙技入神。崑崙大驚，請與相見，欲拜之為師。女郎更衣出，乃莊嚴寺段師善本也。德宗聞名，召加獎賞，即令崑崙彈一曲。段師曰：「本領何雜耶？兼帶邪聲。」崑崙拜曰：「段師神人也。」德宗詔授康崑崙。段師奏曰：「請崑崙不近樂器十數年，忘其本領，然後可授。」（以上為《升庵集》

〔註62〕岡田武彥：《王陽明與明末儒學》，（上海：上海古籍出版社，2000年5月），頁113。

卷四十四，段善本琵琶條）

卓吾子曰：至哉言乎！學道亦若此矣，凡百皆若此也。讀書不若此，
則不如不讀；作文不若此，則不如不作；功業不若此，則未可言功
業；人品不若此，亦安得謂之人品乎？總之鼠竊狗偷云耳。無佛處
稱尊，康崑崙之流也。何足道！何足道！

李贄贊同楊慎提出的「請崑崙不近樂器十數年，忘其本領，然後可授。」這裡
的「忘」，並非表面上所指的忘記原本所有的技藝本領，因為段善本在聆聽了
康崑崙的演奏後，直指其「本領何雜耶？兼帶邪聲。」那是因為康崑崙曾授業
於數師，此在《舊唐書》有記：

昆侖驚曰：「段師神人也。臣少年，初學藝時，偶于鄰舍女巫授一品
弦調，後乃易數師。段師精鑒如此玄妙也！」

康崑崙初學藝時，曾受過幾位老師指導，以致音樂演奏有過多外在規範的牽
制，所以段善本要求他「不近樂器十數年，忘其本領」，李贄認為但凡學道、
讀書、作文、功業、人品和音樂學習，都先有老師指點，然過於受制他人論
見，反會被過多的道理聞見遮蔽自「心」之「真」。康崑崙自認為已達琵琶高
乘境界，卻忽略人外有人，天外有天，自視甚高，以致無法突破，甚至囿於自
見。李贄所謂「忘」，並非如莊子心齋、坐忘等「去知」。道家的「忘」，是要
去除外在的矯揉造作，所以莊子提出了忘形、忘知、忘言，透過忘，使「技」
進於「道」。莊子的「忘」，是一種去除矯揉造作、離形去知的精神超越。〔註
63〕而李贄所謂的「忘」，是否也是要去除矯揉造作，去除曾經有過的經驗知
識，才能達到無與自得之境呢？這是值得探討的。「忘」的概念最早來自老子
的「無」，之後莊子再加以深化，因此《莊子》提出「誠忘」與「坐忘」，《莊
子・大宗師》言：

墮肢體，黜聰明，離形去知，同於大通，此謂坐忘。〔註64〕

莊子著重在墮黜形體，以進乎大道之境，而李贄的「忘」也是有去除的意義，
代表的是去除既定的道理聞見、觀念價值，但是除了「去除」意義外，還帶

〔註63〕「後其身而身先，忘其身而身存。這個忘字最重要。道家是從這個「忘」字中
把「正言」透露出來。……忘其身而身存，「忘」是什麼意思？就是無有作好、
無有作惡那個「無作」，把造作去掉，這個忘就是要消化掉那些東西。」語見
牟宗三：《中國哲學十九講》，（臺北：學生書局，1993年），頁143～144。
〔註64〕〔清〕王先謙著：《莊子集解》，（臺北縣：漢京文化事業有限公司，1988年），
頁69。

有「虛」的意涵。李贄認為學道要先忘其本領,「本領」指的就是預定的定見、成見,所以要先放下既定之外在價值,他在《焚書·卷三·雜述·虛實說》曰:

> 學道貴虛,任道貴實。虛以受善,實焉固執。不虛則所擇不精,不實則所執不固。虛而實,實而虛,真虛真實,真實真虛。此唯真人能有之,非真人則不能有也。非真人亦自有虛實,但不可以語于真人之虛實矣。故有似虛而其中真不虛者,有似不虛而其中乃至虛者。有始虛而終實,始實而終虛者。又有眾人皆信以為至虛,而君子獨不謂之虛,此其人犯虛怯之病。有眾人皆信以為實,而君子獨不謂之實,此其人犯色取之症。真偽不同,虛實異用,虛實之端,可勝言哉!且試言之。

對李贄而言,道的本質是無形的,也是「有」中之「無」,而學道不能有先入為主的弊障,必須保持「虛靜」,方能容納萬物,體察「道」之「實」,而「任道」就是實踐道,必須身體力行,才能堅持不懈,此即其「貴實」之用意,也是他所追求的「道不虛談,學務實效。」(《焚書·卷三·雜述·定林庵記》)唯有真心求道者,才能以「虛靜」心,落實於「任道」,這是李贄的知行合一,傳承自王陽明,但其知、行關係又和王陽明不同,王陽明《傳習錄》曰:

> 若鄙人所謂致知格物者,致吾心之良知於事事物物也。吾心之良知,即所謂天理也。致吾心良知之天理於事事物物,則事事物物皆得其理矣。

「致」者,本具有推展、復返諸意,在此作「推展」解,「致良知」就是將天理推展到事事物物上,也是一種因「明覺」而實踐道德的過程,這裡包含「知」與「行」兩面向,是王陽明所謂的知行合一。後有王艮為代表的現成派,強調良知的現成自在,認為良知具有「鳶飛魚躍」的活潑動力,遇時而自然展現,故強調良知不假外求,反對「心之所向」的「欲」,重視「無意無必,不忘不助,是他真體存存」〔註65〕的正心。而深受王艮影響的李贄,則在《焚書·卷三·雜述·先行錄序代作》曰:

> 言一也,有先行之言,有可行之言,又有當行之言。吾嘗以此三言者定君子之是非,而益以見立言者之難矣。何謂先行之言?則夫子

〔註65〕 〔明〕王艮:《心齋王先生語錄》,(合肥:黃山書社,2009 年),頁 35。

之告子貢是已。既已先行其言矣，安有言過其行之失乎？何謂可行
之言？則《易》也，《中庸》也，皆是也。……夫當行而後言，非通
於道者不能；可行而後言，非深於學者不能。

〈先行錄序代作〉提出言行合一的概念，他認為有所謂「先行之言」、「可行
之言」、「當行之言」。「先行之言」是指先展現於行動，後以言論敘之者；「可
行之言」是言之內容本身就是道之內容，必然可以實踐，也因為「可行」是
指「行為的條件和可能，包含著經驗和認知內容」，所以是「屬於知識的範
圍」〔註66〕。「當行之言」則具有「時異勢殊，則言者變矣」（〈先行錄序代
作〉）的特徵，也因為「行隨事遷」而「言焉人殊」，因此「當行之言」是「不
可以執一」的，故「當行」，是指「行為的正當性與合理性，其中包含著理
想和應然標準，它是道的內容。」〔註67〕由此來看，不管是言行關係或知行
關係，李贄重視的都是「實踐」，「學道」著重在認識論，「任道」著重在主
體的感知道的能力，且具有活潑變動、因時制宜的動態能力，因此具有本體
論的概念。

也因李贄著重在人就是要讓自己保持「虛」的狀態，才能不受到道理聞見
的影響，方能保持隨時接受新的知識、概念，活化心靈，提升精神，又能兼具
本然之「真」，達到內在的「實」，以因應外在變化，達到「道」的變通性。由
此延伸，細繹李贄藝術觀點代表作〈雜說〉，當中提及的「畫工」和「化工」
的差別，〈雜說〉曰：

《拜月》、《西廂》，化工也；《琵琶》，畫工也。夫所謂畫工者，以其
能奪天地之化工，而其孰知天地之無工乎？今夫天之所生，地之所
長，百卉具在，人見而愛之矣，至覓其工，了不可得，豈其智固不
能得之與！要知造化無工，雖有神聖，亦不能識知化工之所在，而
其誰能得之？由此觀之，畫工雖巧，已落二義矣。文章之事，寸心
千古，可悲也夫！

李贄主張文學要寫「真心」、「真人」、「真事」，推崇《西廂記》、《水滸傳》，認
為《拜月亭記》和《西廂記》都是屬於天地造化之工，至於《琵琶記》則如同
人工刻畫。前者是自然渾成，後者則屬人為造作，也因為是人工刻畫，所以只
能模仿天地造化之工，卻不知天地化育萬物的化工之境，並非刻意為之，而是

〔註66〕傅小凡：《李贄哲學思想研究》，（福州：福建人民出版社，2007 年），頁 72。
〔註67〕傅小凡：《李贄哲學思想研究》，（福州：福建人民出版社，2007 年），頁 72。

自然形成的，不必刻意加以雕琢。故天所滋生、地所培育的草木花卉，才會人見人愛，至於企圖尋找自然創造的雕琢痕迹，是不可得的，李贄提出這種化工之境，不經任何雕琢，即使神仙聖賢，也無法了解天地自然化育萬物之奇奧。故人工刻畫即便再精巧，都已落入第二等，文章之得失唯有作者才最清楚，故李贄將「化工」之境，放置在「心」的價值判準來看待，可見「心」的概念的確是李贄音樂、藝術、文學觀點的本體。

此外，李贄區分了人工造作的畫工，與渾然天成的化工，他視畫工為要求外在形式之模仿，但也因過於「窮巧極工」，就會造成「語盡而意亦盡，詞竭而味索然亦隨以竭」之弊，這都是把「技」侷限在「技」本身，卻忽略了「技」的真正價值，不是在模仿，而從在「技」中求「道」、求「心」，這是李贄「技即道」的觀點。而畫工則是將技、道分離為二，無怪乎落入「似真非真，所以入人之心者不深」的地步。

「技即道」的觀點也可從音樂的鑑賞角度來看，李贄在《道古錄·第二十二章》曰：

> 夫子語太師之知樂，全是聲容節奏之間。此亦何難知者，而夫子故語之耶？曰：此正所謂樂之可知者也。故曰「樂其可知也。」夫始作而翕如，縱之而純如、皦如、繹如，則樂成矣。此則太師之所知也。至其所不可知者，則出於聲容節奏之外，可以和神人而諧上下，可以儀鳳凰而舞百獸，如季札所謂「如天之無不覆也，如地之無不載也。」吾夫子所謂「不圖為樂之至於斯也」，聞之三月而不知肉味也。則太師當自得之，非夫子之所能語也。所謂樂之所不可知者也。

李贄提出「知樂」和「不知樂」的差異。所謂「知樂」，僅在於聲調、節奏等技藝層次，包含各種樂器的合奏繁盛、音律和諧、節奏分明；然不可知者，則在使神、人和諧，使君臣上下和睦，鳳凰飛鳴相和，使眾獸隨樂起舞，此即《尚書·益稷》中所謂「簫韶九成，鳳凰來儀。擊石拊石，百獸率舞。」可見李贄並無排斥正樂的想法，反之，如韶樂般的雅正音樂具有上通神靈的意境，反而呼應了童心說的向善、崇真之原意。

綜合以上，筆者認為李贄音樂美學表演觀的最高層次，不是技藝，而是即「技」即「道」，即「道」即「心」，他的「技」與「道」是無法二分的，同時，因為「道」就是「心」，本其「心」之內在自律，故得以因時制宜、融通萬物。

小結

　　本章論樂器與演奏，乃承接第三章李贄音樂美學觀之源頭「童心」而來，基於天理、人欲皆備之「童心」，同時包含有人心之情、性、思、欲、禮義之內涵，本於「童心」之自然、真實本色，由此而發為「真樂」、「至樂」。因「童心」發用之樂須藉由展技呈現在樂器之上，故由心貫通之樂器，自然成為「心之器」、「情之器」，將傳統「道器」概念進行極大之翻轉。也因人各有其性格之殊異，故而成就出多元音樂風格，因此李贄音樂美學觀，在本體、樂器、演奏的相互關係，可以下圖表示：

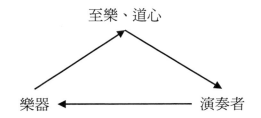

　　人秉持「童心」之真，經由感動、美感的意識，外發在表演者身上。演奏者本其心之體察，感受到美之「意」，因此利用器樂、聲樂，傳心、表意、抒情、寄志，這些樂器有其不同質性，得以產生殊異的發音構造，自然營造出相異的聲響效果。既然音樂有了多元呈現之可能，自然也會促成欣賞音樂之角度的多元。而演奏者藉由童心運轉，將心中之蘊美、創造美在音樂流淌中表現，以證成真善美之境界，使本體、工夫、境界三者合一。

　　由於明代音樂史上，本來依附於聲樂伴奏之絲竹樂，轉為獨奏與盛行，時代風氣間接促成李贄樂說之反對樂器高下之分。雖不如嵇康身為音樂史上之著名琴家身分，對樂器不如嵇康深刻，然在面對傳統以樂體道之「和」樂追求氛圍中，李贄卻能勇於破除傳統「和」聲、「德」樂之桎梏，本於所有樂器皆有抒發心、情之功能，強化藉由音樂足以使「心」相通之立足點，闡揚了樂器無高下之論見。也因為凡能發於「童心」者，就是「真樂」、「至樂」，故判斷樂器之良窳好壞，自然不在樂器之特質與音色，或者其傳遞的音樂能否通達「和」境，而端賴於是否得手應心，使心、手、琴達合一。故李贄強調，只要是「心」、用「情」之演奏，就是心、手、器合一之音樂美流現之過程，藉由此一理路之闡述，使其樂器說有了眾器平等之概念。

　　其次，從李贄心、手、器合一之概念來看，既然演奏的過程，是一個心——

情一手一器之交融，那麼在音樂演奏的身體工夫中，自然也是修養主體心之進程。而由李贄對鐘鼓敲奏律行之要求，更可發現李贄本於心性之工夫修養，並非一廂情願認為隨意亂彈之演奏就是音樂，反之，若無律行之規範，則「心」反易落入雜亂無序，但「心」之持穩，也必須藉由人心自律以達「心」之理情平衡。畢竟求道法門並非只有唯一一種，頓修、漸修皆有其特出之處，只要能達生命情境之提升，便是值得肯認之工夫修養，可見對李贄而言，身體工夫與本體工夫同樣重要，關鍵在於一切都要以抒「心」為要，不管是七情六慾的不平之鳴，或是昇華沉澱後的情感，皆有鍛鍊「心」的益處。

而在弦樂彈奏中，其雖偏執於「吟」法，卻彰顯了到家虛靜精神在其美學觀之滲透。至於直陳胸臆之聲樂演唱法，李贄則偏重於吟、嘯、歌，強調其深情與自得意。在擊樂敲奏法中，則主要透過敲擊技巧之力度、節奏快慢，達到「心」之「和」，使每一次之演奏，都有其「當下現成」之美學況味。可見李贄在身體修練上，藉由律行的規範，讓心得以與節奏相和，強化人心之內在規律。

再者，由身體工夫到本體工夫之進程中，因為李贄倡議「心」即「道」，故其所謂「技即道」也就是「技」即「心」，求「道」就是求「心」。在根本之「技」的磨練中，進而至「忘」之體驗，使基礎之「技巧」在內化至生命中，得以「不著形跡」地破除外在道理聞見，又能兼顧保有「童心」之真，達到言不盡意、至樂無聲之綿延不絕之美境，此種求「技」卻又不以「技」為依歸之法門，乃是「天然去雕飾」之造化無工，是「心」之「情性」自然外發後，又能隨心所欲、止乎禮義之止於不可不止。避免落入僅求技巧之雕琢，模仿造化之「畫工」之俗套。藉由技道合一，形成即體即用、本體即工夫之人的內部統一之完成。

最後，既然談到樂器之性質與演奏之技巧，就不能避免從聽者的角度論述音樂之審美，而李贄本於「童心」之音樂美學觀，必然在審美中也植基於「童心」而發，故下一章節就鑑賞、知音、意境三方面討論李贄論樂之審美過程。

第七章　音樂的審美過程

　　要討論音樂美學，就不能忽略在音樂審美過程中的鑑賞、知音與意境，音樂演奏失去聽者的鑑賞，將難以完成作曲者、演奏者與聆賞者間的交流，無論此一交流是否相契，音樂體驗在音樂美學中的都佔有不可或缺的關鍵地位。

　　此外，音樂鑑賞勢必得涉及音樂風格、聆賞者欣賞態度等相關因素探討，前文談及音樂具有以「心」通「心」之功能，且因「情性」有所殊異，故「有是格，便有是調」。然並非所有聽者都體察到作品奧義，此時就端賴知音的「召喚」，若無「心」之相通感，則無「知音」之可能，故「心」之冥契與否也為知音論提供了前提。

　　再者，音樂何以美？美的最上乘境界是甚麼？和李贄的「童心」概念有何關係？皆有再說明之必要。因此本章就李贄音樂美學中的審美心理會牽涉到的鑑賞、知音與意境三面向，分節論述。

第一節　鑑賞論：感心頓悟

　　李贄在音樂的鑑賞體悟工夫，主從頓悟言詮，工夫指的是心靈修養、意志鍛鍊之法，而李贄的音樂美學鑑賞過程之工夫，可從佛教偶觸頓悟來說明。其在〈征途與共後語〉曰：

　　　　弱侯之言，蓋為未得謂得者發耳。若方子及猶為勇往之時，豈宜以
　　　　此言進之哉？然吾聞學者未得謂得真不少也，則即進之以此言亦宜。
　　　　夫世間功名富貴，最易埋沒人。余老矣，死在旦夕，猶不免近名之
　　　　累，況當熱鬧之場，擦粉塗額以悅於人，而肯究心生死，視人世繁

華極樂以為極苦，不容加乎其身，余又安所求於世也？蓋生死念頭
尚未萌動，故世間參禪學道之夫，亦只如此而止矣。則有鼻孔遼天
者，亦足奇也，我願弱侯勿太責之備也。姑置勿論，且摘弱侯敘中
語，以與侯商何如？

李贄為了窮究生死之學而拋棄功名富貴，認為世上參禪學道之人多未萌發過
生死念頭，以致其學境界不過爾爾。李贄為此出入儒釋道三家，習得禪學「頓
悟」修為，「頓悟」使他超越塵世我執，達到至境，如靈山會上，如來拈花，
迦葉微笑的明心見性之悟。禪宗向來著重「不立文字，教外別傳，直指人心，
見性成佛。」希望破除語言思維桎梏，追求當下承當之「頓悟」，此「頓悟」
結合了「理入」和「修證」。李贄在〈征途與共後語〉云：

侯謂聲音之道可與禪通，似矣。而引伯牙以為證，謂古不必圖譜，
今不必碩師，傲然遂自信者，適足以為笑，則余實不然之。夫伯牙
于成連，可謂得師矣，按圖指授，可謂有譜有法，有古有今矣。伯
牙何以終不得也？且使成連而果以圖譜碩師為必不可已，則宜窮日
夜以教之操，何必移之海濱無人之境，寂寞不見之地，直與世之矇
者等，則又烏用成連先生為也？此道又何與於海，而必之於海然後
可得也？尤足怪矣！蓋成連有成連之音，雖成連不能授之於弟子，
伯牙有伯牙之音，雖伯牙不能必得之於成連。所謂音在於是，偶觸
而即得者，不可以學人為也。矇者唯未嘗學，故觸之即契，伯牙唯
學，故至於無所觸而後為妙也。設伯牙不至於海，設至海而成連先
生猶與之偕，亦終不能得矣。唯至於絕海之濱，空洞之野，渺無人
跡，而後向之圖譜無存，指授無所，碩師無見，凡昔之一切可得而
傳者，今皆不可復得矣，故乃自得之也。此其道蓋出于絲桐之表，
指授之外者，而又烏用成連先生為耶？然則學道者可知矣。

「聲音之道可與禪通」是焦竑所說，非李贄所言，蔡仲德研究對此有所忽略〔註
1〕，故而把「聲音之道可與禪通」視為李贄的音樂美學觀。李贄強調伯牙雖受
成連指導，得大師真傳，而其按圖教授，也確實習得學琴之法與圖譜，然終無
法達到上乘之境，原因何在？成連將伯牙置於絕海之濱，目的在於破除過去積

〔註 1〕 蔡仲德認為李贄的音樂美學概念其中之一就是「聲音之道可與禪通。詳見氏
著：《中國音樂美學史》（北京：人民音樂出版社，2003 年），頁 711。而徐海
東發現此說乃焦竑所提，而非李贄，詳見徐海東：《李贄的音樂美學思想及其
基礎》，（南京：南京藝術學院碩士學位論文，2011 年 5 月 24 日）。

習之圖譜指授，回歸個體「心」之真實情性，本於真心體察之「頓悟」，目的
在使伯牙破除過去道理聞見之遮蔽，使「童心」自現，終有所成。

　　徐海東認為李贄和焦竑的差別，就是焦竑從「漸悟」看伯牙學琴，李贄則
是從「頓悟」來審思，徐氏提出李贄的解釋也有其問題。〔註2〕程乾則認為焦
竑是希望遵譜師古，以自得自悟，達到妙境；李贄則是看中音樂活動的自得與
個性，認同「禪」與「聲音之道」的暗合，並以「自得」為契合，由此延伸的
音樂美學有三：其一，「音樂」與「禪」在思維方式上有相通之處：重視直覺，
斬斷思量，直指本心。其二，音樂之道的呈現方式與禪的「自性」相通。其三，
音樂是主體「自由意志」的個性獨創，涵蓋了李贄對人與境（自然）、技與道、
師與徒、樂與譜、心與音等關係的思考。〔註3〕金忠明在《樂教與中國文化》
認為：

> 學習音樂不可以「學人為」，他提出一個「偶觸即得」的方法……李
> 贄借此例就是為了說明，琴藝之意境和奧妙都非人授，即使名師亦難
> 以將自身的絕藝傳給弟子，因為各人性情不同。所以唯有通過外物的
> 媒介，觸發內在的獨特稟性，發揮於琴弦，才能成就妙法。這就是心
> 寄於景，情觸於中，意隨手遷，發於琴弦。李氏所言，偏於悟性，而
> 琴學之初，仍有待師授和積學。故《荀子·勸學篇》雖贊「伯牙鼓琴，
> 而六馬仰秣」，但仍以高超的琴藝為「積學」所成。〔註4〕

然若成連真的認為圖譜碩師不可或缺，則應日日夜夜教導伯牙彈琴，何必要到
海濱無人之處？原因在於成連有屬於成連之情性，故其格調是無法傳授給弟
子的，伯牙也有伯牙個體之情性，所以伯牙要成就其自我音樂風格，也無法得
自成連。因此真正的音樂在於個體真情性之發揚，要達到特定風格的境界，是
不可能單靠學習他人而來，而應要本諸個體「童心」，方能成就獨特之風。

　　換言之，彈琴的「頓悟」及「自得」無法透過學習，因為這是相當個體化
的，故「有是格，便有是調」，真實的音樂來自個體情性與天生性格，若伯牙

〔註2〕徐海東：《李贄的音樂美學思想及其基礎》，（南京：南京藝術學院碩士學位論
　　　　文，2011 年 5 月 24 日）。而徐海東另一篇文章〈聲音之道可與禪通〉的儒學
　　　　本體──「李贄音樂美學的思想基礎」研究之二〉則是其論文的內容節選，內
　　　　容一致。
〔註3〕程乾：〈「聲音之道可與禪通」──李贄音樂美學思想中的禪宗精神探幽〉，《音
　　　　樂研究》第 6 期，2009 年，頁 80。
〔註4〕金忠明：《樂教與中國文化》，（上海：上海教育出版社，1994 年），頁 232～
　　　　233。

只知一味學習，卻無個人頓悟與自得，是無法擺脫圖譜碩師，達到妙境。只有身處絕海、空野、無人之所，忘圖譜之指授，見不到碩師，方能達到超越圖譜、指授之自得體悟，故學琴如同學道。李贄在《初潭集‧卷之十四‧師友四‧音樂》說：

> 伯牙學琴于成連先生，三年不成。成連云：「吾師方子春在東海中，能移人情。」乃與伯牙俱往，至蓬萊山，留伯牙曰：「子居習之，吾將迎之。」刺舡而去，旬時不返。伯牙延望無人，但聞海水洞涌，山林杳冥，愴然嘆曰：「先生移我情矣！」乃援琴而歌《水仙》之操。曲終，成連回，刺舡迎之以還。伯牙遂為天下妙矣。
> 〔批語〕嗟夫！學道亦若是矣。學人者不至，舍己者未盡。及至海天一色，四顧無依，驚怪駭愕，不能以己，不可致思，剟可晤語，自然之音見矣。

李贄以學道比附習樂，若一味仿效他人，放棄個體情性，將無法達到最高之音樂境界，只有在四顧無依之狀態下，方能使情性自然流露於琴音中，表現自己的風格，這是頓悟之效。

再審視焦竑《焦氏澹園集‧刻蘇長公集序》的原始內容：

> 蘇子瞻氏少而能文，以賈誼、陸贄自命，已從武人王彭遊，得竺乾語而好之。久之，心凝神釋，悟無思、無為之宗，慨然嘆曰：「三藏十二部之文，皆《易》理也。」自是橫口所發，皆為文章，肆筆而書，無非道妙，神奇出之淺易，纖穠寓於澹泊，讀者人人以為己之所欲言而人人之所不能言也。才美學識，方為吾用之不暇，微獨不為病而已。蓋其心遊乎六通四闢之途，標的不立，而物無留鏃焉。迨感有眾至，文動形生，役使萬景而靡所窮盡。非形生有異，使形者異也，譬之嗜音者，必尊信古，始尋聲布爪，唯譜之歸，而又得碩師焉以指授之。如成連於伯牙，猶必徙之岑寂之濱，及夫山林杳冥，海水洞湧，然後恍有得於絲桐之表，而《水仙》之操為天下妙。若矇者偶觸於琴而有聲，輒曰：「音在是矣。」遂以謂仰不必師於古，俯不必悟於心，而敠然可自信也，豈理也哉！〔註5〕

焦竑以伯牙學琴為例，強調為學要依靠古代的圖譜和當今大師的傳授才能有所成。他反對不必師古，不必悟心之說，認為蘇軾年少時閱覽群書，方能「心

〔註5〕〔明〕焦竑：《焦氏澹園集》，（合肥：黃山書社，2009 年），頁 84。

凝神釋」，領悟「無思」、「無為」之妙。蘇軾之妙處，不只在「論策序記之文」，「駢語、佛偈、稗雜、諧謔」皆有「矢口霏玉，動墨散珠」（《東坡二妙題詞》）動人處，故其天才飆發，學海淵泓，乃「得之禪悅」，凡「難顯之情」入東坡之手，「無不躍如」，最終可達「嬉笑怒罵，無非文章，巷語街談，盡成風雅」（《東坡二妙題詞》）之境。

　　而李贄又在〈征途與共後語〉中說：

　　　　明有所不見，一見影而知渠；聰有所不聞，一擊竹而成偈：大都皆
　　　　然，何獨矇師之與伯牙耶？

「一見影」、「一擊竹」有禪宗的頓悟概念，李贄認為只有擺脫傳統聞見，才可真正達到耳聰目明的自得，可見他並非完全推翻過去所學之基礎，而是企圖讓心達到「虛」，才能容納更多之「實」。此論筆者在「本體工夫」的章節已有闡述。正如他在〈征途與共後語〉所謂「成連有成連之音，雖成連不能授之於弟子，伯牙有伯牙之音，雖伯牙不能必得之於成連」，成連是成連，伯牙是伯牙，伯牙向成連學琴，如果沒有經過頓悟，如果沒有「至於絕海之濱，空洞之野，渺無人跡，而後向之圖譜無存，指授無所，碩師無見」，雖有成連這樣的名師、伯牙這樣的絕才，也難達妙境。

　　李贄認為「道」的內容是動態且多元的，已非客觀不動的靜態寂然，而是統攝於心的主體精神內容的動態之「道」，也因道存乎心，故具有豐富且無限的特徵。而學道著重在「虛」，故不可居於一格，應以自由、虛靜之態度，方能融通萬物。也因「技即道」，故學道的過程就是體道。

　　周思敬在〈周友山為明玉書法語〉提到李贄曾對僧人明玉所說的一番話說：

　　　　此僧若在家，即真孝子矣；若在國，則真忠臣矣；若在朋友，則真
　　　　義士矣；若肯學道參禪，則真出世丈夫，為天人師佛矣。可輕易也
　　　　耶！蓋天地間只有此一副真骨頭耳。不問在世出世，但有此，百事
　　　　無不成辦也。〔註6〕

李贄認為學道參禪有其難處，只要有學道參禪的企圖，就可稱得上是天地間「一副真骨頭」，不管出家、在家，皆有其成就，故其肯定學道的動機。他又

〔註6〕此段文字收錄在《焚書・卷四・雜述・附周友山為明玉書法語》，轉引自張建業：《李贄全集注（第2冊：焚書注二）》（北京：社會科學文獻出版社，2010），頁27。

在《續焚書‧卷一‧書匯‧復陶石簣》說：

> 心境不礙，非是意解所到。心即是境，境即是心，原是破不得的，
> 惟見了源頭，自然不待分疏而了了在前矣。翁之清氣自是見性人物，
> 翁之定力自是入道先鋒，然而翁之資質稟賦原不甚厚，則此生死一
> 念決當行住坐臥不舍。讀經看教，只取道眼，再不必急求理會，以
> 自有理會得時也。時來如今日春至，雪自然消，冰自然泮，學道之
> 人宜有此等時候。……文殊話乃得道後所謂無師自悟，盡是天然，
> 外道者不可不覽。

李贄提出修養工夫的心得，內心與外境是一體兩面，內心代表的是一種主體精
神，外境則是主體精神的現象，因此心與境不可分離，也因見到了源頭（心）
就是見到了境，要如何見到「心」（源頭），就必須透過「讀經看教」，以把握
「道眼」。「道眼」就是頓悟明覺的智慧，且理會的時機不可強求，即「無師自
悟，盡是天然」，自然而然有其到來之時。可見李贄體道，著重的是達到一種
明心見性的智慧，而頓悟就是體認道此一境界的工夫法門，技巧圖譜的學習積
累，也是一種過程，是領悟的基礎。這可從《焚書‧增補一‧答周柳塘》再度
驗證：

> ……中間所云「禪機」，亦大非是。夫祖師于四方學者初入門時，未
> 辯深淺，顧以片言單詞，或棒或喝試之，所謂探水竿也。學者不知，
> 粘著竿頭，不肯捨放，即以一棒趁出，如微有生意，然後略示鞭影，
> 而虛實分矣。後學不知，指為機鋒，已自可笑。況我則皆真正行事，
> 非禪也；自取快樂，非機也。

李贄認為禪宗往往透過棒喝使人頓悟，並藉此理解人的道行深淺，若發現學習
之人不肯捨放，則將其驅逐；若有學道的希望，則提點學道的途徑。由此可知，
李贄在禪宗的學習體道方法，是走「頓悟」此一路數。

曾祖蔭《中國佛教與美學》提及許多佛教經典主張漸悟，由菩薩到成佛須
經過「十地」，東晉後，又有人倡議修行者只要進入「七地」，即「遠行地」，
就能實現「頓悟」，此以支道林為代表。達「遠行地」已算圓滿，也實現了頓
悟。若再進修三地，達到「法雲地」，即可成就法身。這種以支道林為代表的
頓悟說被稱為「小頓悟」，後被視為「漸悟」。至於竺道生則提出另一種頓悟說，
世稱「大頓悟」。竺道生關於頓悟說的文章已佚，現存內容為慧達《肇論疏》
的講述。兩種頓悟方式不盡相同，「大頓悟」，主要特點在於：必須一次性地全

面把握佛教真如本體。且悟理與成佛不能分階段。同時頓悟也不否認漸修。唐代慧能創立的禪宗（南宗）繼承竺道生主要觀點，又由於禪宗強調「不立文字，教外別傳，直指人心，見性成佛」，所以它的頓悟說，相較於竺道生的「大頓悟」，又有自己的特色。禪宗頓悟更強調「心體」，即「見性成佛」，創始人慧能把精神本體——真如，直接安置在人的心上，心就是真如。另一方面，又把「心」直接提升為佛教的精神本體——真如。「心」就是精神本體，「心」外別無所謂本體。現實世界的一切，都依賴於萬能的心，取決於「心生」或「心動」。既然真如本體就在人的心中，那麼所謂頓悟成佛，大可不必追求遙遠的「彼岸世界」，只要人透徹本心即可。佛就在人的心中，不假外求。如果想見佛，就應該見自己的本性；能見到自己的本性，也就成佛，此即「萬法盡在自心，何不從心中，頓見真如本性。」〔註7〕而李贄佛學之修持，就是本於見性成佛。

　　李贄的音樂美學鑑賞論，還著重在體悟應來自心中真實有感，《焚書・卷五・讀史・反騷》曰：

朱子曰：「雄少好辭賦，慕司馬相如之作，怪屈原文過相如，至不容，作《離騷》，自投江而死，悲其文，讀之未嘗流涕焉。以為君子得時則大行，不得則龍蛇，遇不遇命也，何必湛身哉！迺作書往往摭《騷》文而反之，自岷山投諸江以弔屈原云。」李生曰：《離騷》離憂也；《反騷》，反其辭，以甚憂也，正謂屈子翻愁結耳。此以世不足憤，其憤世也益甚；以俗為不足嫉，其嫉俗愈深。以神龍之淵潛為懿，則其卑鄙世人，驢騾下上，視屈子為何物，而視世為何等乎？蓋深以為可惜，又深以可憐，痛原轉加，而哭世轉劇也。夫有伯夷之行，則以餓死為快；有士師之沖，則以不見羞汗為德：各從所好而已。若執夷之清而欲兼柳之和，有惠之和又欲并夷之清，則惠不成惠，夷不成夷，皆假焉耳。屈子者夷之倫，楊雄者惠之類，雖相反而實相知也，實未嘗相痛念也。彼假人者豈但不知雄，而亦豈知屈乎？廟柳柳州有云：「委故都以從利兮，吾知先生之不忍，立而視其顛覆兮，又豈先生之所志？窮與達其不渝兮，夫唯服道而守義。吁嗟先生之貌不可得兮，猶彷彿其文章。託遺編而欷歔兮，渙余涕其盈眶「哀今之人兮，胡有慮時之否臧？退默默以自服兮，曰吾言之而不行！」其傷今念古，亦可感也！獨太史公《屈原傳》最得之。

〔註7〕曾祖蔭：《中國佛教與美學》，（臺北：文津出版社，1994年），頁123～126。

「感觸」一詞在中國傳統美學中，就是所謂的「感興」，葉朗在《現代美學體系》提出：

> 「感」和「興」分開兩個單獨的詞，當然早就有了。但「感」「興」連為一個詞，就比較晚了。究竟何時出現，尚無確考。……「感」的基本含義有兩層：第一，「格也，觸也」……第二，「感者，動人心也」，感與「撼」通，感就是心有所動。這兩層含義合起來，就是「感動」。……這樣的「感動」是一種無需經過「理解」的同情，就是不必以理解作為中介，而直接與形、色、聲、溫、力發生「同情」，或者說，直接由形、色、聲、溫、力搖曳心旌，產生情感反應。

這樣的欣賞往往訴諸感官直覺，所以李贄認為屈原的《離騷》因有深刻的愁緒，所以憤世嫉俗的情感濃烈，屈原如同伯夷、叔齊，皆為潔身自愛之輩，假道學者根本無法體會理解屈原之心，只有太史公的〈屈原傳〉最能深得其心。李贄在《焚書·卷二·書答·與李惟清》也有提出類似的說法，〈與李惟清〉曰：

> 昨領教，深覺有益，因知公之所造已到聲聞佛矣。青州夫子之鄉，居常未曾聞有佛號，陡然劇談至此，真令人歡悅無量。

他認為欣賞無關乎學力，端賴一種感官直覺，而且是一種「主動性的審美知覺」〔註8〕。

另外，王龍溪曾對顏回加以讚揚：「才動即覺，才覺即化。」這種「動」「覺」「化」不是次序性的，而是發生的剎那，就同時完成。這可和李贄童心說所謂「最初一念之本心」相呼應。「童心」是一種由原本不動的「心」，經由「一念」之發動而「覺」，這裡的「覺」，應該是不包含「知」，也就是企圖發想，有所為而為的想法，只有無目的性才能保持「真空」。「覺」也接近禪宗的

〔註 8〕葉朗：《現代美學體系》，（臺北：書林出版社，1993年），頁175。葉朗在書中提及「從完整性、主定性、情感性這樣三個方面來把握審美知覺的特徵，可能是比較恰當的。……審美知覺的第一個特徵是完整性。審美知覺是在感覺的基礎上構成的，但它並不是眼耳等審美器官所獲得的感覺相加的總和。審美知覺是一種完整的、統合的心理組織過程。這種整體性是先在的，作為一種心靈框架制約著感覺。……審美知覺的第二個特徵是主動性。這就是說，審美知覺過程不是消極被動地接受對象的刺激，而是積極主動地去感受對象、協調感官和其他心理功能，有所選擇地去知覺。……審美知覺的第三個特徵是情感性。心理學早已證實了知覺過程伴隨著情感。審美知覺的情感特徵更為突出。這種審美知覺中產生的情感我們稱之為知覺情感，它與後續的審美想像中所產生的想像情感一起構成了審美認知情感。」

「頓悟」，在「頓悟」的同時，達到「妙化」之境。「情」造成「動」，所以順著情之動，就可達到妙化境界。從道（心）因「情」而發於器（琴），展現為樂。然而雖然是以「情」發動，但此「情」引發所形塑的音樂，並非毫無法度的噪音，因「禮義」本就在情性中，所有發用自然會止乎禮義，既然「禮義」就在「情」中，所以由「情」而來，自可達到隨心所欲之境，此一境界兼有情的抒發之「樂」，有自在規律的「直」，有禮義之「善」，有王畿所謂「樂」「淡」「直」「善」的超脫之境。故李贄的音樂美學不可能純粹來自莊子、嵇康的道家體系，他由童心出發的音樂美學見解，乃明代三教會通的產物，當然也不可能只是其中一家美學概念的所能完整概括的。

第二節　知音論：善聽者獨得其心而知其深

　　在鑑賞過程中，要達到演奏者、聽者之間的交流，關鍵就是「知音」。李贄〈答周友山〉中嘗言：

> 獨予不知何說，專以良友為生。故有之則樂，舍之則憂，甚者馳神於數千里之外。

與良友的遇合可謂李贄之性命之學，得之則樂，不得則憂。在〈與焦弱侯〉又曰：

> 若如今人，一日無官則弟子於離矣，一日無財則弟子散矣，心悅誠服其誰乎？非無心悅誠服之人也，無可以使人心悅誠服之師也。若果有之，我願為之死，莫勸我回龍湖也！

良友的價值可以生死相許，若得遇，可為之付出生命，在所不惜。

　　中國傳統的知音論，首見於《呂氏春秋》，〈孝行覽・本味〉云：

> 伯牙鼓琴，鍾子期聽之。方鼓琴而志在太山，鍾子期曰：「善哉乎鼓琴，巍巍乎若太山。」少選之間而志在流水，鍾子期又曰：「善哉乎鼓琴，湯湯乎若流水。」鍾子期死，伯牙破琴絕絃，終身不復鼓琴，以為世無足復為鼓琴者。〔註9〕

因為知音可以聽出演奏者內心知志，故被稱為知音，只有鍾子期可領悟伯牙樂曲的高山流水，所以兩者可以藉由音樂的彈奏與聆聽，達到視域融合，演奏者

〔註9〕〔戰國〕呂不韋撰、高誘注：《呂氏春秋》，（上海：上海古籍出版社，1989 年），頁 102。

要能夠契於道妙之境，聽者同樣也必須冥通契會，方能有所共鳴。

中國的知音論可追溯到《文心雕龍・知音》篇：「夫綴文者情動而辭發，觀文者披文以入情，沿波討源，雖幽必顯。」〔註10〕作家和批評者審視作品有不同的角度，作者因外物觸動內在情感，進而外顯為作品；批評者則是「披文入情」，藉由對作品的「沿波（作品）討源（作者之情）」，以探得隱含的作者情思，使之「雖幽必顯」。而批評者如何透過作品，進入作者的幽微之「情」，涉及批評者的本體觀照是否擁有和作家相等的層次。身為讀者的批評家在進行文學批評之前，必得先積極欣賞作品，方能「沿波討源」。

李贄的知音觀可從〈琴賦〉的「善聽者獨得其心而知其深」得見，內容指出三個重點。其一，唯獨「知音」：知音者不求多，以「獨」為要。其次，直探其心：善聽者必須是獨得演奏者的心，此「心」即演奏者的童心、心聲、心曲、情感，所以善聽者是在演奏的過程中，是直接體察到演奏者的「心」，這是雙方心的直接交流過程。第三，知心之深：知音不僅能夠領悟演奏者的心，同時也能體會其深度意涵。要能深刻體察，有賴「勝我」之能與「知我」之「心」，故李贄嘗言：「龍湖未是我死所，有勝我之友，又真能知我者，乃我死所也。」（〈與焦弱侯〉）。

李贄一生窮究生死根因，探求道的真諦，為求「道」，放下妻女，孑然一身，義無反顧，因知求道之難，要體悟道的真諦，須承受孤獨，且此種孤獨非人人可承受，而李贄在談及學道過程時，便經常流露出孤苦之心，《焚書・卷二・書答・答劉晉川書》云：

> 弟年近古稀矣，單身行遊，只為死期日逼，閻君鐵棒難支，且生世之苦目擊又已如此，使我學道之念轉轉急迫也。既學道不得不資先覺；資先覺，不得不遊四方；遊四方，不得不獨自而受孤苦。何者？眷屬徒有家鄉之念，童僕俱有妻兒之思，與我不同志也。志不同則難留，是以盡遣之歸，非我不願有親隨，樂于獨自孤苦也。為道日急，雖孤苦亦自甘之，蓋孤苦日短而極樂世界日長矣。

這是李贄在耿李之爭時期，在武昌寫給劉東星的書信，提及自己因恐懼死亡而發憤學道。傅小凡認為，因學道乃一艱苦過程，所以李贄把學道者比作英雄豪杰，他們經常承受巨大的精神苦難而不被人知。李贄為學道而周遊四方，尋師

〔註10〕〔梁〕劉勰著；黃叔琳註；薛恨生標點：文心雕龍，（上海：新文化書社，1933年），頁315。

訪友，忍受孤獨，故體會學道之人都是英靈漢子，能忍常人之所不能忍。為求道學道，面對孤獨苦難仍可甘之如飴。〔註11〕然這種孤獨心靈，並非人人都能具備「同情的理解」，唯有知音才能體會，所以《焚書‧卷一‧書答‧又答耿中丞》云：

> 阿世之語，市井之談耳，何足復道之哉！然渠之所以知公者，其責望亦自頗厚。渠以人之相知，貴於知心，苟四海之內有知我者，則一鍾子足矣，不在多也。以今觀公，實未足為渠之知己。夫渠欲與公相從于形骸之外，而公乃索之于形骸之內，嘵嘵焉欲以口舌辯說渠之是非，以為足以厚相知，而答責望于我者之深意，則大謬矣！

李贄認為迎合世俗與街談巷語，完全無益於道，且人相知在乎人心，天下之大，知我者，僅需一人即可。其知音論強調在「獨」，重點在知心與否。

在《焚書‧增補一‧復耿中丞》又云：

> 四海雖大而朋友實難，豪士無多而好學者益鮮。若夫一往參詣，務于自得，直至不見是而無悶，不見知而不悔者，則令弟子庸一人實當之，而今不幸死矣！僕尚友四方，願欲生死于友朋之手而不可得，故一見子庸，遂自謂可以死矣，而詎意子庸乃先我以死也邪！興言及此，我懷何如也！……夫大人者，豈尋常人之所能識邪？當老子時，識老子者惟孔子一人；當孔子時，識孔子者又止顏子一人。蓋知己之難如此。使令弟子庸在時，若再有一人能知之，則亦不足以為子庸矣。

天下廣大難得有知己，李贄將耿子庸視為知己，無奈子庸早死，以致李贄感嘆自己即使尚友四方，也難獲生死交，終覓得子庸，對方卻早一步離世，李贄為此深感傷懷，甚至提出：「大抵不肯死於妻孥之手者，必其決志欲死於朋友之手者也，此情理之易見者也。」（〈與焦弱侯〉）

也因為生死之交難尋，所以李贄在〈生十交文〉云：

> 夫所交真可以託生死者，予行遊天下二十多年，未之見也。若夫剖心析肝相信，意者其唯古亭周子禮乎！肉骨相親，期於無斁，予於死友李維明蓋庶幾焉。詩有李，書有文，是矣，然亦何必至是。苟能遊心于翰墨，蜚聲於文苑，能自馳騁，不落蹊徑，亦可玩適以共老也。

〔註11〕傅小凡：《李贄哲學思想研究》，（福州：福建人民出版社，2007 年），頁 53。

因為知音難尋，所以李贄行遊天下二十多年，能批露內心，真誠以待的朋友，只有周思敬一人，至於像李逢陽般的死難之友，幾乎沒有。若在現世找不到至交，那麼遊心於翰墨之間，也可以是人生的一種快樂。李贄時露難得知己的喟嘆，在《初潭集・序》中云：

> 嗚呼！何代無人，特憾無識人者，何世希音，特憾無賞音者。今不念傳神者之難遇，而徒羨人物之盛於魏晉，亦惑矣。謝安石有云：顧長康畫有蒼生以來所無，今夫千古人物猶魏晉也，而顧長康邈矣。予是以歎之然，則李氏初潭，雖誌喜也，亦志歎也。

嘆無知音，其餘所仰望者，則多在魏晉，李贄為尚友古人，故寫《初潭集》，因「古來聰聽者，或別有知音。」（《焚書・卷六・五言八句・秋懷》）至於如何才能成為知音？李贄提出關鍵在「得其心」。《焚書・卷一・書答・與焦弱侯》曰：

> ……古今賢聖皆豪傑為之，非豪傑而能為聖賢者，自古無之矣。今日夜汲汲，欲與天下之豪傑共為賢聖，而乃索豪傑于鄉人，則非但失卻豪傑，亦且失卻賢聖之路矣。……若是真豪傑，決無有不識豪傑之人，若是真志要為聖賢，決無有不知賢聖之路者。尚安有坐井釣魚之理也！

非豪傑者，不可能為聖賢，真正的豪傑，必然也能識英雄，唯有豪傑能體察豪傑之心，此即李贄所強調的直探其心，所以「南子聞車聲而知伯玉之賢，必其人可與言者。」（《焚書・增補一・答周柳塘》）南子透過車聲就可理解伯玉的賢能，以音知人的前提，必須是樂如其人，音樂要如其人的前提，必須是「樂由心生」，因為「琴者，心也」，「聲音之道原與心通」，故李贄的知音論，是緊扣其音樂本體論而來的。

另外，知音除了要獨得其心外，也要能知心之深，《焚書・卷六・五言八句・乾樓晚眺》其二曰：「杯幹旋可酌，曲罷更題詩。顧將北流水，彈與鍾子期。」文學與音樂之妙，都希冀有知音賞識，〈復焦弱侯〉又曰：

> 弟今年六十三矣，病又多，在世日少矣。故所言者，皆直致不委曲，雖若倚恃年老無賴，然於相知之前，亦安用委曲為也？若說相知，而又須委曲，則不得謂之相知矣。然則弟終無一相知乎！以今觀之，當終吾身無一相知也。

面對晚年老病，李贄擇善固執，深信相知者必能理解其直言不諱，但也因為他

的脾性並不討喜，所以造就他寡交的結果。但也因為理解他脾性的人並不多，所以在〈復焦弱侯〉中又倡議謹慎交友的重要。〈復焦弱侯〉曰：

> 近有《不患人之不己知患不知人說書》一篇。……于問學上親切，則能知人，能知人，則能自知。是知人為自知之要務，故曰「我知言」，又曰「不知言，無以知人」也。……自古明君賢相，孰不欲得賢而親之，而卒所親者皆不賢，則以不知其人之為不賢而妄以為賢而親之也。故又曰「不知其人可乎」知人則不失人，不失人則天下安矣。……極知世之學者以我此言為妄誕逆耳，然逆耳不受，將未免復蹈同心商證故轍矣，則亦安用此大官以誑朝廷，欺天下士為哉！毒藥利病，刮骨刺血，非大勇如關雲長者不能受也，不可以自負孔子、孟軻者而顧不如一關義勇武安王者也。祇此一書耳，終身之交在此，半路絕交亦在此，莫以狀元恐嚇人也。世間友朋如我者，絕無矣。

凡在學問上用心者，就可知人，既能知人，就能自知，因此知人是知己的前提，而要知人，則必須知言。自古聖賢就是因為能知人，所以才能不失人，能夠不失人，則天下可大治。但像他這樣直言不諱者，反被視為「妄誕逆耳」，因忠言逆耳。由此可知，李贄的知音觀，包含不假疾言厲色的直言不諱之行。若非深知，是不可能接納忠言，此即李贄所謂「士為知己死，死且甘焉，又何有于廢棄歟！」（《焚書・卷二・書答・與友山》）

李贄多有懷寄友朋之作，如《續焚書・卷五・詩匯・五言律・雨後訪段嚴庵禪室兼懷焦弱侯舊友二首》云：「伯牙去已久，何處覓知音！獨有菩提樹，時時風雨吟。」又承庵過世時，李贄在《續焚書・卷五・詩匯・五言律・中秋見月感念承庵》云：「人琴俱已矣，皎潔為誰親？」甚至在《續焚書・卷二・說匯・窮途說》曰：

> 卓吾和尚曰：天下唯知己最難，吾出家以來，本欲遍遊天下，以求勝我之友。勝我方能成我，此一喜也；勝我者必能知我，此二喜也。
> 有此二喜，故不憚棄家入楚。

李贄追求知音，也知獲得知音尤難，故出家後尋遍天下，就是希望遇得勝己之友，藉由與勝己之友的交流，方能完成一己之人格，故李贄提出要「知其深」。就音樂來說，既然引發共鳴的是演奏者和聽者之間的光芒交會，相悅以解，那麼這樣的過程必然難以用語言文字解釋，既無法解釋，又要達到冥契，必須存在某些先決條件。以伯牙、鍾子期之例來說，就是鍾子期必須也要有音樂旋律、

樂器、技法等等的知識，方能深刻體察伯牙琴音的奧妙。然在李贄的音樂文獻上，並未明確指陳知音的條件。

李贄在耿定理死後，又得友朋深有、楊定見，但此兩人都未達李贄所謂的知己，可見李贄對知音的要求是相當高的，無怪乎會有《續焚書・卷二・論匯・論交難》一文，文曰：

> 以上皆易離之交，蓋交難則離亦難，交易則離亦易。何也？以天下
> 盡市道之交也。夫既為市矣，而曷可以交目之，曷可以易離病之，
> 則其交也不過交易之交耳，交通之交耳。是故以利交易者，利盡則
> 疏；以勢交通者，勢去則反。朝摩肩而暮掉臂，固矣。夫唯君子超
> 然勢利之外，以求同志之勸，而後交始難耳。況學聖人之學而深樂
> 夫得朋之益者，則其可交必如孔子而後可使七十子之服從也。何也？
> 七十子所欲之物，唯孔子有之，他人無有也；孔子所可欲之物，唯
> 七十子欲之，他人不欲也。如此乎其欲之難也，是以終七十子之身
> 不知所掉臂也。故吾謂孔子固難遇，而七十子尤難遘也。

知音難尋，故分別更難。世上多為求利益、權勢的市道交，皆非真心之交，只有君子能夠超然於勢利之外，結交志同道合的朋友。李贄身處於自利風氣濃厚的明代中晚期，也知結交知音甚難，故在《初潭集・卷之二十九・君臣九・賢相》中的批語寫下「安石知音，殷羨可人」，其對知音的渴望與羨慕，溢於言表。

綜上可知李贄的知音論和其交友論多所疊合，其所謂知音多指患難之交、神交意契，而音樂中「妙賞樂音」之賞樂知音，則可見於李贄在《藏書・卷三十七・詞學儒臣・司馬相如》中對司馬相如與卓文君之評價。〔註12〕李贄將司

〔註12〕《藏書》於萬曆二十七年（1599）在南京刊刻，是李贄費時十八年之作，為其讀史心得，也是李贄博覽群史後，以其個人觀點編纂歷史材料，並加以批閱之作，其於〈與焦弱侯〉中曰：「山中寂寞無侶，時時取史冊披閱，得與其人會覿，亦自快樂，非謂有志於博學宏詞科也。嘗謂載籍所稱，不但赫然可紀述於後者是大聖人；縱遺臭萬年，絕無足錄，其精神巧思亦能令人心羨。況真正聖賢，不免被人細摘；或以浮名傳頌，而其實索然。自古至今多少冤屈，誰與辨雪！故讀史時，真如與百千萬人作對敵，一經對疊，自然獻俘授首，殊有絕致，未易告語。近有《讀史》數十篇，頗多發明。……」可見在皓首窮經研讀史書後，李贄希望藉由個人選材意識與批點之論，還給歷史人物更客觀之評價，不希望步前人思維之跡，渴望發前人所未發之獨見，堅持不悔，只為還原歷史公道與真相。而其所謂《讀史》數十篇，實際上見於《李溫陵集》者，包含有〈藏書紀傳總論〉、〈世紀總論〉、〈漢文帝〉等共一百五十篇。

馬相如歸入詞學儒臣，司馬相如生平可見於《史記》、《漢書》，李贄選錄的內容，大抵來自《史記》，其文有幾處重點。首先，論其早年成學過程，「好讀書擊劍」，卻因「景帝又不好辭賦」未受重用，著有子虛賦。其次，乃因「家貧無以自業」，又與臨邛令王吉交好，而至臨邛，王吉用計引誘臨邛眾富卓王孫等人邀請司馬相如作客，期間王吉以司馬相如善奏琴而請其鼓之，《藏書・卷三十七・詞學儒臣・司馬相如》曰：

> 酒酣，臨邛令前奏琴，曰：「竊聞長卿好之，願以自娛。」相如辭謝，為鼓一再行。是時卓王孫有女文君，新寡，好音，故相如繆與令相重而以琴心挑之。相如時從車騎，雍容閒雅，甚都。及飲卓氏弄琴，文君竊從戶窺，心說而好之，恐不得當也。既罷，相如乃使人重賜文君侍者通殷勤。文君夜亡奔相如，相如與馳歸成都。〔註13〕

此段文字雖得自司馬遷，但李贄卻刻意選錄，有兩個選文意識可討論：一者，王吉不說「娛客」，而說「自娛」，實指在座者無人能賞相如之樂，即使是經眾人鼓舞，相如「鼓一再行」〔註14〕，都僅止於「自娛」，聽者並未真能「知音」。二者，以司馬相如一介之才，「雍容閒雅」，有容儀之美〔註15〕，能真正知音者，唯有卓文君。卓文君也為一善樂者，故相如有意「以琴心挑之」〔註16〕，表達心曲。若無卓文君的妙賞，是無法理解相如音樂中之情意，更不會有夜奔之浪漫情緻。而李贄在其後批語曰：

> 方相如之客臨邛也，臨邛富人如程鄭、卓王孫等，皆財傾東南之產，

〔註13〕張建業主編：《李贄全集注（第3冊：續焚書注）》（北京：社會科學文獻出版社，2010），頁147。此段文字大抵出自《史記・司馬相如列傳第五十七》，相關內容可參閱〔漢〕司馬遷撰、〔日〕瀧川龜太郎考證：《史記會注考證》卷一百十七〈司馬相如列傳第五十七〉，（臺北：藝文印書館，1972年），頁5。
〔註14〕按索隱曰：「案樂府長歌行短歌行、行者曲也、此言鼓一再行、謂一兩曲。」正義曰：「行者鼓琴瑟曲也。」考證曰：「周壽昌曰：『不敢云娛客、故以自娛為言。』」參閱〔漢〕司馬遷撰、〔日〕瀧川龜太郎考證：《史記會注考證》卷一百十七〈司馬相如列傳第五十七〉，（臺北：藝文印書館，1972年），頁4。
〔註15〕按集解：「韋昭曰：閒讀曰閑，甚得都邑之容也。」「郭璞曰：都，猶姣也。詩曰：恂美且都。」考證：「中井積德曰：借都鄙之都，作容儀之美稱。」參閱〔漢〕司馬遷撰、〔日〕瀧川龜太郎考證：《史記會注考證》卷一百十七〈司馬相如列傳第五十七〉，（臺北：藝文印書館，1972年），頁5。
〔註16〕按集解：「郭璞曰：以琴中音挑動之」考證：「中井積德曰：繆與令相重，謂琴歌寓悅慕之意，陽若指令者，而陰挑文君也，其歌今不傳。」參閱〔漢〕司馬遷撰、〔日〕瀧川龜太郎考證：《史記會注考證》卷一百十七〈司馬相如列傳第五十七〉，（臺北：藝文印書館，1972年），頁4。

而目不識一丁，令雖奏琴，空自鼓也，誰知琴心？其陪列賓席者，
衣冠濟楚，亦何偉也！空自見金而不見人，但見相如之貧，不見相
如之富也。不有卓氏，誰能聽之？〔註17〕

李贄認為以相如之才情，卻屢不得知音，難免會有曲高和寡之嘆。富者往往只
以勢利庸俗眼光目人，只見其貧，卻不見其文采、琴藝，即使相如琴技再優，
也只能落入無人妙賞之慨，獨卓文君不以俗見，方能聆音妙賞相如之心，以身
相許，藉由音樂以心解心，聽者欲理解琴道之妙境，實須因聲知心，足見李贄
著重聽者「獨得」演奏者之「心」的深意。

　　兩人私奔並於市集賣酒，卓王孫面目無光，以其女不顧禮法，以其淫奔為
恥〔註18〕，李贄批曰：「天下至今知有卓王孫者，此女也，當大喜，何恥為！」
〔註19〕認為卓王孫是因其女才能留名於後，此絕非可恥之事，反而應加以讚揚
為是。又就他人所謂「今文君既失身於司馬長卿」一語，李贄更明確指出此乃
「正獲身，非失身。」〔註20〕可見李贄強烈表達對世俗陋見之批判，對衛道人
士之指摘。聽者能理解演奏者之心意，亦有助於己身生命境界之圓滿。

　　此外，李贄更以孟光、梁鴻比擬相如與文君，夫妻相偕如同演奏者與知音
者相知，《藏書‧卷三十七‧詞學儒臣‧司馬相如》曰：

然則相如，卓氏之梁鴻也。使當其時，卓氏如孟光，必請於王孫，
吾知王孫必不聽也。嗟夫，斗筲小人，何足計事？徒失佳偶，空負
良緣，不如早自決擇，忍小恥而就大計。《易》不云乎：同聲相應，
同氣相求，同明相照，同類相招，雲從龍，風從虎。歸鳳求凰，安
可誣也！〔註21〕

李贄激賞兩人的相知相惜，視卓王孫為識見短小之「斗筲小人」，文君若一味依

〔註17〕張建業主編：《李贄全集注（第3冊：續焚書注）》（北京：社會科學文獻出版
　　　　社，2010），頁149。

〔註18〕按索隱：「郭璞云：婚不以禮為亡也。」參閱〔漢〕司馬遷撰、〔日〕瀧川龜太
　　　　郎考證：《史記會注考證》卷一百十七〈司馬相如列傳第五十七〉，（臺北：藝
　　　　文印書館，1972年），頁5。

〔註19〕張建業主編：《李贄全集注（第7冊：藏書注四）》（北京：社會科學文獻出版
　　　　社，2010年），頁147。

〔註20〕張建業主編：《李贄全集注（第7冊：藏書注四）》（北京：社會科學文獻出版
　　　　社，2010年），頁147。

〔註21〕張建業主編：《李贄全集注（第7冊：藏書注四）》（北京：社會科學文獻出版
　　　　社，2010年），頁148～149。

循父母媒妁之言，必失佳偶良緣，故李贄讚賞兩人的私奔，是自我生命的正確抉擇。此等以琴音知心而相知相惜，是聲氣應感、雲龍風虎、歸鳳求凰，此種相「和」之道，也可從李贄以《易》解夫婦之道探析，按《宋本周易注疏》云：

> 「九五曰：飛龍在天，利見大人，何謂也？」子曰：「同聲相應，同
> 氣相求，水流濕，火就燥，雲從龍，風從虎。聖人作，而萬物覩。本
> 乎天者親上，本乎地者親下，則各從其類也。」〔註22〕

彈者與賞者的關係是以心相互「通感」，彈者彈宮調，而賞音者以宮調應；彈者彈角調，賞音者以角調應。〔註23〕兩者以聲相感，毋須相識在先，或理解對方背景，彈者心中有高山流水，聽者也能感應到高山流水，此乃兩人心之「最初一念」的相即，而產生之「視域融合」，此乃李贄強調的「天下之道，感應而已」（《九正易因·咸卦》）〔註24〕。透過感知音樂的過程，感受到彼此「真心」的應證與存在，也因為「真心」與「真心」之感，故藉由非語言的音樂，更強化了「感」之力量，使彼此「真心」得以交流運轉。若無感，則音樂與「心」皆不復存，因「真心」可使音樂的流動更具有活潑的生息，此即李贄所謂的「感為真理，何待於言；感為真心，安能不動！天地如此，萬物如此。不然，天下之動，幾乎息矣。」（《九正易因·咸卦》）〔註25〕

　　也因為音樂之美使彼此「真心」之感應更具能動性，此能動性促使交流過程中，領悟到自身價值，進而昇華美之境界，故李贄的知音論除妙賞視角外，更有彼此交會過程中，使「心」的精神能力向上提升的積極意義，此積極意義足以創造下一次更美的「當下現成」，如《藏書·卷三十七·詞學儒臣·司馬相如》所言：

> 論者以相如詞賦為千古之絕，若非遭逢漢武，亦旦徒然。故曰：誰

〔註22〕〔魏〕王弼、〔晉〕韓康伯注、〔唐〕孔穎達正義：《宋本周易注疏》（上），（北京：中華書局，1988年），頁85。

〔註23〕按「同聲相應者，若彈宮而宮應，彈角而角動是也。同氣相求者，若天欲雨，而柱礎潤是也。此二者，聲氣相感也。水流濕，火就燥者，此二者以形象相感，水流於地，先就濕處；火焚其薪，先就燥處，此聲氣水火皆無識而相感，先明自然之物，故發初言之也。」詳參〔魏〕王弼、〔晉〕韓康伯注、〔唐〕孔穎達正義：《宋本周易注疏》（上），（北京：中華書局，1988年），頁85～86。

〔註24〕張建業主編：《李贄全集注（第15冊：九正易因注）》（北京：社會科學文獻出版社，2010），頁184。

〔註25〕張建業主編：《李贄全集注（第15冊：九正易因注）》（北京：社會科學文獻出版社，2010），頁185。

為為之？孰令聽之？聽者希，則為者雖工，而其志不樂，況有天子
知而好之。……天子好音，君臣道合，賡歌迭唱，可謂至盛極文，
都乎有斐之時也。今觀愈之文，亦無難讀者，獨奈何寥寥至百餘年，
必待穆伯長而後知其好也？假使讀《子虛》、《上林》，又當何如也？
故吾謂漢武帝真不世出之雄者，非過也。

司馬相如若沒有遇到文學知音漢武帝，即使文章再高妙，也無法在與知音相融
中，達到「至美」之境，故李贄藝術精神「童心」非消極宿命論，也非寂然不
動，而是可藉由鑑賞音樂美的體驗過程，與知音非語言的冥契，提煉出更靈明
的「感」。

　　如果說嵇康是透過「滌情顯氣」以證成其「體妙心玄」，與大道合一，那
麼李贄就是透過音樂美，使「人心」與「人心」相契交會，磨練出更靈敏的感
知（或可稱為「童心」，知覺運動之最初一念），以融成更多的音樂藝術。故李
贄音樂美學知音論，同時可以是一種工夫的樂論，與其師友觀中友朋彼此成長
的理念相呼應。也因其知音論是強調心和心的直接相通，彼此直接感知的能
力，重視心與心的相互冥契，奏者與賞者心中的情、性、欲、禮義須真誠相應
相感，所以李贄「知音論」要旨就在放大「心」之相「契」，音樂只要隨「心」
而生，就可以透過樂音相互冥契。

第三節　意境論：造化無工

　　李贄藝術的最高境界就是本於順乎自然的造化無工，相關論述可見於李
贄的「化工」說，前人就此研究者所在多有。既然其美學的最高境界在於造化
無工，去除斧鑿之偽，那麼此意境到底包含那些面向？中國傳統音樂經常追求
一種「中和」、「意象」、「希聲」之美。如：嵇康就重視音樂的原始材料的獨特
與效果，音樂作品即在不同音色、節奏、和聲、旋律自由變化中臻達五音和調
之境，且引發聽者各種躁靜之體驗，他企圖在音聲自然形質背後，探尋承自天
地自然的超形質本體，「超越主觀意識及心情哀樂，以無為之心，虛而待物，
則將能經驗和聲之美」，此即藉由「虛心靜聽」，以「盡清和之極」。〔註26〕

　　反觀李贄在音樂意境方面，特出之處在於無聲勝有聲、順乎自然、無目的
性的「淡」之中。故本節企圖深入其由乎自然之造化無工，並與李贄音樂美學

〔註26〕徐麗真：《嵇康的音樂美學》，（臺北：華泰出版社，1997 年），頁 27～28。

的意境：至樂無聲、達乎中庸；經聲昭徹、佛力隨施；入神妙化、成己成物；
得手應心、淡而有味四個層面來探討。

一、至樂無聲、達乎中庸

　　胡健、張國花認為，李贄對儒道音樂思想的改造與發展，表現在以童心理
路的音樂美學觀中。其音樂思想的主情說，衝破了儒家禮樂束縛，開創以「心」
為本的音樂思潮。一是班固提出的「琴者，禁也，禁人邪惡，歸於正道，故謂
之琴。」一是「絲不如竹，竹不如肉，漸進自然」的傳統說法。前者為儒家音
樂美學思想所推崇，是「樂而不淫，哀而不傷」溫柔敦厚的中和之美。李贄以
童心說為基礎，批判儒家的中和之美。〔註27〕

　　筆者認為胡健、張國花之論有疑義，李贄從「童心」走出其音樂美學理路，
但從他倡議的「禮義」就在心中，與「蓋道至于中，斯至矣」之說來看，並不
能過於武斷認為他是完全推翻儒家的中和之美。

　　李贄多次提及「無聲」的概念，而的探討，前人研究李贄時，從未提及的
他的「無聲」說。「無聲」始自老子「大音希聲」，老子視「大音希聲」為最好
的音樂，可使人內心平靜，在《老子・第四十一章》曰：

　　　大方無隅，大器晚成，大音希聲，大象無形。道隱無名，夫唯道善

　　　貸且成。〔註28〕

老子從「道」的角度論述「大音」，並將之與「大方」、「大器」、「大象」並列，
藉此描述「道」的特性，只要透過「無為」之心，就可超越「煩手遺聲」、「彰
聲而聲遺」的有心為之的音樂，避免心智被聲音所陷溺，使之與道合一，此即
以道心聞樂的實踐，而所聞之樂就是以道為體的無聲之樂。

　　據蔡仲德《中國音樂美學史》對「大音希聲」的解釋是：

　　　「大音希聲」、「大象無形」都是就「道」而言。在《老子》看來，自

　　　然而合規律的「道」雖然無聲，卻不僅蘊涵音樂的精神（「和」），而

　　　且其音樂精神至高無上（「和之至」），遠非人為的「五音」所能比擬，

　　　「道」之所以稱為「大音」，原因就在於此。因此，「大音希聲」有

　　　兩方面的含義，一方面是就「道」本身而言，指出「道」的一個特

〔註27〕胡健、張國花：〈從《琴論》看李贄的音樂美學思想〉，《求索》第 5 期，2007
　　　年，頁 168～170。

〔註28〕〔魏〕王弼注、樓宇烈校釋：《老子周易王弼注校釋》，（臺北：華正書局，1983
　　　年），頁 113。

性——聽之不聞而蘊涵至和；一方面是就合乎「道」之特性的音樂，即理想音樂而言。前者是《老子》的本意，後者則是其蘊而未出的思想。所謂理想的音樂，有兩層意義，一是此樂無聲，無為而自然，是永恆的音樂美，絕對的音樂美，故曰「大音」。二是「道生萬物」之至樂「善始且善成」，是一切有聲之樂的本源。〔註29〕

戴璉璋認為蔡仲德此說有待商榷。他就王弼《老子指略》中針對大音和五音的對比關係，論證「大音是道，五音是物」，大音要發揮「善貸且成」的作用是「不塞其原」使它「自生」，「不禁其性」使它「自濟」。《老子》根本上是肯定音樂，透過「大音」成全音樂功能，以矯正五音使人迷失之弊。至於阮籍則主張「自然之道，樂之所始」，關注於音樂的「和」與「樂」，透過清虛靜定的心靈達到「天地之和」、「神人以和」的境界。再以嵇康〈聲無哀樂論〉來看，是以「音聲無常」〔註30〕、「和聲無象」〔註31〕論證聲無哀樂，再以「聲音之體，盡於舒疾」〔註32〕、「聲音以平和為體」〔註33〕、以及「樂之為體，以心為主」〔註34〕強調聲有自然之理，透過反於「無」（自然之理）以全「有」。王弼、阮籍與嵇康都是植基於「移風易俗，莫善於樂」〔註35〕，且秉持「將欲全有必返於無」（《老子‧第四十章》）〔註36〕的原則，指出音樂應歸本於自然之道，調適於虛靜平和之心。〔註37〕

〔註29〕蔡仲德：《中國音樂美學史》，（北京：人民音樂出版社，2003年），頁145～146。

〔註30〕〔三國〕嵇康著、戴明揚校注：《嵇康集校注》，（北京：人民文學出版社，1962年），頁203。

〔註31〕〔三國〕嵇康著、戴明揚校注：《嵇康集校注》，（北京：人民文學出版社，1962年），頁199。

〔註32〕〔三國〕嵇康著、戴明揚校注：《嵇康集校注》，（北京：人民文學出版社，1962年），頁216。

〔註33〕〔三國〕嵇康著、戴明揚校注：《嵇康集校注》，（北京：人民文學出版社，1962年），頁217。

〔註34〕〔三國〕嵇康著、戴明揚校注：《嵇康集校注》，（北京：人民文學出版社，1962年），頁223。

〔註35〕〔三國〕嵇康著、戴明揚校注：《嵇康集校注》，（北京：人民文學出版社，1962年），頁220。

〔註36〕〔魏〕王弼注、樓宇烈校釋：《老子周易王弼注校釋》，（臺北：華正書局，1983年），頁110。按王弼注：「天下之物，皆以有為生。有之所始，以無為本。將欲全有，必反於無也。」

〔註37〕戴璉璋：〈玄學中的音樂思想〉，《中國文哲研究及集刊》第十期，1997年3月，頁59～90。

　　莊子則推崇「聽不聞其聲」的「天籟」，音樂美學思想推崇「天」、「真」、「道」的自然之樂，所以道家音樂追求的是淡和之美，強調清心寡慾的清靜無為之音。莊子《外篇・天地第十二》曰：

> 夫道，淵乎其居也，漻乎其清也。金石不得，無以鳴。故金石有聲，
> 不考不鳴。萬物孰能定之！夫王德之人，素逝而恥通於事，立之本
> 原而知通於神。故其德廣，其心之出，有物採之。故形非道不生，
> 生非德不明。存形窮生，立德明道，非王德者邪！蕩蕩乎！忽然出，
> 勃然動，而萬物從之乎！此謂王德之人。視乎冥冥，聽乎無聲。冥
> 冥之中，獨見曉焉；無聲之中，獨聞和焉。故深之又深，而能物焉；
> 神之又神，而能精焉。故其與萬物接也，至無而供其求，時騁而要
> 其宿，大小、長短、修遠。〔註38〕

《莊子》認為「金石」有聲，但必須藉由「道」才能使其聲響成為音樂，「道」雖無聲，卻具有音樂之和，故「道」即有聲之樂的本源。要有內在精神內涵的「和」，才可以表現於外在的「聲」，故莊子觀點是繼承發揮了《老子》「大音希聲」說，並以「道」的「大美」、「至美」，否定世俗音樂之美。〔註39〕莊子繼承老子「大音希聲」之外，又提出「至文無字，至樂無聲」，《莊子・齊物論》曰：

> 子游曰：「地籟則眾竅是已，人籟則比竹是已，敢問天籟？」子綦曰：
> 「夫吹萬不同，而使其自己也。」〔註40〕

莊子借風喻樂，風又來自氣，連結了音樂與風、氣的關係，此與春秋時代音樂來自自然之氣的「省風作樂」說有關。其由此提出「人籟」（比竹）、「地籟」（眾竅）與「天籟」。「人籟」是人為之樂，「地籟」指各種孔穴迎風所發出的聲響，「天籟」乃聲之本體，為物之自然狀態，主宰「人籟」、「地籟」。人藉由「坐忘」，忘「機心」，方能發出「天籟」。「地籟」如能去除規律之外的人為，依其體性，率性而動，也可成為「天籟」。故「天籟」為音樂的最高境界「道」，是「自然」，乃「是唯無作，作則萬竅怒號」的無聲之聲，是一種境界意義。也因為至樂具有大美、至美、大全的特徵，故《莊子・天運》提及咸池之樂演

〔註38〕〔清〕王先謙著：《莊子集解》，（臺北縣：漢京文化事業有限公司，1988年），頁100～101。

〔註39〕蔡仲德：《中國音樂美學史》（北京：人民音樂出版社，2003年），頁158。

〔註40〕〔清〕王先謙著：《莊子集解》，（臺北縣：漢京文化事業有限公司，1988年），頁10。

奏之地是在「洞庭之野」，且其內容並無常人的哀樂之情，也非儒家的仁義之德，而是「陰陽之和」、「日月之明」、「自然之命」，是天人合一的「道」之境界。是「其卒無尾，其始無首」、「能短能長，能柔能剛，變化齊一，不主故常」，無時、無所不在。足以使人由「懼」而「怠」而「惑」，以至於「愚」，坐忘一切，「充滿天地，包裹六極」。〔註41〕故莊子提出：「鐘鼓之音，羽旄之容，樂之末也。」（《莊子‧天道》）〔註42〕

「大音希聲」、「至樂無聲」的音樂美學觀對後世影響深遠，嵇康的「和聲無象」就是傳承自「大音希聲」、「無聲之樂」的思想，認為音樂美的本源，乃得自於超形質、無具體規定性的精神本體。〔註43〕

至於《晉書‧陶潛傳》對陶潛彈無弦琴有如下描述：

性不解音，蓄素琴一張，弦徽不具，每朋酒之餘，則撫而扣之，曰：

「但識琴中趣，何勞弦上聲。」〔註44〕

「但識琴中趣，何勞弦上聲」著重的不是聲音本身，而是聲音之外的「意趣」，必須透過彈琴者忘卻自身，擺脫機心，方能超越個體，體察自然，達到物我合一的審美境界。

不僅是道家，儒家也有提過「無聲」的概念，只是前人探討的不多，《禮記‧樂記》說：「樂者，非謂黃鐘大呂弦歌干揚也，樂之末節也。」〔註45〕其追求的是內在的中和之美，而非表面上的音律末節，因此必須要破除樂器之聲的有限性，而達到無聲之樂的仁、美統一的無限境界之境。《禮記‧孔子閒居》曾提及：

無聲之樂、無體之禮、無服之喪，此之謂三無。……夙夜其命宥密，無聲之樂也。……無聲之樂，氣志不違；……無聲之樂，氣志既得；……無聲之樂，氣志既從；……無聲之樂，日聞四方；……無聲之樂，氣志既起；……。〔註46〕

由此可知，無聲之樂乃孔子所謂「三無」，也是禮樂的根源，且根據孫希旦解

〔註41〕蔡仲德：《中國音樂美學史》（北京：人民音樂出版社，2003年），頁171～175。
〔註42〕〔清〕王先謙著：《莊子集解》，（臺北縣：漢京文化事業有限公司，1988年），頁115。
〔註43〕徐麗真：《嵇康的音樂美學》，（臺北：華泰出版社，1997年），頁39。
〔註44〕〔唐〕房玄齡等：《晉書》，（北京：中華書局，1974年11月），頁2463。
〔註45〕〔清〕孫希旦撰：《禮記集解》，（臺北：文史哲出版社，1976年），頁926。
〔註46〕〔清〕孫希旦撰：《禮記集解》，（臺北：文史哲出版社，1976年），頁1168。

釋「無聲之樂」強調的是「和」，要如何達到「和」，必須是「夙夜其命宥密」，其釋文曰：

> 無聲之樂謂心之和，而無待於聲也。……蓋五至者，禮樂之實；而三無者，禮樂之原也。……宥，宏深也；密，靜謐也。其詩作基，基者，積累於下，以承藉乎上者也。此詩周頌昊天有成命之篇，言成王夙夜積德，以承藉乎天命者，甚宏深而靜謐，無聲之樂之意也。〔註47〕

寬和寧靜之政治舉措足以使百姓和樂，展現的是進德修業的永不停止，最終達到「善」「美」統一的仁的境界，即使無具體音樂，也勝於有有形之樂。故為政者累積德行，活現天地之道以愛民，乃孔子所謂的無樂之本。繼以氣志不違、既得、既從、既起解釋無聲之樂。孫希旦釋文曰：

> 氣志不違者，言其發之中節，而無所乖戾也，既無乖戾，則合於理矣，故曰既得。得，得於理也，既得於理，則順於民矣，故曰既從。從，順也，既順於民，則著聞於四方矣，既著聞乎四方，則民之氣志皆起而應之矣。〔註48〕

因為人心之發皆合乎中庸之道，也因為無乖戾之氣，故得以順應天理，順應天理就是順應民心，進一步使四方之民心匯聚。此即《禮記・樂記》所云：

> 禮樂皆得，謂之有德。德者，得也。是故樂之隆，非極音也；食饗之禮，非極味也。清廟之瑟，朱弦而疏越，一倡而三嘆，有遺音者矣。大饗之禮，尚玄酒而俎腥魚，大羹不和，有遺味者矣。是故先王之制禮樂也，非以極口腹耳目之欲也，將以教民平好惡而反人道之正也。〔註49〕

可見儒家所謂的無聲之樂是「仁德之心」的藝術化展現，本身已超越藝術之所以為藝術的目的，而融合了胸次悠然、仁心德行、天人合一的最高境界，所以徐復觀說：「今日要領取儒家真正地藝術精神，必須在這種根源之地領取。」〔註50〕

　　綜上所述，儒家的「無聲之樂」，重視為政以德之體現，道家的「無聲之

〔註47〕〔清〕孫希旦撰：《禮記集解》，（臺北：文史哲出版社，1976 年），頁 1167～1168。
〔註48〕〔清〕孫希旦撰：《禮記集解》，（臺北：文史哲出版社，1976 年），頁 1168。
〔註49〕〔清〕孫希旦撰：《禮記集解》，（臺北：文史哲出版社，1976 年），頁 900。
〔註50〕徐復觀：《中國藝術精神》增補六版，（臺北：臺灣學生書局，1974 年），頁 33。

樂」則有平和恬淡之趣。佛教中，也有提及「無聲」的概念，且將「無聲之樂」置於「有聲之樂」的上一層，提出「初言『樂』者，無聲之樂也。次是有聲之樂」（《法華義疏》），且「無聲之樂」具有「寂然」之特徵，是「以真心大寂滅樂」（《心賦注》），無聲之樂必須藉由真心的安頓，以「大寂」之狀態消除外在有形之樂，如此「寂然之心」方能不隨外界起舞，在端坐寂不動」之中，才能「諸佛常現前」（《觀心玄樞》）。而要達到「圓明了知」，必須從「心」做起，要「久滅意根」，即使耳朵聽聞「法界聲」，但若受有聲之樂影響，則只會陷入「空」，也因為有聲之樂只是「因緣和合」的假有，而非真實，音樂不過是憑藉聲音的暫時存在，只是「假調品而韻」（《觀心玄樞》），一旦只藉由聽聞外在琴之聲，反而會受其音韻限制，並且迷失本性，所以必須「少於毫末，大無方所，本自圓成，不勞機抒。」（《觀心玄樞》）要心定凝然，反聞本性，以成無上佛道。也因為「無聲之樂」並無生滅問題，故可不勞機抒，反悟禪道，此即釋支遁所謂的「諧無聲之樂，以自得為和。」〔註51〕換言之，人若被外在物相給限制，被有聲給侷限，就無法真的體會到音樂的本質。

　　而李贄在〈琴賦〉中也曾有對無聲之樂的讚揚：

> 由此觀之，同一心也，同一吟也，乃謂「絲不如竹，竹不如肉」，何也？夫心同吟同，則自然亦同，乃又謂「漸近自然」，又何也？豈非叔夜所謂未達禮樂之情者耶！故曰：「言之不足，故歌詠之；歌詠之不足，故不知手之舞之。」康亦曰：「復之不足，則吟詠以肆志；吟詠之不足，則寄言以廣意。」傅仲武《舞賦》云：「歌以詠言，舞以盡意。論其詩不如聽其聲，聽其聲不如察其形。」以意盡於舞，形察於聲也。由此言之，有聲之不如無聲也審矣，盡言之不如盡意又審矣。……故善聽者獨得其心而知其深也，其為自然何可加者，而孰云其不如肉也耶？

李贄以古人所謂言之不足，則繼以歌詠，歌詠不足，則以手舞足蹈。但是意也只能僅止於舞，形也只能展現於聲，因此傅仲武有論詩不如聽聲，聽聲不如察形之論，李贄由此延伸，直接點明「有聲不如無聲」「盡言不如盡意」，並以手在展現虛音之「不能吟」的情況之下，才是最切盡自然的，此時得以「獨得其心」，並「知其深」。

〔註51〕〔梁〕釋慧皎撰、湯用彤校注：《高僧傳》，（北京：中華書局，2007年），頁162。

　　李贄平日也有鼓琴習性，就樂器學角度來看，古琴是一種音量不大，但又兼具細微、恢弘、婉麗、剛勁的樂器，也是文人樂器的代表。在〈二十分識〉中李贄也談到：

> 學道則有三教大聖人在，經世則有呂尚、管夷吾、張子房在。空山岑寂，長夜無聲，偶論及此，亦一快也。

在讀書求道之時，「空山岑寂，長夜無聲」的氣氛下，談書論古人，是一種快樂，這是以「無聲」為背景音樂的效果。又在〈觀音問‧答自信〉曰：

> 清淨本原，即所謂本地風光也。視不見，聽不聞，欲聞無聲，欲嗅無臭，此所謂龜毛兔角，原無有也。原無有，是以謂之清淨也。清淨者，本原清淨，是以謂之清淨本原也，豈待人清淨之而後清淨耶？

「無聲」就是「無有」，既然「無有」，所以可以達到清淨本源。清淨本源本身就是一種「無」，並不需要等待「人清淨」才能達到清淨，而是「無」本來就是清淨的本然狀態。而〈豫約小引‧早晚禮儀〉也曰：

> 我自重，人自重我；我自輕，人亦輕我：理之所必至也。閉門靜坐，寂然無聲，終年如此，神猶欽仰，何況於人？大上出世為真佛，其次亦不為世人輕賤，我願足矣。

「寂然無聲」可以使人達到「神猶欽仰」之境。此外，對李贄而言，「無聲」不僅屬於藝術的境界，也是落實於政治之道，如《焚書‧卷三‧雜述‧送鄭大姚序》云：

> 吾聞至道無為，至治無聲，至教無言。雖賜也，亦自謂不可得聞矣，豈其于此實未有聞，而遂不知求之繩墨之外也？于甚疑焉，而未敢以告人。

不要透過外在的法令教條束縛百姓，這就是最好的為政之道，如同音樂，一旦聲音有所本，那麼刺激人心就會有所限制，故無聲才能有更多想像空間，這是言不盡意的延伸。《焚書‧卷四‧雜述‧耿楚空先生傳》說：

> 子庸曾問天臺云：「《學》《庸》、《語》、《孟》，雖同是論學之書，未審何語最切？」天臺云：『聖人人倫之至一語最切。』子庸謂終不若未發之中之一言也。」余當時聞之，似若兩件然者。夫人倫之至，即未發之中，苟不知未發之中，則又安能至乎？蓋道至于中，斯至矣。故曰：「中庸其至矣乎。」又曰：「無聲無臭至矣。」

李贄連結了「無聲」之境和中庸，認為人倫之至乃「未發之中」，是天賦心性，

因為道就在心中，所以人倫也在心中，順其自然就可達到中庸之道與無聲無臭的境界。

又在《焚書・卷六・五言四句・賦松梅》曰：

> 皎皎中秋月，無聲誰論價。有色兼有聲，松梅明月下。

無聲之境隱藏在有聲之中。支持這種「無聲」的境界，並非完全反對有聲，其意涵可和佛家主張「不著文字」呼應，也可和道家「道可道，非常道」的概念互通。禪宗認為，說世界，只是名世界，而非真正的世界，形體只是一種空，是在「因緣和合」下產生的「假有」，故給這「假有」的名字就是「假名」。然為了避免落入虛妄，佛教又主張「不立文字，而不離文字」，故禪、淨雙修的李贄認為他所理解的「道」是可以透過特定方式傳達的。其在《老子解》中針對《老子・一章》的內容，提出創造性解釋，《老子・一章》曰：

> 道可道，非常道；名可名，非常名。無名天地之始；有名萬物之母。
>
> 故常無欲，以觀其妙；常有欲，以觀其徼。此兩者同出而異名，同
>
> 謂之玄，玄之又玄，眾妙之門。〔註52〕

歷來對《老子・一章》的解讀有諸多說法，王弼解為「可道之道，可名之名，指事造形，非其常也。故不可道，不可名也。」〔註53〕，認為「常道」、「常名」不可用「指事造形」的語言表達。范應元提出道是所謂「自然之理，萬物之所由。」〔註54〕而老子之所以說「道可道，非常道。」是希望使人了解「長久自然之道不在言辭」，是要「反求諸己，而自得之於吾心之初也。」〔註55〕而李贄《老子解》曰：

> 不知而自由之者，常道也。常道，則人不道之矣。舍其所不必道，
>
> 而必道其所可道，是可道也，非常道也。有生而自別名者，常名也，
>
> 常名則人不名之矣。舍其所不必名，而必名其所可名，是可名也，
>
> 非常名也。
>
> 然是常名也，始於無名。及夫有天地而後名生焉，有天地而後有萬

〔註52〕〔魏〕王弼注、樓宇烈校釋：《老子周易王弼注校釋》，（臺北：華正書局，1983年），頁1～2。

〔註53〕〔魏〕王弼注、樓宇烈校釋：《老子周易王弼注校釋》，（臺北：華正書局，1983年），頁1。

〔註54〕〔春秋〕老子著、〔宋〕范應元撰：《老子道德經古本集註二卷》，（臺北：藝文印書館，1965年），頁1。

〔註55〕〔春秋〕老子著、〔宋〕范應元撰：《老子道德經古本集註二卷》，（臺北：藝文印書館，1965年），頁2。

物，萬物生生而變化無窮矣。故知其無名，則可以觀妙矣；知其有
名，則可以觀徼矣。惟其至無，乃所以對其為至有；惟其至常，乃
所以為至妙也。

夫語道而通於有無，至矣。然徇象者執有，蘊空者滯無，而可道可
名者眾矣。不知有無之名雖異，有無之出實同。無亦無之，何其玄
也！玄又無玄，何其又玄也！而孰信其為常名常道之所自出，常無常有
之所由名者哉？

李贄認為的「常道」就是自然而然、自主自為的規律，也因為就在日常生活中，
人們得以遵循而不見、不聞，也因「常道」是不必言說的，但若除去其不必說
的道理，而說其可說的，就不是「常道」，而是「可道」。而「常名」有其自己
獨具的名稱，以與他物區別，故曰「常名」，也因「常名」不需要再用另一個
名詞去稱呼，故為「不必名」。去掉「不必名」者，而必須名之且能名者，就
是「可名」。可見李贄將「常道」、「常名」列於「可道」、「可名」之上位。然
「常名」卻是從「無名」而來。因此先有天地才有其名，才有萬物，才有萬物
的無窮生成變化。如果知道天地「無名」的狀態，即可觀察道之奧妙；知道天
地「有名」的形體，就可知道萬物的極限。因為「無形」、「無象」、「無名」是
和「有形」、「有象」、「有名」相對，「無」、「有」兩者都是從主體來體會對象
的存在方式，所以李贄在這裡並不是和傳統中以無欲、有欲為判準，決定看到
無名之道或有名之物，也因李贄的邏輯思辯具有「無」→「常」→「可」的由
上而下的位階次序，因此由「無」可以轉變為「常」、「可」之「有」，「無」統
攝了「有」，藉由語言陳述「道」即可理解「有」、「無」。順從「道」就是存在
的「有」，拘泥於萬物皆空的就會拘泥於虛幻不實，因此「有」、「無」只是一
種語言上的異稱，其本源是相同的，所以李贄反對老子「道」不可說之論。
音樂也是如此，既然有聲之樂是可透過語言（音樂語言）來表達，那麼無聲之
樂就是統攝有聲之樂的「體」。有聲、無聲音樂同樣可以表現道，只要藉由感
知的主體，就可以體察具有生命、心、情性的道。《老子·十四章》中曾說：

視之不見名曰夷；聽之不聞名曰希；搏之不得名曰微。此三者不可
致詰，故混而為一。其上不皦，其下不昧，繩繩不可名，復歸於無
物。是謂無狀之狀，無物之象。是謂惚恍。〔註56〕

〔註56〕〔魏〕王弼注、樓宇烈校釋：《老子周易王弼注校釋》，（臺北：華正書局，1983
年），頁31～32。

老子此章在解讀「道」，他認為「道」是一種存在的狀態，他以「夷」、「希」、「微」都是不可追問的，來稱呼「道」，上無光明，下無陰暗，且運行不絕無法名之，最終回歸無物之狀，所以道可用「恍惚」一詞表述。其並非實際的物質存在，也非抽象概念，也不能用感官完全把握，但是當人靜觀默察、滌除玄覽時，就可以感知此整體性，即「恍惚」狀態，也是王弼所說的「無狀之狀，無物之象。」〔註57〕

　　李贄針對《老子‧十四章》此說提出個人的解讀，《老子解》曰：

　　夷、希、微，皆強名也。夫既已不見、不聞、不得矣，而又何夷、希、微之有？是故不可以致詰也，將混三而為一乎。以一名之，其或可也。夫上皦而下昧者，其常也。且皦者必不昧，昧者必不皦。今也在上不皦，在下不昧，繩繩不絕，而卒歸於無物，其殆不可得而名乎！然無名名也，無狀狀也，無象象也。三之不可，一之不可，不可之又不可，吾是以謂之恍惚也。夫恍惚何足以語於道哉！雖有今古而實無前後，故執古以禦今，因今以知古，而道紀昭矣，又安可以恍惚目之與？迎之不見其首，隨之不見其後。執古之道，以禦今之有，以知古始，是謂道紀。

老子視「道」為無形、無象，不可感知，卻是實際存在的狀態，然李贄並不同意老子以「恍惚」解「道」。他認為即使老子說「夷」、「希」、「微」，但三者基本上都只是「強名」，因為道本身已是不見、不聞、不得，因此何來「夷」、「希」、「微」之有？且即便是「無名」，也是一種「名」，故李贄認為「道」就是「道」，不需要強加名稱於「道」上，所以「恍惚」也是無法解釋「道」的。「道」是無邊無際、無所不在的，那要如何理解「道」呢？李贄從邏輯推論來解讀，他認為只要透過「古」就可以推論到「今」的結果，由「今」也可以窮究到「古」，所以只要掌握邏輯規律，就可以理解「道紀」。

　　由此可知，透過具體的「有聲之樂」理解抽象的「無聲之樂」也是可以由邏輯推論來掌握，只要把握個別的「有聲之樂」，就可認識統一的「無聲之樂」。也因為「無聲之樂」不離「有聲之樂」，所以「有聲之樂」就是「無聲之樂」，「無聲之樂」統一於具體「有聲之樂」中。如果不能對「有聲之樂」有所認識，就不可能理解「無聲之樂」。所以，李贄透過心的認知推論，貫通形上的「無

〔註57〕〔魏〕王弼注、樓宇烈校釋：《老子周易王弼注校釋》，（臺北：華正書局，1983年），頁32。

聲之樂」和形下的「有聲之樂」,此即「於有物上通無物」(《道古錄上‧第四章》),這也是李贄討論《大學》中所提的「修身」之法。

《道古錄上‧第四章》曰:

> 用健曰:「既如此,則完吾無物之初,復吾太虛之體,便是《大學》之道了。卻不曰「道」,而曰「近道」,又何耶?
>
> 曰:吾聖人欲人於有物上通無物,則知有物即是無物耳。故能通於無物,則物即是道,而何病於有物;苟不能通於無物,則物尚是物,而未可以言道也。故言物、言事、言近者,以此。夫天下唯物與事耳。物則有本末,而道具有本末耶?若謂道有本末,則舛矣。事則有終始,而道其有終始耶?若謂道有終始,則悖矣。但能知所先後,則於道庶幾近之。夫於物也,即能由末而先求其本矣,獨不可由本而復先之以求至於大本乎?於事也,既能由終而先求其始矣,獨不可由始而復先之以求至於無始乎?知大本,知無始,即此「知所先後」之心為之也。吾故曰:「聖人欲人於有物上通無物。不曰無物,而但言物格也。」

李贄企圖用佛道思想解讀《大學》中的「止於至善」、「格物」、「修身」關係。由於李贄認為「身原無物」,此身乃一虛幻之身,故應使自身順其天然,不用刻意著意於有為的修養。而劉用健承接李贄此說,提出回復自身原始狀態,便是所謂的《大學》修身之道。然既是修身,何以只是「近道」,而非「道」?李贄在此提出,若無法從有形之物通達無物,則不過是「近道」,惟有從現實生活層面體察事物之本末、始終和先後順序,才能讓「道」不離「事」,「事」不離「道」。而由具體事物推展至「道」的理解,則有賴於「心」的認知把握,這種從有物到無物的理解過程,就是李贄對「格物」的解釋,也是對道家之統攝萬物之「道」的本體性消解。

李贄又在《初潭集‧卷一‧夫婦篇總論》云:

> 是故但言夫婦二者而已,更不言一,亦不言理。一尚不言,而況言無?無尚不言,而況言無無?何也?恐天下惑也。夫惟多言數窮,而反以滋人之惑,則不如相忘於無言,而但與天地人物共造端於夫婦之間,於焉食息,於焉言語,斯已矣。

李贄肯定不言的境界,因為言多反而造成人的迷惑,不如「無言」,方能使「與天地人物共造端于夫婦之間。」所以在《焚書‧卷一‧書答‧答耿中丞

論淡》說：

> 願公更不必論淌磨刷滌之功，而惟直言問學開大之益；更不必慮虛
> 見積習之深，而惟切究師友淵源之自。則康節所謂「玄酒味方淡，
> 大音聲正希」者，當自得之，不期淡而自淡矣，不亦庶乎契公作人
> 之微旨，而不謬為「常惺惺」語也邪！

李贄引用邵雍的「大音聲正希」說，強調不期「淡」，而「淡」才得以自然而
然流露，這是李贄表達音樂的最高境界，也是一種「淡」的境界。

再者，既然無聲之樂是可以透過主體感知而明白，如何證成自身已體察
「無聲之樂」境？此即前文所言之「中庸其至」之境。李贄在《焚書·卷四·
雜述·觀音問·答自信》曰：

> 然則無時無處無不是山河大地之生者，豈可以山河大地為作障礙而
> 欲去之也？清淨本原，即所謂本地風光也。視不見，聽不聞，欲聞
> 無聲，欲嗅無臭，此所謂龜毛兔角，原無有也。原無有，是以謂之
> 清淨也。清淨者，本原清淨，是以謂之清淨本原也，豈待人清淨之
> 而後清淨耶？是以謂之鹽味在水，惟食者自知，不食則終身不得知
> 也。又謂之色裏膠青。蓋謂之曰膠青，則又是色，謂之曰色，則又
> 是膠青。膠青與色合而為一，不可取也。是猶欲取清淨本原於山河
> 大地之中，而清淨本原已合于山河大地，不可得而取矣；欲捨山河
> 大地於清淨本原之外，而山河大地已合成清淨本原，又不可得而捨
> 矣。故曰取不得，捨不得，雖欲不放下不可得也。龜毛兔角，我所
> 說與佛不同：佛所說以證斷滅空耳。

本心本來就是無「有」無「無」，因此是「視不見，聽不聞，欲聞無聲，欲嗅
無臭」，「真心」具備感知力，外在的山河大地則是「心相」，一旦想將這些「相」
除去，就會陷自我迷惑。而透過真心直接感受到「無聲」之美，就是一種破除
物相，直達本心的過程。

而也因為李贄在音樂演奏的技、道關係中，重視在有中體現無，在技中體
現道，在知覺運動的多樣中，體現主宰知覺運動的體（道心），「道心」是主宰
知覺的「體」，是一種具有動態的「至一」，故會隨著不同的情境、時代而成就
最適合的當下，這種最適宜的當下狀態就是「中庸」，所以李贄的「中庸」也
是具有變動性的「中庸」，此即其音樂美學「達乎中庸」之意境。

他的至樂無聲是本於此主宰知覺運動的「道心」來說的，也就是能夠展現

最適合當下情境的表演能力，每個細微的技巧，當中都有此「道心」主宰力，而這主宰力也會因為積累的技，而一次比一此更高妙的提升，所以「道心」不是一種寂然不動、墨守成規於「寂」之狀態，而是具有更臻上境可能的活活潑潑之生機。

　　可見李贄的「無聲」勝「有聲」的音樂境界論，並不是完全否定「有聲」，而是在「有聲」中，以「真心」的感知去「無」掉外在之「妄」，因為「無聲」具有統一性，其無聲之樂是融合了儒釋道三家的產物，同時也對「無聲」有相當強烈的肯定。

二、經聲昭徹、佛力隨施

　　明代自王陽明之後，一部分知識分子開始接近佛教，李贄就是其中之一，他剃髮出家，研讀的不少佛典，包含《楞嚴經》、《阿彌陀經》、《心經》、《金剛經》、《妙法蓮華經》、《維摩詰經》、《弘明集》、《法界觀》、《五燈會元》、《華嚴合論》、《萬善同歸集》、《淨土十疑論》、《歸元直指》、《寶王三昧念佛直指》、《地藏經》、《藥師經》、《楞伽經》、《天目中峯和尚廣錄》、《大慧普覺禪師語錄》等等。〔註58〕也因李贄深受佛教影響，所以其音樂美學的論述也屢屢與佛教音樂有所關聯。

　　原本佛教是反對梵唄之外的俗樂（伎樂），因為音樂的感染力會擾亂修行者的平靜，妨礙其開悟、進入涅槃。然而涅槃就在心中，所以佛教對音樂的態度有所轉變，將音樂活動視為開悟的現實證明，音樂不再只是耳朵聽到的音樂，而是達到宇宙論的層次。〔註59〕所以在中國佛教十三宗的發展，只有「律宗」禁止歌詠，其餘大乘諸宗是提倡音樂的，《百緣經》有如來佛接受人民奉獻伎樂之說。且今日法事音樂多有動聽者，此即《大日經疏十》所謂：「美音天是諸天顯詠美者。」「美音天」就是「樂團」，因此追求美，正呼應了佛教解脫煩惱之求。〔註60〕尤其大乘佛教，幾乎不與音樂脫節，甚至越來越重視音樂，不管是內修或外弘。〔註61〕而說法又是僧尼重要任務，藉由音樂可「歌詠

〔註58〕林其賢：《李卓吾的佛學與世學》，（臺北：文津出版社，1992年），頁216。
〔註59〕高楠順次郎等著：《佛教藝術——音樂、戲劇、美術》，（臺北：華宇出版社，1988年），頁17～18。
〔註60〕茅原：《未完成音樂美學》（上海：上海人民出版社，1998年），頁206。
〔註61〕高楠順次郎等著：《佛教藝術——音樂、戲劇、美術》，（臺北：華宇出版社，1988年），頁37。

聲說法」。李贄在〈禮誦藥師經畢告文〉曰：

> 嗚呼！佛乃三界之大父，豈以僧無可取而遂棄之；況我實諸佛之的
> 嗣，又豈忍不以我故而不理也！念此僧雖非克肖，在僧中亦無大愆。
> 鐘磬齊臻，鼓鉢動響。經聲昭徹，佛力隨施。兩年未愈之瘡，藥王
> 一旦加被，何幸如之。為此代懇，不勝瞻依！

李贄在這裡將佛教音樂提升到療癒效果，藉由「鐘磬齊臻，鼓鉢動響。經聲昭徹」的音樂，可達到「佛力隨施」的陽剛之美，這同時也是是佛教梵唄的效用。透過音樂的不同意境以體現殊異的生命體驗，隨著音樂控制揮灑，展現精神的氣魄，此種博大氣勢，通向頓悟體道之境界，擺脫愛欲之情，將情轉變為智，佛教中這種鐘磬、鼓鉢、經聲同鳴的震撼效果，足以直達人心，傳遞佛義的陽剛之美。

「陽剛之美」來自於《易傳・繫辭傳》：「剛柔相摩，八卦相盪」、「剛柔相推，變在其中矣」。《老子・三十六章》也有所謂「柔弱勝剛強」〔註62〕。《莊子・知北遊》則有「天地有大美而不言」〔註63〕，這也含攝了「陽剛之美」的概念，這種陽剛之美足以使人深入到生命的深層，追溯到生命的根源，所以音樂美所展現的陽剛意境，才會如此感動人心。

李贄另外在〈早晚鐘鼓〉云：

> 夫山中之鐘鼓，即軍中之號令，天中之雷霆也，電雷一奮，則百穀
> 草木皆甲折；號令一宣，則百萬齊聲，山川震沸。山中鐘鼓，亦猶
> 是也。未鳴之前，寂寥無聲，萬慮俱息；一鳴則蝶夢還周，耳目煥
> 然，改觀易聽矣。縱有褻念，一擊遂忘；縱有愁思，一搥便廢；縱
> 有狂志悅色，一聞音聲，皆不知何處去矣。不但爾山寺僧眾然也，
> 遠者近者孰不聞之？聞則自然悲仰，亦且回心易向，知身世之無幾，
> 悟勞攘之無由矣。……既以律行起人畏敬於先，又聽鐘鼓和鳴於清
> 晨良宵之下。時時聞此，則時時薰心；朝朝暮暮聞此，則朝朝暮暮
> 感悅。故有不待入門禮佛見僧而潛脩頓改者，此鐘鼓之音為之也，
> 所係誠非細也。

寺廟鐘鼓如軍中號令，有雷霆電擊之勢，一旦敲鳴，可使「蝶夢還周，耳目煥

〔註62〕〔魏〕王弼注、樓宇烈校釋：《老子周易王弼注校釋》，（臺北：華正書局，1983年），頁89。

〔註63〕〔清〕王先謙著：《莊子集解》，（臺北縣：漢京文化事業有限公司，1988年），頁186。

然，改觀易聽矣。縱有褻念，一擊遂忘」，莊周可因此回到現實，使耳目煥然
一新、觀感為之轉變，滌除俗世雜念，忘卻世間繁瑣，到達「無」的境界。且
所有愁思，也可盡廢，甚至去除所有狂志悅色。其功效不僅可使山中寺僧有所
省悟，遠近之士也能深受領悟，回心易向，不再徒勞於世俗雜念。也可使人情
性耳濡目染，達到感悅境界。即使不用入佛參禪，也能潛修頓改。李贄認為寺
廟鐘鼓之音足以使人提升到足以忘憂、頓悟、探得極樂的境界。

「既以律行起人畏敬於先，又聽鐘鼓和鳴於清晨良霄之下」戒律引發人心
敬畏，鐘鼓「和鳴」使個體內在統一臻達完整之人「和」。由此而發的音樂可
「熏心」、「感悅」，使人「頓悟」，改邪歸正，這是鐘鼓樂音的功能。李贄的「真」
就是「情」，善就是心中本具之禮義，而無染的「心」，經「情」「動」外發為
「樂」，就是一種真善美的統一，從中達到個體自身之「和」的完整性。

三、入神妙化、成己成物

李贄認為藝術之造境就是「神」之境界。這可從他評價前代藝術家的文字
中理解。《焚書・卷五・讀史・逸少經濟》曰：

> 先生謂逸少「識慮精深，有經濟才，而為書名所蓋，後世但以翰墨
> 稱之，藝之為累大哉！」
>
> 卓吾子曰：藝又安能累人？凡藝之極精者，皆神人也，況翰墨之為
> 藝哉！先生偏矣！或曰：先生蓋自寓也。

李贄反對前人對王羲之因書法才能，而被忽略經濟長才的說法，他認為藝術境
界是不會拖累人的，因為藝術極精的人，都是「神人」。

又在《焚書・卷五・讀史・詩畫》曰：

> 東坡先生曰：「論畫以形似，見與兒童隣。作詩必此詩，定知非詩人。」
>
> 升菴曰：「此言畫貴神，詩貴韻也。然其言偏，未是至者。晁以道和
> 之云：『畫寫物外形，要物形不改；詩傳畫外意，貴有畫中態。』其
> 論始定。」卓吾子謂改形不成畫，得意非畫外，因復和之曰：「畫不
> 徒寫形，正要形神在；詩不在畫外，正寫畫中態。」杜子美云：「花
> 遠重重樹，雲輕處處山。」此詩中畫也，可以作畫本矣。唐人畫《桃
> 源圖》，舒元輿為之記云：「煙嵐草木，如帶香氣。熟視詳玩，自覺
> 骨戛青玉，身入鏡中。」此畫中詩也，絕藝入神矣。吳道子始見張
> 僧繇畫，曰：「浪得名耳。」已而坐臥其下，三日不能去。座翼初不

> 服逸少，有家難野鶩之論，後乃以為伯英再生。然則入眼便稱好者，
> 決非好也，決非物色之人也，況未必是吳之與庚，而何可以易識。
> 噫！千百世之人物，其不易識，總若此矣。

李贄以東坡論畫，提出藝術上乘之境不應只有形似，而是貴神韻，如果沒有達到神韻，則藝術也只是模仿而已。李贄據此強調形神應兼具，並凸顯「意」在藝術作品中的重要性。由此延伸至音樂，音樂應有「意」境，無論有聲、無聲，都要能藉此聲表意，表意才能入神，未必是乍看、乍聽之下認為好就是好，「入眼便稱好者，決非好也，決非物色之人也。」李贄傳承道家「微妙玄通」旨要，暗示藝術境界的難以言詮之處，只可意會，不可言傳，要達到體味感受妙境，是需要時間積累，所以鑑賞需要時間消化，方能領略體悟箇中美好。

另外，李贄也提出學習到達「遊藝」之境，就是至境，《續焚書·卷一·書匯·與陸天溥》曰：

> 承示足見上達真功，愧弟遠離教席，不獲時聆新得。既見頭緒，即加猛火，使真金一出礦，不復至入礦，豈不偉哉！火力既齊，真性自見，正不宜放手也。甚喜甚慰！……孔子告顏子不改其樂，不改此也。程夫子尋孔、顏樂處，尋此處也。此樂現前，則當下大解脫，大解脫則大自在，大自在則大快活。世出世間，無拘無礙，資深逢源。故曰：「魚相忘乎江湖，人相忘乎道術。」故學至遊藝，至矣，不可以有加矣。管見如此，幸與諸友商之！

此文是李贄寫給好友陸天溥的書信，論處事、志道都須達到「工夫一片」、「體用雙彰」、「人我俱泯」、「生死兩忘」的境界。李贄提出只要致力於求學志道，就可本性自出。並舉孔子告訴顏回不改其樂之例，證明孔顏樂處之道就是游於藝的境界，可見李贄傳承儒家游於藝的精神，也事其傳承心學廓落自得之「童心」。

由乎「自然」才能達到入神妙化，故《焚書·卷三·雜述·讀律膚說》曰：

> 蓋聲色之來，發于情性，由乎自然，是可以牽合矯強而致乎？……惟矯強乃失之，故以自然之為美耳，又非于情性之外復有所謂自然而然也。……然則所謂自然者，非有意為自然而遂以謂自然也。若有意為自然，則與矯強何異。故自然之道，未易言也。

「自然」就是「美」，因「由乎自然」才能入「神」，達到妙化，這是無法勉強而致的，發自情性，不必刻意為之，如同《西廂》、《拜月》，並非刻意凸顯工

巧，而是「本自有如此可喜之人」，如「化工之于物，其工巧自不可思議爾。」（〈雜說〉）李贄言「自然」，重視「自然真情」的流露，在《焚書‧卷五‧讀史‧伯夷傳》中曰：

> 「何怨」是夫子說，「是怨」是司馬子長說，翻不怨以為怨，文為至精至妙也。何以怨？怨以暴之易暴，怨虞、夏之不作，怨適歸之無從，怨周土之薇之不可食，遂含怨而餓死。此怨曷可少也？今學者唯不敢怨，故不成事。

李贄肯定發自情性的「怨恨」「不平」，因有「怨」方能成事，「怨恨」與「不平」都是自然而然的情感表現，非刻意為之，若「文非感時發己，或出自家經畫康濟，千古難易者」，就是所謂的「無病呻吟」，如此將陷入「不能工」（《續焚書‧卷一‧書匯‧復焦漪園》）之弊。這也是李贄強調的，作品須感時發己，不能有所偽，若無病呻吟，將無法達到化工之境。

此外，要達到入神、妙化，並非不做功課，單憑直覺感官，而是即學即達，從日常生活處入手，故《焚書‧卷四‧雜述‧批下學上達語》曰：

> 「學以求達」，此語甚不當。既說離下學無上達，則即學即達，即下即上，更無有求達之理矣，而復曰「求達」，何邪？然下學自是下學，上達自是上達，若即下學便以為上達，亦不可也。而乃曰「學以求達」，是果即下學以求達邪，抑別有求達之學邪？若即學求達，當如前詰；若別有求達之學，則剜肉作瘡，尤為揠苗之甚矣。故程伯子曰：「灑掃應對，便是精義入神。」曰：「便是。」則是即學即達也。

李贄反對下學上達，以聖凡一律、即學即達強調從日常生活處入手，即可進入神妙境界。因此，學習過程就是通達道的過程，學習、造詣沒有極致，是永無止盡的美的追尋。

《初潭集‧卷之十六‧師友六‧山水》曰：

> 謝孺子善聲律，與王車騎張宴桐台，孺子吹笙，王自起舞，既而嘆曰：「真使人飄颻有伊、洛間意。」
>
> 王云：「周太子晉好吹笙，游伊、洛，遇浮丘公成仙。王意飄飄欲仙也。」
>
> 宗少文好山水，西涉荊、巫，南登衡岳，因結室衡山。以疾還江陵，嘆曰：「老病俱至，名山恐難遍睹！惟當澄懷觀游，臥以游之。」凡所游履，皆圖之于室，謂人曰：「撫琴動操，欲令眾山皆響。」

〔批語〕奇!

李贄的《初潭集》主要綜合《世說新語》和《焦氏類林》重點,加以評述,他認為二書「碎金宛然手神」,讀之令人「悅目賞心」,前者就鄭孺子吹笙,使人達到伊、洛意境加以讚賞,後者則談論宗炳撫琴動操,足以使眾山皆響的壯闊之美。李贄對此評一「奇」字,批語雖簡略,但從其選文意識,可看出他追求入神之音樂造境。《南史・卷十九・列傳第九》記載有謝孺子擅長音律之事,車騎將軍王彧嘗與孺子宴桐台,孺子吹笙,彧自起舞,而有飄飄成仙之意。〔註64〕據《南史・卷七十五・隱逸傳》,宗少文「妙善琴書圖畫,精於言理,每游山水,往輒忘歸。」〔註65〕其所謂「撫琴動操,欲令眾山皆響。」〔註66〕提到了音樂震懾人心、山河的力量,這是一種壯美。

此外,奏琴之造境更可達到成己成物,《續焚書・卷三・讀史匯・其思革子》曰:

> 此革子之所以賢也。當其時,三人皆赴楚,幸而同會于赴楚之途,不幸而同風雪於嶔巖之間。積日過時,無所食飲,或不奈饑之與寒,遂病以死,革子蓋幸而得不死者也。幸而不死而得以見楚王,楚王能饗之,未必能用之;縱能用,未必遽以為相,錫以千金。其身之未敢必其為如何也,而況使王澤及其二子乎?吾固謂革子之賢不可及也:一進見之頃,奏琴之間,而沒者以慰,生者以榮。成己成物,道在茲矣。

李贄讚揚其思革子貴而不忘友。其思革子之事記於《太平御覽・樂部十六》〔註67〕,其思革子、石文子、叔悆子三人因楚成王賢而好士,俱往見之,遇

〔註64〕按《南史・卷十九・列傳第九》曰:「(謝裕)子恂字泰溫,位鄱陽太守。恂子孺子少與族兄莊齊名。多藝能,尤善聲律。車騎將軍王彧,孺子姑之子也。嘗與孺子宴桐臺,孺子吹笙,彧自起舞,既而歎曰:『今日真使人飄颻有伊、洛間意。』為新安王主簿,出為廬江郡,辭,宋孝武謂有司曰:『謝孺子不可屈為小郡。』乃以為司徒主簿。後以家貧,求西陽太守,卒官。」詳見〔唐〕李延壽:《南史》,(北京:中華書局,1997年),頁149。

〔註65〕〔唐〕李延壽:《南史》,(北京:中華書局,1997年),頁484。

〔註66〕〔唐〕李延壽:《南史》,(北京:中華書局,1997年),頁484。

〔註67〕《太平御覽・樂部十六》記載,《三士窮操》者,其思革子之所作也。其思革子、石文子、叔悆子三人相與為友,聞楚成王賢而好士,三子相與俱往見之。至於破碻嶔巖之間,卒逢飄風暴雨,相與俱伏空柳之下。衣寒乏糧,自度不得活,三人相視而嘆曰:「與其饑寒俱死也,豈若并衣糧於一人哉?」二人俱以其思革子為賢,推衣糧與之。革子曰:「死則共之。今二子以賢愚相辭,乃以

飄風暴雨，衣寒乏糧，自度不得活，由於石文子、叔悆子認為三人之中，其思革子最為賢能，因此推衣糧與之，最後二子遂凍餓而死。其思革子抱二子尸而埋之，往見楚王，楚王知其賢，於是旨酒嘉肴，但其思革子卻有憂悲之意，楚王怪而不悅，後其思革子援琴鼓之，有別散之意。楚王問之，方明白箇中原因，於是賜其思革子黃金百斤，命棺斂石文子、叔悆子二人，並以其思革子為相。李贄認為其思格子的音樂已臻上乘，可使「沒者以慰，生者以榮」，視音樂有成己成物的功用。

　　「成己成物」源自《中庸》，指成就自己美德與成就身外之物。李贄曾多次論及《中庸》，「夫道本中庸，苟毫釐未妥，便是作怪，作怪即謂之妖。」（《續焚書・卷一・書匯・寄焦弱侯》）「若近先生，則原是生死大事在念，後來雖好接引儒生，著《論語》、《中庸》，亦謂伴口過日耳。」（《續焚書・卷一・書匯・與焦漪園太史》）「四不著，《中庸》卒章所謂不見、不動、不言、不顯是也。」（《焚書・卷三・雜述・四勿說》）「則《易》也，《中庸》也，皆是也。」（《焚書・卷三・雜述・先行錄序代作》）「成己」代表的是一種內在修身養性，成就個人的美德，最後達到精神自覺，而「成物」則是在主體精神自覺後，落實的道德實踐。李贄將音樂的境界，提升到成己成物的功能，是延續了儒家的美學體系。

四、得手應心、淡而有味

　　李贄音樂美學的另一境界就是「淡」，蔡仲德《中國音樂美學史》說宋元明清時期儒家音樂更趨保守，故出現李贄以童心說為基礎，強調「以自然之為美」，要求解放人性、音樂，表現「訴心中之不平」的反「淡和」說。〔註68〕

死讓，孰賢哉？」辭而不受。二子曰：「吾自以相與，猶左右手也。左傷則右救之，右傷則左救之。子不我受，俱死無名於世，不亦痛乎？」於是思革子乃受之，二子遂凍餓而死。其思革子抱二子尸而埋之，號天哭泣，竭哀而去，往見于楚王。楚王知其賢者，於是旨酒嘉肴，設鍾鼓樂之。其思革子愴然有憂悲之意，楚王心動，怪而不悅，乃推樽罷樂，引琴而進。其思革子援琴而鼓之，作相與別散之意。王聞曰：「子琴音何苦哀也？」革子推琴離席，長跪涕流而下，對：「臣友三人石文子、叔悆子，竊慕大王高義，欲俱來謁。至於磝磪欹巖之間，逢飄風暴雨，食寒糧乏，度不能俱活，二子俱不以臣為不肖，推糧與臣。二子逢凍餓死。大王雖陳酒肴設樂，誠不敢酣樂也。」楚王曰：「嗟乎，乃如是耶！」於是賜其思革子黃金百斤，命左右棺斂收二子而葬之。以其思革子為相，故曰《三士窮》。

〔註68〕蔡仲德：《中國音樂美學史》，（北京：人民音樂出版社，2003年），頁7。

孫楊在〈淺談以李贄為代表的反「淡和」主情思潮的音樂美學思想〉一文，提及李贄以主情說反對道家的淡和說，因為李贄認為能夠反映人的宣暢、疏緩、浩蕩、壯烈、悲酸、奇絕種種性情的音樂，都應得到自由抒發，不能以一律求之，此似針對道家以恬淡、平和為美的準則，在此基礎上，周敦頤加以改造，提出的淡和的審美准則加以批判。〔註69〕筆者認為這是根本忽略李贄對「淡」的理解，李贄從未反對「淡和」，反而繼承了老子的「淡兮寡味」與心學美學的「和」。

前人之所以認為李贄反淡和，主因在他的幾段文字，首先是〈雜說〉：

> 一旦見景生情，觸目興歎，奪他人之酒杯，澆自己之壘魂訴心中之不平，感數奇于千載。既已噴玉唾珠，昭回雲漢，為章于天矣，遂亦自負，發狂大叫·流涕慟哭，不能自止。寧使見者聞者切齒咬牙，欲殺欲割，而終不忍藏于名山，投之水火。于覽斯記，想見其為人，當其時必有大不得意于君臣朋友之間者，故借夫婦離合因緣以發其端。

這段文字說明人在表達不平之鳴時，展現的方式是發狂大叫、咬牙切齒、不能自止等情緒，讓前人誤以為李贄是反對淡和的音樂美學，但筆者認為此說法忽略了李贄所謂禮義就在心中的觀點。中國傳統中有以悲樂為美的特色，《禮記·樂記》曰：「絲聲哀，哀以立廉，廉以立志，君子聽琴瑟之聲，則思志義之臣。」〔註70〕嵇康〈琴賦〉曰：「稱其材幹，則以危苦為上；賦其聲音，則以悲哀為主；美其感化，則以垂涕為貴。」〔註71〕音樂在引發人悲哀的情緒時，同時可獲得審美的愉悅。李贄是從這一理路，進而提出其音樂美學說。此處的見景生「情」，乃喜怒哀樂之情緒，若無此情緒，則難以發抒不平之鳴，故七情六慾對於文學、音樂、藝術創作，具有促發內在動力之效果。若無七情六慾之情緒觸發，就不會有音樂美的構成，並在此音樂美感體驗中，近一步使情感昇華。

另外，〈讀律膚說〉云：

> 性格清徹者音調自然宣暢，性格舒徐者音調自然疏緩，曠達者自然浩蕩，雄邁者自然壯烈，沉鬱者自然悲酸，古怪者自然奇絕。

〔註69〕孫楊：〈淺談以李贄為代表的反「淡和」主情思潮的音樂美學思想〉，《青島職業技術學院學報》第 2 期，2005 年，頁 56〜58。
〔註70〕〔清〕孫希旦撰：《禮記集解》，（臺北：文史哲出版社，1976 年），頁 933。
〔註71〕〔三國〕嵇康著、戴明揚校注：《嵇康集校注》，（北京：人民文學出版社，1962 年），頁 83〜84。

情性的自然表達，展現出情感的清澈、舒徐、曠達、雄邁、沉鬱、古怪，而形成宣暢、舒緩、浩蕩、壯烈、悲酸等風格，往往讓前人誤以為李贄的主情美學是毫無節制的，但李贄論「心」著意於「止乎禮義」，因此在自然抒發情性時，自有其內在之法度。

再來，〈琴賦〉曰：

> 心殊則手殊，手殊則聲殊，何莫非自然者，而謂手不能二聲可乎？而謂彼聲自然，此聲不出於自然可乎？故蔡邕聞絃而知殺心，鍾子聽絃而知流水，師曠聽絃而識南風之不兢，蓋自然之道，得手應心，其妙固若此也。

前人認為，得手應心就是至妙，既然是「應心」，就不是淡和。筆者認為，這是根本忽略李贄心即道的概念，以致出現的李贄反「淡」、「和」之說。這可從〈早晚鐘鼓〉驗證。〈早晚鐘鼓〉曰：「聞則自然悲仰，亦且回心易向，知身世之無幾，悟勞攘之無由矣。」顯示音樂審美兩個階段，第一個階段是「聞則自然悲仰」，在聽聞了鐘鼓後，自然形成了情感上的悲傷敬仰，而經過音樂洗禮後，則是第二個階段，達到「回心易向，知身世之無幾，悟勞攘之無由」。所以李贄的「發乎情性」指涉的是一種「過程」，而非「結果」，經過音樂聆聽後達到的心靈淨化，才是李贄所要強調的最高境界，而這個境界就是〈早晚鐘鼓〉的聆聽「感悅」，以及〈雜說〉的「無工」、「不可思議」，〈答耿中丞論淡〉的「惟淡則自然不厭」。

李贄論「淡」集中在《焚書・卷一・書答・答耿中丞論淡》一文，主要是針對耿定向把王陽明的「良知」和《中庸》的「淡」放在一起論說，要人們透過湔磨刷滌的修養，達到「淡」的境界，這是傳承理學的「存天理，滅人欲」來談的。李贄則認為應該要「放開眼目」，才能「不期淡而自淡」，當有所為而為時，就不是真心展現，而陷落假情假意，故此論是其「由乎自然」的觀點的延伸。〈答耿中丞論淡〉云：

> 世人白晝寐語，公獨於寐中作白晝語，可謂常惺惺矣。「周子禮于此淨業，亦見得分數明，但不知湔磨刷滌」之云，果何所指也。夫古之聖人，蓋嘗用湔刷之功矣。但所謂湔磨者，乃湔磨其意識；所謂刷滌者，乃刷滌其聞見耳。若當下意識不行，聞見不立，則此皆為寐語矣，但有纖毫，便不是淡，非常惺惺法也。

李贄先諷刺批評耿中丞在睡夢中講醒語，並舉出周友山對於道業是認識地相

當清楚的,「湔磨刷滌」是指剔除道理聞見。如果世俗的觀念、外界事務對一個人有任何細小的影響,那就不是淡。〈答耿中丞論淡〉又云:

> 蓋必不厭,然後可以語淡。故曰「君子之道,淡而不厭」。若苟有所忻羨,則必有所厭舍,非淡也。又惟淡則自然不厭,故曰「我學不厭」。若以不厭為學的,而務學之以至于不厭,則終不免有厭時矣,非淡也,非虞廷精一之旨也。蓋精則一,一則純;不精則不一,不一則雜,雜則不淡矣。

一定要不厭於所求之道,才可討論「淡」,這就是《中庸》所謂君子「淡然而不捨棄」。只要心中有所欣羨,就不是淡,因為「淡然」才能達到「不厭」。如果已經有了目的性想法,就不是所謂的「精一」。

〈答耿中丞論淡〉又曰:

> ……是以古之聖人,終其身于問學之場焉,講習討論,心解力行,以至于寢食俱廢者,為淡故也。淡又非可以智力求,淡又非可以有心得,而其所以不得者,有故矣。蓋世之君子,厭常者必喜新,而惡異者則又不樂語怪。不知人能放開眼目,固無尋常而不奇怪,亦無奇怪而不尋常也。……念彼達士宏識,一見虞廷揖讓,便與三盃酒齊觀,巍巍堯、舜事業,便與浮雲並壽。無他故焉,其見大也。見大故心泰,心泰故無不足。既無不足矣,而又何羨邪。若祗以平日之所飫聞習見者為平常,而以其罕聞驟見者為怪異,則怪異平常便是兩事,經世出世便是兩心。勳、華之盛,揖遜之隆,比之三家村裏甕牖酒人,真不啻其幾千萬里矣。雖欲淡,得與?雖欲「無然歆羨」,又將能與?此無他,其見小也。

李贄認為古聖人之所以能終身致力求學到廢寢忘食,都是因為處事淡然的關係,因而「淡」不可透過有心達到,因為世人往往喜新厭舊,也不喜歡談論怪異之事,若放開眼界,奇怪和尋常根本是相對的概念。堯舜禪讓只是一瞬間的事,若刻意以欣羨的角度視之,就會將經世與出世看做兩心,侷限在過小之眼界。

〈答耿中丞論淡〉最後又曰:

> 願公更不必論湔磨刷滌之功,而惟直言問學閎大之益;更不必慮虛見積習之深,而惟切究師友淵源之自。則康節所謂「玄酒味方淡,大音聲正希」者,當自得之,不期淡而自淡矣,不亦庶乎契公作人

之微旨，而不謬為「常惺惺」語也邪！

李贄強調只要不刻意談論「湔磨刷滌」，只要自然地開拓學問境界，不要只是積習道理聞見，就可達到自得，換言之，只要不刻意求「淡」，就可自然而然達到「淡」，因此「淡」是「由乎自然」而來的。

另外，李贄在《紅拂記・第三齣・秋閨談俠》也有「淡」的論述：

〔劇本大意〕樂昌公主自道身世：「自兵入建康，與夫主徐德言分別。蒙今上將奴賜與越公，逗留在此，不覺又一年也。」

〔夾批〕淡中滋味。

樂昌公主娓娓道出與丈夫分別至今的遭遇，平淡絮語中，流露出對丈夫的深情，李贄評點為「淡中滋味」。

又在《焚書・卷三・雜述・讀律膚說》曰：

淡則無味，直則無情。宛轉有態，則容冶而不雅；沈著可思，則神傷而易弱。欲淺不得，欲深不得。拘於律則為律所制……不受律則不成律，……故自然發於情性，則自然止乎禮義，非情性之外復有禮義可止也。

過於平淡則為無味，過於直接就無法以情動人，要委婉曲折，不可過於雕琢，也不可太費思量。前人因李贄此文而認為他有反淡和思想，蔡仲德認為，在聲與度的關係上，春秋時期，季札評樂已要求「五聲和」，醫和論樂已提出「中聲」、「淫聲」。宋明以後儒道交融，「中和」發展為「淡和」，儒道都以「淡和」為美，李贄等則持相反態度。李贄認為「淡則無味」，聲音要服從表情需要，因「有是格便有是調，皆情性自然之謂」。〔註72〕然李贄並非一味反對「淡」，他其實是從《中庸》出發，本於「過」與「不及」都是不恰當的來立論，因此「深」、「淺」；「拘於律」、「不拘於律」都是不當的。關鍵在於是否「適度」，心本具有自然規律性，自然發乎情性，也會自然止乎禮義，李贄並未完全反對中國傳統音樂美學「和」的概念，而是反對一模一樣的「淡和」。

「淡」的音樂美學最早來自道家，《老子・三十五章》推崇「淡乎其無味」〔註73〕，阮籍曰：「道德平淡，故五聲無味」（〈樂論〉）〔註74〕，嵇康說：「聲

〔註72〕蔡仲德：《中國音樂美學史》（北京：人民音樂出版社，2003 年），頁 12。
〔註73〕〔魏〕王弼注、樓宇烈校釋：《老子周易王弼注校釋》，（臺北：華正書局，1983 年），頁 88。
〔註74〕〔魏〕阮籍：《阮嗣宗集》，（臺北：華正書局，1979 年），頁 40。

音以平和為體」（〈聲無哀樂論〉）〔註75〕，徐上瀛所謂二十四「況」，都繼承發揮了《老子》思想。〔註76〕《老子》又說「恬淡為上，勝而不美。」（《老子・三十一章》）〔註77〕老子認為外在的五色、五音、五味會讓人目盲、耳聾、口爽，所以推崇「恬淡」，以恬淡為至上的美，但並不符合世俗大眾的感官享受。而「淡」也因「無味」，而能超越有限之「味」，達無限之「味」。「淡」是老子美學中的至味，也是其自然無為的哲學實踐。

而莊子繼承老子，提出「夫虛靜恬淡寂漠無為者，天地之平，而道德之至，故帝王聖人休焉。」（《莊子・天道》）〔註78〕「澹然無極而眾美從之，此天地之道，聖人之德也。」（《莊子・刻意》）〔註79〕認為「淡」是眾美中的極致，同時也是排除物質、精神障礙，達到自由超脫的標誌。老莊建構了以淡為美的美學範疇。而阮籍以「道德平淡」強調天地萬物順應自然就是展現恬淡平和的自然之性，也因平淡之特質，故「不顯其特殊相」。〔註80〕

儒家也有「淡」的論述。《中庸》曰：「君子之道，淡而不厭。」《禮記・表記》云：「君子淡以成，小人甘以壞。」〔註81〕《禮記・郊特牲》言：「酒醴之美，玄酒明水之尚，貴五味之本也。」〔註82〕而《禮記・樂記》中的「《清廟》之瑟，朱弦而疏越，一唱而三嘆，有遺音者矣。大饗之禮，尚玄酒而俎腥魚，大羹不和，有遺味者矣。」〔註83〕這種「遺音儀味」的說法，是來自於儒家對禮樂的追求。

〔註75〕〔三國〕嵇康著、戴明揚校注：《嵇康集校注》，（北京：人民文學出版社，1962年），頁217。

〔註76〕蔡仲德：《中國音樂美學史》，（北京：人民音樂出版社，2003年），頁149。

〔註77〕〔魏〕王弼注、樓宇烈校釋：《老子周易王弼注校釋》，（臺北：華正書局，1983年），頁80。

〔註78〕〔清〕王先謙著：《莊子集解》，（臺北縣：漢京文化事業有限公司，1988年），頁113。

〔註79〕〔清〕王先謙著：《莊子集解》，（臺北縣：漢京文化事業有限公司，1988年），頁132。

〔註80〕林師朝成說，「所謂『道德平淡』，『道德』指的是『天地之體，萬物之性』，天地順應自然之道所化成的體性，以道家哲學界定之，即是自然無為的精神及其賦予萬物的恬淡平和的自然本性。因道德平淡的特質，所以五聲淡而無味，不顯其特殊相。……『無味』也是玄學對道或自然的描述語。」語見林師朝成：《魏晉玄學的自然觀與自然美學研究》（台北：花木蘭文化，2009年），頁48。

〔註81〕〔清〕孫希旦撰：《禮記集解》，（臺北：文史哲出版社，1976年），頁1204。

〔註82〕〔清〕孫希旦撰：《禮記集解》，（臺北：文史哲出版社，1976年），頁639。

〔註83〕〔清〕孫希旦撰：《禮記集解》，（臺北：文史哲出版社，1976年），頁900。

　　到了魏晉玄學，將「淡」發展到人格審美的境界，保留老子的「淡味」為「至味」說，由此延伸為面對生命困境的姿態，也就是以寄託飲酒、山水中，展現淡泊無為的精神。同時在面對世道功利下，企圖追求淡泊寧靜，講理制情，使情感達到沖和平淡。魏晉之後，唐代則有王維寓濃於淡的田園詩，又有司空圖追求沖淡的境界，與「韻外之致」、「味外之旨」的「淡而有味」美學觀。

　　儒道兩家都追求「和」的境界，只是儒家重視「中和」、道家強調「淡和」，明清時期，平淡成為美的極致。李贄論「淡」的音樂美，和前人不同處，在於他兼受儒、道、佛教禪宗的影響。禪宗講求「空即是色，色即是空。」自唐代以降，文士就有「以琴參禪」的審美趨向，藉琴悟道，展現出「清、微、淡、遠」的音樂美學。其中「淡」指的就是恬淡自然，也因「琴者，心超物外，則音合自然。」藉此表現自然的寂靜、清幽、廓遠、空靈。佛教《長阿含經》認為好的音樂應具正直、和雅、清澈、深滿、遠聞的特色〔註84〕，另《高僧傳·經師篇·釋慧忍》也針對音聲唱頌具體指出「壯而不猛，凝而不滯，弱而不野，剛而不悅，清而不擾，濁而不蔽。」〔註85〕這六種對立音響在進行表演時，皆有所需遵循的法度。《高僧傳·經師·釋慧忍》又曰：

> 情動於中，而形於言。言之不足，故詠歌之也。然東國之歌也，則
> 結韻以成詠；西方之贊也，則作偈以和聲。雖復歌讚為殊，而並以
> 協諧鍾律，符靡宮商，方乃奧妙。故奏歌於金石，則謂之以為樂；
> 設讚於管弦，則稱之以為唄。〔註86〕

情感雖來自人心，但須藉由言語表達，一旦言語不足以表達情感，就須用梵唄詠歌來輔助。詠歌會按特定韻腳或音調結構排列，以增強韻律和美感。贊詞多以偈頌形式表達，注重和聲和諧。因此佛教音樂不僅重視詩意的韻律，也強調音樂和聲相配，並切合音樂元素，如鍾律、宮商等，藉此創造美妙的音樂藝術價值。而讚佛功德、宣揚佛理的梵唄主要以單音平緩的旋律為主，形成淡遠的音樂情趣。綜上可知，儒釋道音樂美學最終都服膺於「淡」的意境，李贄融合儒釋道的音樂追求，最終就是要達到「淡」與「和」的境界。

〔註84〕《長阿含經》曰：「有音聲五種，清淨乃命梵聲。何等為五？一者其音正直，二者其音和雅，三者其音清澈，四者其音深滿，五者周遍遠聞。」

〔註85〕〔梁〕釋慧皎撰、湯用彤校注：《高僧傳》，（北京：中華書局，2007 年），頁508。

〔註86〕〔梁〕釋慧皎撰、湯用彤校注：《高僧傳》，（北京：中華書局，2007 年），頁507。

至於「味」，李贄在《焚書・卷一・書答・答耿司寇》曰：

> 每思公之所以執迷不返者，其病在多欲。古人無他巧妙，直以寡慾
> 為養心之功，誠有味也，公今既宗孔子矣，又欲兼通諸聖之長：又
> 欲清，又欲任，又欲和。既于聖人之所以繼往開來者，無日夜而不
> 發揮，又于世人之所以光前裕後者，無時刻而不繫念。又以世人之
> 念為俗念，又欲時時蓋覆，只單顯出繼往開來不容已本心以示于人。

李贄指出過多慾望會阻礙個體修為與平靜，因此須追隨聖人教導，以寡慾養
心，如想求內心清淨、自由、和諧，就須去除俗念，專注於本心的真實本質，
隨遇而安。唯有寡欲養心方能有味的「味」，是滌除生命之「染」（社會強加的
假道學、假名教）後，達到「淨」的境界。李贄向來厭惡「口腹累人，名聲亦
醜」，斥責假道學者為「無味之極」（《初潭集・卷之二十・師友十・會說》）。
「味」也是其主「淡」音樂美學所展現的韻致。

小結

　　李贄音樂美學具有悟道體和的審美情趣，其鑑賞、知音、境界的關係，可
以下圖表現：

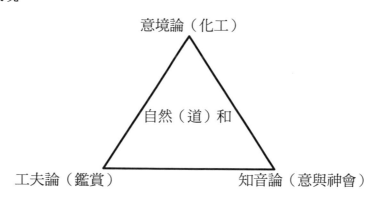

音樂審美的鑑賞過程，可視為一種工夫歷程，須有神悟，方能冥契於演奏
者的音樂內容。心與心的通感是達到冥契的具體關鍵，其包含了彼此情感與性
格的相合，畢竟人各有其殊性，要自然順應此個別化，才能有交會瞬間的光芒。
　　在鑑賞時能達到意與神會者，就是知音。知音可體察音樂作品的造化之
境，也能在音樂聆賞中，體察世俗的庸擾虛偽，以人心之「真」，感知音樂顯
露之人性自然，使心與心直接相通，無世俗虛矯障蔽，得以讓心之相契有更直

接的連結。

　　李贄的音樂美學意境著意於造化無工，以有別於有斧鑿之痕的畫工，若一味追求外在模仿之技，只會陷落於言盡意盡之畫工。唯有本乎心之情性發抒，順其自然彰顯內在之無偽，方能內化技之斧鑿，並直接以心感知造化之極，意與神會，通達無聲之至樂。同時以內心之尺度，達乎中庸之道。並且在不刻意為之的情況下，方能理入神、入韻；以一種不期然而然之姿態，達淡而有味與個體理情平「和」。

　　以上乃針對個體情性發抒之音樂鑑賞論，然在音樂的社會功能層面，重視「實」與事上磨練的李贄，也有其一番見解，故於下章節論述其音樂美學觀之社會教化與價值論。

第八章 音樂的教化與價值：起義動慨——興觀群怨傳統的延續與轉變

　　李贄從「童心說」出發建立的主情美學，並非對儒家美學的反動，而是深受儒家與陽明心學影響，治《易》、《禮》、《尚書》，由此形塑出兼涉儒釋道三家的美學觀。若只著墨在他「以自然為美」之主情思想，認為李贄批判傳統儒家音樂，反會忽略其骨子裡「為儒已半世」（《焚書·卷六·五言四句·薙發》）的「儒者」精神。李贄儒家音樂美學思維，可從興觀群怨、起義動慨的理路切入，重新審視其音樂美學在儒家傳統中之延續。相關論述可見於他對戲曲的評述。

　　《焚書·卷四·雜述·紅拂》曰：

> 此記關目好，曲好，白好，事好。樂昌破鏡重合，紅拂智眼無雙，蚪髯棄家入海，越公並遣雙妓，皆可師可法，可敬可羨，孰謂傳奇不可以興，不可以觀，不可以群，不可以怨乎？飲食宴樂之間，起義動慨多矣。今之樂猶古之樂，幸無差別視之其可！

時李贄赴武昌依劉東星，出遊武昌黃鶴樓，遭耿定向門徒驅逐汙衊。隨耿李之爭愈演愈烈，耿定向門徒蔡毅中出版《焚書辨》，反駁《焚書》中對假道學的批評。此文為李贄對傳奇劇本《紅拂記》之評論，讚其關目、曲、白、事俱佳，《紅拂記》是明代張鳳翼（1550～1636）之作，敘述樂昌公主與徐德言破鏡重圓、紅拂女慧眼識李靖、蚪髯客英雄惜英雄、楊素將樂昌公主與紅拂女分送徐德言及李靖諸事。李贄以「起義動慨」為核心，提出幾個音樂美學重點：一者，

《紅拂記》這等戲曲，同時在關目、曲、白、事皆有突出；二者，戲曲具有興觀群怨的作用；三者，飲食宴樂之間，也可激發人們義氣與感慨；四者，肯定今樂與古樂有相同價值，故對待古今之樂不可有所差別。

第一節　對戲曲之肯定

李贄敘及戲曲的篇章有：〈雜說〉、〈童心說〉、〈讀律膚說〉、〈玉合〉、〈崑崙奴〉、〈拜月〉、〈紅拂〉等〔註1〕。構成戲曲優劣的因素包含情節、音律、唱詞、結構等，而前人對《紅拂記》的音律早有爭論，徐復祚在〈張伯起傳奇〉說道：「佳曲甚多，骨肉勻稱，但用吳音，先天、簾纖隨口亂押，開閉罔辨，不復知有周韻矣。」〔註2〕沈德符《顧曲雜言》說：

> 同時沈寧菴璟吏部，自號詞隱生，亦酷愛填詞，至作三十餘種。其盛
> 行者惟義俠、桃符、紅蕖之屬。沈工歌譜，每製曲必遵中原音韻、太
> 和正音諸書，欲與金元名家爭長。張則以意用韻，便俗唱而已。〔註3〕

便是批評張鳳翼遣詞用韻不遵守當時標準音韻而來。那李贄為什麼還欣賞此曲呢？這可從戲曲藝術的音樂聲腔變革來說。嘉靖年間原本皆用官話演唱南戲，稱為「海鹽腔」，其後開始有了「轉音」之「新聲」，以因應唱家口味。戲曲藝術變革始自音樂聲腔，戲曲唱腔是否合乎南曲審美觀，在在影響該劇種的延續。南曲代北曲而出，崑曲發展有所突破，皆來自明代魏良輔（1489～1566）。魏良輔等人原先在寧王府任樂戶戶侯，因受寧王叛變波及，流落到崑山，並與張鳳翼等人從事「新聲」研究，魏良輔創造新穎之崑山腔，並促使改革，其革新主要有四個面向：改革舊有曲調，洗乖聲而諧音律，使崑山腔橫跨雅俗；改革舊有聲腔，為達腔板兩工，確立大處以曲就腔，小處打譜就字；改革曲唱方法，講究度曲技巧，加以各種口法，使其聽之蕩人；改革伴奏樂器，在弦索官

〔註1〕其餘尚有批點的零星論述，如：〈李卓吾先生讀西廂記類語〉、〈荊釵記總評〉、〈合論五部曲白介評〉、〈合論五生〉、〈合論五旦〉、〈合論諸從旦〉、〈合論諸從人〉、〈合論五家親戚〉、〈金印記總評〉、〈琵琶記卷末評〉、〈香囊記總評〉、〈三刻五種傳奇總評〉、〈浣紗記總評〉等篇，詳見俞為民、孫蓉蓉主編：《歷代曲話彙編》明代編第一集，（安徽：黃山書社，2009），頁13。

〔註2〕〔明〕徐復祚：〈張伯起傳奇〉，《三家村老曲談》，收入俞為民、孫蓉蓉主編：《歷代曲話彙編》明代編第一集，（安徽：黃山書社，2009），頁258。

〔註3〕〔明〕沈德符：《顧曲雜言》（據學海類編本排印初編），（臺北：台灣商務印書館），1966年），頁6。

腔外，增加笛、簫、笙、琴、琵琶、弦子等，豐富音色。〔註4〕若無魏良輔「判毫杪於釐張，別玄微於高下，海內翕然從之」，是難有此變革〔註5〕，進而形成明代新樂。

由於明代沒有完整圖譜傳承，故今人無法研判當時音樂完整樣貌，但此種創新唱法，即使在當時尚未被完全認可，李贄卻是大加讚揚，肯定這種隨時俗演化的表現，不拘泥於傳統，呈現出動態進步的音樂美學觀。

又李贄也曾批點褒揚《紅拂記》，《紅拂記・第二齣・仗策渡江》：

〔劇本原文〕生扮李靖上，唱〈瑞鶴仙〉曲：「奈將星未耀，妖氛猶重。幾回看劍掃秋雲，半生如夢。且渡江西，去朱門寄跡，待時而動。」

〔夾批〕潔俊。

〔劇本原文〕李靖〈鷓鴣天〉韻白：「功名未到英雄手，且與時人笑敝裘。」「連年獻策皇都，苦為當權娼嫉，摸棄不錄，淪落江左十有餘載。」

〔眉批〕當權者偏會娼嫉。

〔夾批〕白好。

戲曲念白也受具有節奏形式的戲曲唱腔影響而音樂化、節奏化。在戲曲藝術中，唱和念是音樂化了的藝術語言。〔註6〕李贄的實際批評可看出他對《紅拂記》的肯定是多面向的，包含唱曲與韻白，這是植基於童心說的「真心」、「情性」。他對李靖的懷才不遇，心有戚戚，批曰：「潔俊」。又認為「當權者偏會娼嫉」，隱含其憤慨之情，故批曰：「白好」。李贄向來對戲曲有所偏好，也有一番獨特見解，〈雜說〉曰：「《拜月》、《西廂》，化工也；《琵琶》，畫工也。」藉由對戲曲的深度理解而提出化工、畫工之分，並有「雜劇院本，遊戲之上乘也，《西廂》、《拜月》，何工之有！蓋工莫工于《琵琶》」（〈雜說〉）的深度評價。

李贄肯定《紅拂記》等戲曲價值，也因為戲曲音樂是以宮調、曲牌、腔調、板眼、演唱者音色與唱腔、伴奏樂器為構成元素，伴奏樂器為襯托附加。〔註7〕故由李贄對戲曲的評述，可間接探討其音樂美學觀點。

〔註4〕周兵、蔣文博：《崑曲六百年》(北京：中國青年出版社，2009年)，頁292～293。
〔註5〕〔明〕沈寵綏：〈序言〉，《度曲須知》(北京大學圖書館北京圖書館藏明崇禎刻本)，收入《四庫全書存目叢書・集部・詞曲類》第426冊，(濟南：齊魯書社，1997年7月)，頁653。
〔註6〕曾永義：《戲曲本質與腔調新探》(臺北：國家出版社，2007年)，頁71。
〔註7〕曾永義：《戲曲本質與腔調新探》(臺北：國家出版社，2007年)，頁33。

另外，他對戲曲的肯定，也可從王陽明學說窺知。王陽明並未排斥戲曲，「今要民俗反樸還淳，取今之戲子，將妖淫詞調俱去了，只取忠臣、孝子故事，使愚俗百姓人人易曉，無意中感激他良知起來，卻於風化有益，然後古樂漸次可復矣。」（《傳習錄》下）〔註8〕陽明肯定戲曲在宣揚教化的作用，雖然重「風化」（即教化）輕娛樂、重功利輕審美和李贄不同，但肯定俗樂的精神卻是一致的。

第二節　戲曲具有興觀群怨的作用

中國興觀群怨的傳統可追溯自《詩經》，《論語》曰：「小子何莫學夫詩？詩可以興，可以觀，可以群，可以怨。邇之事父，遠之事君，多識於鳥獸草木之名。」此種哀怨精神的開創，是自「所有權作者觀」代興後才開啟〔註9〕，因為作者有其創作意識，故作品具有開啟作者內在心靈的意義，企圖被了解，因此必須傾訴表白，這已不同於過去「神聖性作者觀」的讚頌，而是需透過哀怨諷刺，表達不平之鳴。準此，怨刺形成作品主題〔註10〕。從先秦開始的《詩經》就已是對雅樂、正聲之追求，《史記‧孔子世家》就已提出詩入樂的傳統：

> 古者《詩》三千餘篇，及至孔子，去其重，取可施於禮義，上采契、後稷，中述殷、周之盛，至幽、厲之缺，始于衽席，故曰：「《關雎》

〔註8〕〔明〕王守仁著，鄧艾民注：《傳習錄注疏》，（基隆：法嚴出版社，2000年），頁374。

〔註9〕龔鵬程認為中國哀怨精神的崛起是在所有權作者觀代興之後。作品之旨意是個人的，只對他自己有意義。作品不再外指，而以內在指向作者個人世界為主，帶領讀者了解創作者內在心靈。但是，作者為什麼覺得他內在的世界需要人了解呢？這時，往往是因為他覺得別人不夠了解他，感到遭了誤解，所以才需要傾訴、需要表白。因此，這樣的作品，主要的精神就不可能是讚頌，而是哀怨。自楚騷以後，揚馬崛起，作品皆隸屬於某一所有權的作者，哀怨的精神就成為作品的主調。依正統的「詩經學」觀點，哀怨風刺者皆為變，頌讚始為正，所以李白惋惜正聲之消燼。李白本人曾自述：「我志在刪述」「希望如有立」，所以他才會在所有權作者觀大行之際，昌言復古，不以作者而以述者自期。詳見龔鵬程：《文化符號學》，（臺北：台灣學生書局，2001），頁35～36。

〔註10〕龔鵬程提出，從屈原以後，創作的精神就轉變了，韓愈說：「大凡物不得其平則鳴。……楚，大國也，其亡也以屈原鳴」〈送孟東野序〉，指的就是此事。這種哀怨悲鳴的精神，一旦成為主調，我國文學中自然便充滿了「文士多數奇，詩人尤命薄」（白居易‧序洛詩）「文窮而後工」等嘆老嗟卑、怨天尤人的表現與理論。詳見龔鵬程：《文化符號學》，（臺北：台灣學生書局，2001），頁36。

之亂以為《風》始，《鹿鳴》為《小雅》始，《文王》為《大雅》始，
《清廟》為《頌》始。」三百五篇孔子皆弦歌之，以求合《韶》、《武》、
《雅》、《頌》之音。禮樂自此可得而述，以備王道，成六藝。

孔子將《詩經》三百五篇皆披之管弦，以符合《韶》、《武》、《雅》、《頌》的正
聲，目的就在崇雅樂，斥鄭聲，而雅、鄭的根本區別就在是否合於禮義。藉樂
與禮的相配，使人得以修身、治國，事父、事君，並使民「易使」，確立禮法
位階，定名分，形成其以禮為規範，以《中庸》為準則的音樂美學。

春秋時，出現三分損益法、十二律呂、七聲音階，曾侯乙一類大型編鐘與
管弦樂隊盛行，形成不同風格的各諸侯國音樂。故孔子崇尚《韶》、《武》之樂，
貶斥靡靡之音，就是因為主張音樂合乎禮之審美準則，方能修身、齊家、治國、
平天下。孔子之所以把「樂則《韶》、《舞》，放鄭聲」提到「為邦」的高度，
是由於充分認識並高度重視音樂的社會功用。詩可以興觀群怨，這是論詩的功
用，同時也是論樂的功用，因為三百篇皆可頌歌弦舞，《墨子‧公孟篇》可引
之為證：「誦詩三百，弦詩三百，歌詩三百，舞詩三百。」〔註11〕另《鄭風‧
子衿》詩毛傳云：「古者教以詩樂，誦之歌之，弦之舞之。」孔子重視的是音
樂的社會功用與教化作用。興觀群怨最終達到的，就是樂而不淫、哀而不傷、
怨而不怒的溫柔敦厚、中正和平境界。

荀子則基於「樂」所造成人心的歡樂之情，而倡導以「樂」善導人情，承
襲樂教之目的，先王制禮作樂來疏導人情，移風易俗，使人正直、歡樂、明辨，
發而皆中節，激勵人心向善，感化人心，導正情性，所以荀子肯定了「樂」的
積極性。

其後有繼承荀子的《禮記‧樂記》，《禮記‧樂記》有言：

凡音之起，由人心生也。人心之動，物使之然也。感於物而動，故
形於聲。聲相應，故生變；變成方，謂之音；比音而樂之，及干戚
羽旄，謂之樂。〔註12〕

因為音是由人心產生，人心之「動」來自外物，而人又天生有「血氣心知之性」，
所以人天生具有喜怒哀樂之情，但《禮記‧樂記》又言：

人生而靜，天之性也；感於物而動，性之欲也。物至知知，然後好

〔註11〕〔清〕孫詒讓撰、孫啟治點校：《墨子閒詁》（下），（臺北：中華書局，2001
　　　　年），頁456。
〔註12〕〔清〕孫希旦撰：《禮記集解》，（臺北：文史哲出版社，1976年），頁894。

惡形焉。好惡無節於內，知誘於外，不能反躬，天理滅矣。〔註13〕
人受物感而動，就是欲望，若能加以反省自身，就可恢復「天理」，亦即良善德性，可見外物引發的喜怒哀樂，乃人心之感發，是人心固有情感受外物感染而激動，是本性在音樂中的展現。

而李贄提出「孰謂傳奇不可以興，不可以觀，不可以群，不可以怨乎？」，就是將戲曲等小道，提升至儒家詩樂教化的興觀群怨相等層次，故其〈琴賦〉曰：

> 尸子曰：「舜作五絃之琴，以歌南風，曰：『南風之薰兮，可以解吾
> 民之慍兮。』」因風而思民慍，此舜心也，舜之吟也。

舜彈奏五弦琴，唱〈南風歌〉，從〈南風歌〉中，可以理解到百姓的怨恨憂愁。《孔子家語・辨樂解》也有提及相關典故：

> 昔者舜彈五弦之琴，造《南風》之詩。其詩曰：「南風之薰兮，可以
> 解吾民之慍兮；南風之時兮，可以阜吾民之財矣。」〔註14〕

這是舜的「心」，也是他的「吟」，從李贄「心同吟同」的角度來看，因為舜具有關懷百姓之「心」，故其演奏的過程，自能被〈南風歌〉中的意蘊感發心志，觀察到從中流露的社會現實，此即儒家之「理」，而其「彈」與「造」展現的諷諫哀刺，即「情」的外顯，戲曲的興觀群怨就是他「心同吟同」說之實踐，也是追求理同情異、理常情變、理善情真的儒家音樂美學思想特徵。

這從《紅拂記》評點中，也可看出蛛絲馬跡，《紅拂記・第二齣・仗策渡江》：

> 李靖唱〈錦纏道〉曲：「本待學鶴淩霄，鵬持遠空，歎息未遭逢，到
> 如今教人淚灑西風。」〔夾批〕要哭。

好的作品，足以具有啟發性，李贄以「哭」字表達觀賞者的情感反應，《續焚書・卷一・書匯・與友人》也提及持續接受佳作的洗禮，日積月累，可使人「心地開明」，達「驚世駭俗」之境，〈與友人〉曰：

> 一者自老拙寄身山寺，今且二十餘年，而未嘗有一毫補於出家兒，
> 反費彼等辛勤服侍，驅馳萬裡之苦。心欲因其日誦《法華》，即於所
> 誦經品為之講究大義，而說過亦恐易忘。次欲為之書其先輩解注之
> 近理者，逐品詳明，抄錄出來，使之時時觀玩，則久久可明此經大

〔註13〕〔清〕孫希旦撰：《禮記集解》，（臺北：文史哲出版社，1976 年），頁 902。
〔註14〕陳士珂輯：《孔子家語疏證》，（上海：上海書店，1987 年），頁 205。

旨矣。又將先輩好詩好偈各各集出，又將仙家好詩、儒家通禪好詩
堪以勸戒，堪以起發人眼目心志者，備細抄錄，今亦稍得三百餘紙。
再得幾時盡數選出，俾每夕嚴寒或月窗風簷之下長歌數首，積久而
富，不但心地開明，即令心地不明，胸中有數百篇文字，口頭有十
萬首詩書，亦足以驚世而駭俗，不謬為服侍李老子一二十年也。此
則餘心之獨切者，恐其一旦遽死，不能成，竟抱一生素飽之恨。此
是餘一種牽腸債也。

本文是李贄 74 歲抱病時，有感時日無多，希望藉由著述編輯，了解前人義
理，包含「仙家好詩」、「儒家通禪好詩」，一旦積累可使腹笥豐盈，自足以起
義動慨。

　　明代追求憤、怨、悲的美學特徵，王世貞（1526 年～1590 年）提出「歌
演終場」「使人墮淚」的悲劇意識〔註15〕，和李贄美學思維息息相關。李贄於
戲曲評點中，悲憤假道學當道，有感於士不遇，諷刺明代假道學充斥，有道之
士有志難伸的現象，此處他視獨抒胸臆為美，提出以怨為上的美學特徵。在《讀
升庵集・伯夷傳》又道：

　　真西山云：「此傳姑以文取。」此言甚謬。若道理有庚，即不成文。
　　文與道，豈二事乎？益見其不知文也。本朝又有人補訂《伯夷傳》
　　者，異哉！
　　朱晦翁謂：「孔子言伯夷求仁得仁，又何怨，今太史公作《伯夷傳》，
　　滿腹是怨。」此言殊不公也。
　　卓吾子曰：「何怨」，是夫子說，「是怨」，是太史說。翻不怨以為怨，
　　又為至精至妙也。何以怨？怨以暴之易暴，怨虞夏之不作，怨適歸
　　之無從，怨周土之薇之不可食，遂含怨而餓死。此怨曷可少也？今
　　學者唯不敢怨，故不成事。

李贄讚揚司馬遷對伯夷之怨的評價，肯定怨的實際力量，從情感發抒，落實到
實際行動，確立情感對實際作為有促進的力量，藉此提出讀書人因不敢怨刺，
終無法成就大事之弊，這是肯定了怨刺的價值。《初潭集・卷之十九・師友九・
哀死》又曰：

　　子瞻云：「昔劉原父酒酣，誦陳季弼告陳元龍語，因仰天太息。此自

〔註15〕王世貞：《藝苑巵言（輯錄）》，收入俞為民、孫蓉蓉主編：《歷代曲話彙編》明
　　　　代編第一集，（安徽：黃山書社，2009），頁 519。

原父舒其胸中磊块之氣耳。原父沒，尚有貢父在，每與語，差強人
意，今復死矣。」

〔批語〕以上皆哀死者。唯其痛之，是以哀之；唯其知之，是以痛
之。故曰哀至則哭，何常之有！非道學禮教之哀作而致其情也。

個體皆殊異，故以獨抒胸臆為美。李贄舉劉敞、劉貢父誦讀陳矯〈告陳元龍〉
之例，認為這是兩人抒發不平之氣的表現，但兩者都過世了。李贄認為這些人
都是因哀悼而死亡，只有來自內心真正的痛苦，才能表現真實的悲哀與苦痛，
此種至哀而哭的真感情，非一般道學禮教形式上的悲哀所能夠展現的，這是李
贄對不平而鳴的肯認。

李贄《續焚書‧卷五‧詩匯‧七言絕句‧讀杜少陵二首》第二首曰：「困
窮拂鬱憂思深，開口發聲淚滿襟。七字歌行千古少，五言杜律是佳音。」李贄
推崇杜詩來自「困窮拂鬱憂思深」的沉鬱頓挫，困窮和憂國憂民之情，興發為
詩歌的憂憤意，藉此體察國事紛亂，權臣當道。

孟子曾就樂學提出：「禮之實，節文斯二者是也。樂之實，樂斯二者，樂
則生矣。」音樂是人自然流露的喜樂之情，仁的根本是孝，義的根本是恭，樂
的根本是以孝、恭為樂，故仁、義以禮為本，音樂亦以禮為本，此為孟子的禮
樂觀。故儒家的音樂美學，基本上是一種心境上的快樂之學，合乎仁義，可「仰
不愧於天，俯不怍於地。」只要透過符合中庸之道的「音樂」，就可達到心境
上的自適，即生命至樂之境。

韓愈繼承此說，在〈送孟東野序〉中有加以論述：

有不得已者而後言，其歌也有思，其哭也有懷；凡出乎口而為聲者，
其皆有弗平者乎？樂也者，郁於中而泄於外也，擇其善鳴者，而假
之鳴。……三子者之鳴信善矣，抑不知天將和其聲，而使鳴國家之
盛耶？抑將窮餓其身，思愁其心腸，而使自鳴其不幸耶？

退之所言「宣洩」雖有個體感情抒發的成分，卻須以符合儒家標準為前提，李
贄在繼承此說的同時，也持不同看法，他在《讀升庵集‧樂論》曰：

阮嗣宗論樂曰：「《雅》、《頌》之音不講，而妖淫之曲是尋，故延年
造新聲之歌，而漢武思靡曼之色。桓帝聞楚琴，悽愴傷心，倚房而
悲，慷慨歎息曰：「善矣乎！為琴若此，一而足矣。」順帝上恭陵，
過樊衢，聞鳥鳴而悲，泣下橫流，曰：「善哉！鳥聲。」使左右吟之，
曰：「使絲聲若是，豈不樂哉？」是以悲為樂也。故墨子之非樂也。」

〔批語〕卓吾子曰：今不造新聲矣，而思靡曼者，又何其不少也？

又曰：非以悲為樂，蓋樂極生悲耳。墨子非樂，不為此故。

阮籍認為漢武帝因聽到新聲而引發「靡曼之色」、桓帝聽到楚國琴聲，引發悲嘆情緒。順帝為了再次聆賞鳥聲，希望能利用弦樂器模仿，洗滌情緒，最終達到快樂，這是墨子反對音樂的原因。

　　阮籍〈樂論〉篇首假設一「劉子」引出問題：「有之何益於政，無之何損於化？」並以「阮先生」對這一問題的正面回答開展。內容以音樂的「自然之道」作為立論主旨，以「夫樂者，天地之體、萬物之性也。」提出音樂本質在於體現天地精神、萬物本性，相和相諧。又音樂能使「男女人易其所，君臣不犯其位」，因此阮籍是融合了伶州鳩、道家與陰陽家、儒家的音樂觀。

　　此外，阮籍又論音樂必須平和恬淡，樂律方面要符合「音鐘之宮」，而其平和准則來自天地，來自「道」，達道之化者可與審樂，故音樂必須恬談，使人無欲。「使人無欲，心平氣定」，這是道家思想。最後音樂具有「一天下之意」，使「風俗齊一」的作用，這是儒家思想的歸結。也因「淫聲」的特徵與危害有：「其物不真」、「其器不固」、「其制不信」、「取於近物，同於人間」、「各求其好，恣意所存」、「閭里之聲竟高，永巷之音爭先」、「童兒相聚以咏富貴，芻牧負戴以歌賤貧」、「君臣之職未廢，而一人懷萬心」。所以《樂論》否定「淫聲」的主要原因之一，是認為「淫聲」多悲樂，多「猗靡哀思之音」、「愁怨偷薄之辭」，能使「歌之者流涕，聞之者嘆息」。〔註16〕

　　在此，李贄認為會產生「靡曼之色」的原因，不是因為新聲，而是因為心聽到聲，而引發了情感，此種審美意識具有洗滌情感的作用。西方美學悲劇說，就是透過外在事物，引發情感宣洩與昇華。針對阮籍之說，李贄提出音樂發揮到極致，才會引發聽者悲傷情緒，所以他對審美過程有不同的解讀。何謂音樂達到極致？李贄此處之樂，就是反映真情實感的樂，因引發聽者心中最深沉的情緒，所以是樂的極致。反之，若無法反映奏者內心情感者，都不足以稱之為樂，這是對阮籍樂論的反駁，同時也是明代以悲為美的時代特徵。藉由達到極致之樂以臻忘我之境，不可言狀的快感，享受情緒高峰，最終享受沉澱後的寧靜之美。

　　李贄發揚「童心」說，肯定「人心有私」，視其為「至然之理」。認為「人欲恰好處，即天理也」；「好貨好色，欲也，與百姓同之即理也」，他將儒家強

───────────────

〔註16〕蔡仲德：《中國音樂美學史》（北京：人民音樂出版社，2003年）頁471～484。

調的天理、禮制、秩序,轉化到普通百姓的自然、情感、欲求。聆聽美妙音樂時,因為音樂具有和我同一的「心」〔註17〕,所以聽者可從中領略到相同情感,觸動心弦,在欣賞的過程中,療癒心靈。此處的悲是有美感的,具有情感洗滌作用,由音樂鑑賞產生的激動情緒,感受到永恆生命力。這和儒家嚮往的孔顏樂處至樂境界有所差別,儒家重視得自內心快樂的音樂美,藉由符合中庸之道的音樂聆賞,以趨近大道。

而李贄繼承儒家的樂(內心快樂),但是在引發迷醉的過程中,達到超越人格的激情,往本真進發,終至天人合一的至樂之境。這是明代三教會通下,儒釋道三家美學的虛實轉換。

李贄的音樂美學觀點,是對儒家有所繼承,又在樂器的性質與過程引導有所轉變,這是來自童心說「情」的彰顯,從傳統儒家成聖的道德體系,轉向重視個人生命價值、個體存在意義的張揚,藉由對立的情感,在相濟相剋中,尋求昇華,以悲表樂,以悲傷氣氛,達「哀而不傷」的悲劇效果,這也是儒家「節有度」美學的轉變,在這種相克相濟上,達到「和」,這也是《周易》論述天地日月、陰陽乾坤在永恒中的循環,與佛教「以逆為順」、「事無逆順,隨緣即應」〔註18〕的「圓融」,幫助聽者在審美過程中調節緊張、壓抑,形成一種「潰敗中的偉大量度」〔註19〕。

第三節　飲食宴樂,可起義動慨

再來,李贄認為,「飲食宴樂之間,起義動慨多矣。」日常生活飲食娛樂即使只是消遣之用,也可激發人們義氣與感慨,可與泰州學派「百姓日用即是道」的命題呼應,李贄提出:「穿衣吃飯,即是人倫物理。」要探討飲食宴樂,必須思索他接觸的日常戲曲小道有哪些內容。

傳奇源自南戲,從南戲到傳奇的發展,就是由民間集體到文人個體創作之

〔註17〕以西方音樂演奏而言,此即所謂演奏家正確理解的風格詮釋,演奏家若以彈奏莫札特鍵盤作品的觸鍵方式,彈奏貝多芬的鋼琴曲,那是不理解作曲家的創作風格。唯有真正深入理解作曲家的創作意識與手法,並進行具有個人風味的獨特解讀詮釋,並引發聽眾的體悟,達到音樂觸動心靈的共鳴,這才是成功的演奏。

〔註18〕張中行:《禪外說禪》(黑龍江:黑龍江人民出版社,1991年),頁166。

〔註19〕卡爾‧雅斯貝爾斯(Karl Theodor Jaspers),亦春譯,《悲劇的超越》(Tragedy is not enough)(北京:工人出版社,1988年),頁30。

演變，其中音樂牽涉到各種聲腔變化。朱建明將元末明初至明代成化弘治間作品稱為南戲；成化弘治到嘉靖年間的崑山、鴿陽、餘姚、海鹽四大聲腔視為傳奇之銜接；之後聲腔轉變為水磨調崑山、青陽等等則稱為傳奇〔註20〕。曾永義以北曲化、文士化、崑曲化的三化階段，解釋南戲到傳奇之演變〔註21〕，其中嘉靖、隆慶年間的崑曲化的轉變著重在唱腔，唱腔不脫音樂。又傳奇在明代屬民間流傳之俗樂，李贄對當時流行之戲曲本不陌生，且多次批點《紅拂記》，《紅拂記·第十三齣·期訪真人》曰：

〔劇本原文〕淨扮徐烘客，唱〈雙勸酒〉曲：「飄搖此身，燕齊秦晉，角巾布紳，資糧無甚，龍爭虎鬥，正紛紛是誰能早定乾坤。」

〔夾批〕曲好。

又《紅拂記·第十三齣·期訪真人》：

〔劇本大意〕外唱：「他也道太原年少真英俊，已約定向來詢問。」

外說：「故人劉文靜在李公子處，只等李靖來，去尋劉文靜一面，就見李公子。」外接著唱：「待他來同尋故人，須一見好辨虛真。」

〔夾批〕曲好。

及《紅拂記·第十七齣·物色陳姻》：

〔劇本原文〕占唱〈四地錦〉：「舞鏡鶯衾翠減，啼珠鳳蠟紅斜，重門不鎖相思夢，隨人飛繞天涯。」

〔夾批〕曲好。

一般指稱戲曲音樂好，通常會說「腔好」。「曲好」並不是指音樂，而是指曲文的格律、用字、意境等，但曲文的格律規範來自曲牌，曲牌各有一定的字數、句數、句式、平仄聲調律、協韻律、對偶律，宮調用以制約調高、調式、調性，每一宮調包含若干曲牌。板眼用來決定曲子的節奏快慢，腔調是方言的語言旋律，四者構成戲曲音樂的基礎，也因為不同的宮調「性格」殊異，因之產生各種曲境，故詞情必須與聲情相得益彰方可，故宮調各具聲情。〔註22〕所以由曲文的判斷，也可尋繹出對音樂的審美思維。

　　然而目前已無法聽到任何明代版本音樂，當時也無完善記譜方式，現存曲譜僅有清代以後的崑腔曲譜散齣，收於《納書楹曲譜》、《崑曲大全》等書，如

〔註20〕朱建明：〈也談明清傳奇的界定〉，《藝術百家》第 1 期（1998），頁 84～89。
〔註21〕曾永義：《戲曲源流新論（增訂本）》，（北京：中華書局，2008 年），頁 170。
〔註22〕曾永義：《戲曲本質與腔調新探》，（臺北：國家出版社，2007 年），頁 33。

《納書楹曲譜》收有〈靖渡〉、〈私奔〉兩齣。即便如此，也不能算是聽到當代版本，畢竟曲譜的記載有限，演唱者的詮釋發揮更重要。即使現在已無法判斷李贄當時所聆賞的戲曲實際旋律，但從他對《紅拂記》曲文的評價，也可窺見李贄肯定日常俗樂小道也有激發義氣與感慨之情的功能。

在《焚書・卷四・雜述・豫約小引・早晚守塔》有道：

> 封塔後即祀木主，以百日為度，早晚俱燒香，惟中午供飯一盞，清茶一甌，豆豉少許，上懸瑠璃。我平生不愛人哭哀哀，不愛人閉眼愁眉作婦人女子賤態。丈夫漢喜則清風朗月，跳躍歌舞，怒則迅雷呼風，鼓浪崩沙，加三軍萬馬，聲沸數里，安得有此俗氣，況出家人哉！

本文作於萬曆二十四年（1596），當時李贄回龍湖，預先立下戒約，此條屬於戒律式的約言，他提及屍骨藏於專門供俸死者的塔屋封閉，以百日為限，供俸要行禮如儀，但勿耽於哀哭。男子漢大丈夫被感發時，喜要能「跳躍歌舞」，怒時要能有「三軍萬馬，聲沸數里」的震撼力。而所受到刺激的感發物，也非必得是正樂、雅樂，且戲曲所採用的音樂也非鐘磬琴瑟之屬所演奏出來的所謂「雅樂」，而是外傳的胡樂和「鄭衛之音」的時新小曲。〔註23〕可見他肯定民間小曲也可有雅樂的功效。

萬曆二十五年（1597）作《焚書・卷六・五言四句・賦松梅》詩曰：「二八誰家女，曲彈塞上聲。且莫彈此曲，無家人難聽。」即使是十六歲少女彈奏之曲，也能讓當時將妻女送回泉州，單身寓居麻城的李贄難以卒聽，悲傷感慨，而在皎皎中秋月圓下，「有色兼有聲」中，欣賞其音樂之美。而這種音樂美，也可與其發憤說相呼應。

《焚書・卷三・雜述・忠義水滸傳序》有言：

> 太史公曰：「《說難》《孤憤》，賢聖發憤之所作也。」由此觀之，古之賢聖，不憤則不作矣。不憤而作，譬如不寒而顫，不病而呻吟也，雖作何觀乎？《水滸傳》者，發憤之所作也。蓋自宋室不競，冠屨倒施，大賢處下，不肖處上。馴致夷狄處上，中原處下，一時君相猶然處堂燕雀，納幣稱臣，甘心屈膝於犬羊已矣。施、羅二公身在元，心在宋；雖生元日，實憤宋事。是故憤二帝之北狩，則稱大破遼以洩其憤；憤南渡之苟安，則稱滅方臘以洩其憤。敢問洩憤者誰乎？則前日嘯聚水滸之強人也，欲不謂之忠義不可也。是故施、羅

〔註23〕曾永義：《戲曲本質與腔調新探》，（臺北：國家出版社，2007年），頁34～35。

二公傳《水滸》而復以忠義名其傳焉。

《水滸傳》雖僅是通俗文學小說，但其中「官逼民反」、「替天行道」的精神，卻能與古聖先賢《說難》、《孤憤》價值等同，蓋其皆具憤慨之情，非無病呻吟、不寒而顫，而是窮而後工之作，故李贄極為推崇《水滸傳》的忠義精神，不以其為小說而鄙視之。

〈童心說〉又言：

> 詩何必古選，文何必先秦？降而為六朝，變而為近體，又變而為傳奇，變而為院本，為雜劇，為《西廂曲》，為《水滸傳》，為今之舉子業，皆古今至文，不可得而時勢先後論也。故吾因是而有感於童心者之自也，更說什麼六經，更說甚麼《語》、《孟》乎？

李贄所指的「文」乃詩文、小說、戲曲等藝術與美之統稱。傳統小說、戲曲往往被輕視，李贄則從抒發真情實感的角度，賦予極高評價，展現出真實自然，不以傳統六經、《論語》、《孟子》等載道、衛道為唯一判準的美學觀，也因凡「童心自出」的文字、藝術、戲曲皆有個人獨創性，故「童心」足具統合真、善、美之鑰。

李贄在〈雜說〉中也提及發憤概念，這和傳統「興」「怨」精神不可分離：

> 且夫世之真能文者，比其初，皆非有意於為文也。其胸中有如許無狀可怪之事，其喉間有如許欲吐而不敢吐之物，其口頭又時時有許多欲語而莫可所以告語之處，蓄極積久，勢不能遏。一旦見景生情，觸目興歎，奪他人之酒杯，澆自己之壘魂訴心中之不平，感數奇于千載。既已噴玉唾珠，昭回雲漢，為章于天矣，遂亦自負，發狂大叫，流涕慟哭，不能自止。寧使見者聞者切齒咬牙，欲殺欲割，而終不忍藏于名山，投之水火。

儒家就情感的中和層面，提出「樂而不淫，哀而不傷」等重要審美原則，尤重「怨而不怒」。可是這條中和律令，卻被司馬遷否定了，司馬遷提出：「《詩》三百篇，大抵賢聖發憤之所為作也：此人皆意有所鬱結，不得通其道，故述往事，思來者。」此傳統在明代徐渭《歌代嘯》的「憤懣悲歌而繼之」有所發揮，而在李贄的文論中得到了高度張揚。〔註24〕

李贄認為世間至文，最初皆非有意為之，而是來自內心洶湧的情感流露，「欲吐而不敢吐之物」即代表作者的「不平」，積累後，達到「勢不能遏」的

地步，以致將鬱塞情感加以宣洩，此即「怨」。這樣的解放必須透過「見景生情，觸目興歎」的步驟，方能發憤，並引發共鳴，感發文人內在情感，終致「噴玉唾珠」「為章于天」，故多數文人創作時，往往在作品中展現人格投射之有我之境。

延伸到音樂演奏過程，〈琴賦〉言：「余謂琴者心也，琴者吟也，所以吟其心也。」若沒有心中的感發，是不可能化為琴音，展現出演奏者內心的高山流水，故〈琴賦〉有道：

> 微子傷殷之將亡，見鴻雁高飛，援琴作操，不敢鳴之於口，而但鳴
> 之於手，此微子心也，微子之吟也。

微子有感於殷商將滅亡，見到鴻雁高飛，而取琴彈奏。在《詩經‧小雅‧鴻雁》已有「鴻雁于飛，哀鳴嗷嗷」，哀鳴鴻雁意指啼饑號寒之災民，微子從「鴻雁高飛」，聯想到天災人禍，流離失所、呻吟呼號之民，但君王無道，無法勸諫，故僅能將憤慨之情，寄託於琴聲，這是因為微子有悲憫百姓之心，故藉琴聲表達亂世憤慨之情。

第四節　今之樂猶古之樂

李贄在〈紅拂〉中提出：「今之樂猶古之樂，幸無差別視之。」這是站在今樂和古樂皆具有興觀群怨、起義動慨的功效立場而言的。他認為明代戲曲傳奇，向來被視為小技小道，但其具備興觀群怨的作用，應和古樂有相同地位。當大家一味將戲曲視為娛樂性質之宴饗之樂，卻忽略其內在所隱含之民風反映，以怨為上之特徵，已根本忽略了戲曲的實用價值。

明代初年曾歷經古樂復興，其目的在於恢復社會秩序穩定，並去除元朝遺留的「胡樂」，因此本於「古先聖王，治定功成而作樂」之申明〔註25〕，建國伊始，太祖已「銳志雅樂」〔註26〕，且明初重臣，皆通聲律，「是時，儒臣冷謙、陶凱、詹同、宋濂、樂韶鳳輩皆知聲律，相與究切釐定。而掌故闊略，欲還古音，其道無由」〔註27〕洪武元年，皇帝「命中書省暨翰林院、太常司，定

〔註25〕〔清〕張廷玉等撰；楊家駱主編：《新校本明史并附編六種》，（臺北：鼎文書局，1991年），頁1499。

〔註26〕〔清〕張廷玉等撰；楊家駱主編：《新校本明史并附編六種》，（臺北：鼎文書局，1991年），頁1499。

〔註27〕〔清〕張廷玉等撰；楊家駱主編：《新校本明史并附編六種》，（臺北：鼎文書局，1991年），頁1499。

擬祀典。乃曆敘沿革之由，酌定郊社宗廟議以進。」〔註28〕並「定舞樂之數，奏曲之名。」〔註29〕甚至嘉靖年間，祝允明認為：「今人間用樂，皆苟簡錯亂。其初歌曲絲竹，大率金、元之舊略存，十七宮調亦且不備，祇十一調中填轑而已。」〔註30〕故上奏建請：「禮備樂和，無可間然。」〔註31〕希望官學中能進行古樂教育的教化作用。

明代古樂崇尚太祖頒定的正樂，排斥胡樂，抑制俚俗。而這種從明初就宣揚的古樂觀念，效果並不彰，因其「大抵集漢、唐、宋、元人之舊，而稍更易其名。凡聲容之次第，器數之繁縟，在當日非不燦然俱舉，第雅俗雜出，無從正之。」〔註32〕而對古樂的推展，也對「今樂」俗樂產生影響。這可從明太祖的讚賞之詞窺知一二：「五經四書，布帛菽粟也，家家皆有，至高明《琵琶記》，為山珍海錯，富貴家不可無。」〔註33〕朱元璋將《琵琶記》放置在五經四書的高度，是對其內容反映社會結構問題，以及矯蔡伯喈被誤解之弊，導為孝子仁義精神之讚揚，故明代官方所提倡的音樂，仍以教化為主體。

另一方面，在古樂、程朱理學當道的明代前期，多少壓抑了今樂的發展，以致許多民間戲曲文獻無法流傳，且造成文人對俗樂的鄙視，創作戲曲之文人「工於填詞，而拙於度曲，亦卑其事而不屑究討。」〔註34〕也因文人不諳音樂，將俗樂、今樂視為鄭衛之音，影響戲曲發展，也讓文人填詞出現窒礙難行，甚或不合曲律之怪狀；同時也因古樂的推展，使明代前期的曲學趨近古樂正聲傳統。

而李贄所景仰的學者楊慎也曾提及：「近世北曲，雖皆鄭、衛之音，然猶

〔註28〕〔清〕張廷玉等撰；楊家駱主編：《新校本明史并附編六種》，（臺北：鼎文書局，1991年），頁1223。
〔註29〕〔清〕張廷玉等撰；楊家駱主編：《新校本明史并附編六種》，（臺北：鼎文書局，1991年），頁1501。
〔註30〕〔明〕祝允明：〈歌曲〉，《猥談（輯錄）》，收入俞為民、孫蓉蓉主編：《歷代曲話彙編》明代編第一集，（安徽：黃山書社，2009），頁225。
〔註31〕〔明〕祝允明：〈孔子廟堂議續〉，出自《明文海·卷七十四·議甲》（清涵芬樓鈔本），頁696。
〔註32〕〔清〕張廷玉等撰；楊家駱主編：《新校本明史并附編六種》，（臺北：鼎文書局，1991年），頁1500。
〔註33〕〔明〕徐渭：〈南詞敘錄〉，收入俞為民、孫蓉蓉主編：《歷代曲話彙編》明代編第一集，（安徽：黃山書社，2009），頁483。
〔註34〕〔明〕沈寵綏：〈收音問答〉，《度曲須知》（北京大學圖書館北京圖書館藏明崇禎刻本），收入《四庫全書存目叢書·集部·詞曲類》第426冊，（濟南：齊魯書社，1997年7月），頁670。

古者總章北里之韻,梨園教坊之調,是可證也。」〔註35〕這是對傳統五音的讚揚,因中土之音氣韻調平,至於「海鹽南曲」,則使士大夫「稟心房之精,從婉變之習」,甚至造成北土也被「移而耽之」,他擔心「數十年,北曲亦失傳」,故其反對聲邪之「吳越」,也反對「蠻聲」。明代的曲學發展中,展現了一種曲體源流始於《詩經》之說,沈寵綏《度曲須知》就提到:「顧曲肇自三百篇耳。《風》、《雅》變為五言七言,詩體化為南詞北曲。」〔註36〕此類論調,使今樂、俗樂具有「詩之別流」的理論支持,將原本明代初年被視為與古樂對立的今樂,轉變為對古樂的繼承,並使今樂納入正統。如此一來,今樂的地位在文人心中也逐漸提升。〔註37〕

今樂的存在,也不再僅止於廟堂,李贄在《讀升庵集‧鼓刀中音》曰:

> 《莊子》說:「庖丁解牛」處云:「奏刀騞然,莫不中音。」中音者,鼓刀之音節合拍也。刀聲亦合樂府之板眼,俗諺所謂:「打出個令兒來」也。乃知天地間物,無非樂也,賈人之鐸,諧黃鐘之律;庖丁之刀,中《桑林》之舞。至於牧童之吹葉、閨婦之鳴砧,無不比於音者,樂何曾亡也哉!
>
> 〔批語〕卓吾子曰:先生真聰明,先生真蓋世聰明者。

楊慎引莊子庖丁解牛之道如同戲曲、說唱藝術之唱腔節拍,藉此提出天地之間在在是音樂的論點,商人之鈴、庖丁之刀、牧童吹葉、閨婦鳴砧,皆中於音,故音樂並未消亡,而是在日常生活中。李贄對楊慎之說,極盡讚揚。

在此對〈庖丁解牛〉的「莫不中音」加以說明。莊子提及:「奏刀騞然,莫不中音。合於桑林之舞,乃中經首之會。」〔註38〕《桑林》之舞本為商湯樂舞,此為眾多《莊子》注本的解釋〔註39〕,《桑林》之舞乃商湯打敗夏桀後,

---

〔註35〕〔明〕楊慎:〈北曲〉,《詞品(輯錄)》,收入俞為民、孫蓉蓉主編:《歷代曲話彙編》明代編第一集,(安徽:黃山書社,2009),頁254。

〔註36〕〔明〕沈寵綏:〈曲運隆衰〉,《度曲須知》(北京大學圖書館北京圖書館藏明崇禎刻本),收入《四庫全書存目叢書‧集部‧詞曲類》第426冊,(濟南:齊魯書社,1997年7月),頁655。

〔註37〕王斌:〈明代古樂之論對曲論之影響〉,《求索》第7期,2010年7月,頁181~183。

〔註38〕〔清〕王先謙著:《莊子集解》,(臺北縣:漢京文化事業有限公司,1988年),頁28。

〔註39〕杜預註解《左傳》,解讀為殷天子之樂名。孔穎達《正義》則認為《桑林》樂舞「先儒無說」,而現階段只能根據《墨子》、《呂氏春秋》、《淮南子》、《論衡》等著作中的零星片段,批湊出《桑林》之舞的可能樣態。

天下旱災，商湯剪髮削指甲，披麻請罪，後天降甘霖，百姓跳舞狂歡之舞蹈，故《桑林》之舞聲勢浩大，威武可怖，章法有節，力道磅礴。至於《經首》為咸池之樂，主題在祈求豐收、去除人禍，有順天應德之境。故庖丁解牛之中音，乃符合舞之節奏，及順應旋律變化之意。而黃鐘之宮在先秦各諸侯國中皆不同〔註40〕，但代表的是中國音樂的標準音高，楊慎以生活中各種音樂、戲曲藝術之唱腔節拍，皆協和於黃鐘之律、《桑林》之舞，引證今樂和古樂並無不同，其著意在今樂即古樂之傳承，此即李贄所贊同的今樂古樂同一之說。這也可從李贄〈又與從吾〉一文中，對古今言語之論斷相互參照，〈又與從吾〉曰：

> 古人言語多有來歷，或可通于古未必可通于今者……老雖無用，而
> 時時疑著三聖人經綸大用，判若黑白，不啻千里萬里，但均為至聖，
> 未可輕議之，此又弟之不可少兄者三也。

李贄認同古人言論有其精當之處，然雖可與古相通，未必能夠與後代（今）相通，因為時代內涵是不斷遞進的過程，前代言論必深受前前代之影響，現代言論也必深受前代與前前代的啟發，但今人之新解，勢必不可能存乎古人思維中，所以李贄是從時代思想的進步角度，提出其依時代遞移的美學觀。又既然今樂相較於古樂，並非對立，而是「傳承」，其內涵隨著時代遞移，仍具有合乎古樂之精神意涵，故必須一視同仁，不可厚古薄今。由此亦可證明，傳統以古為雅，以今為俗的觀念，在李贄而言是不存在的，因為雅／俗、古／今皆具有等同的藝術內涵與價值意義。

小結

　　綜上可知，李贄的音樂美學思想，是以其「童心說」為基礎，又有對儒家傳統興觀群怨說的繼承，但他並非完全照單全收，而是同中有異。傳統「興、觀、群、怨」表現的是在外在框架下的中庸之美，而李贄所突出之處，一則在於體制的改變，不是以傳統詩學為媒介，而是改由戲曲小道發揚傳統詩教觀，

〔註40〕關於中國樂律研究，重要者有王光祈：《中國音樂史》（桂林：廣西師範大學，2005）。黃翔鵬：〈曾侯乙鐘、磬銘文樂學體系初探〉，《音樂研究》第 1 期，1981 年，頁 22～53。陳其翔：《音律學基礎知識問答》，（北京：人民音樂出版社，2008 年）。楊蔭瀏：《中國古代音樂史稿》，（北京：人民音樂出版社，1981年）。但樂律的探討並非本文重點，本文僅此說明，以黃鐘之律中的宮調代表中國音樂的標準音高。

這可說是由陽明學說中所謂的聖凡皆同觀，以及莊子齊物論，所獲得的影響，其說具濃厚的聖凡平等、男女平等、君臣平等思想，故而在音樂中展現雅樂、俗樂平等的。

其次，是對市民娛樂生活的肯定，認為日常生活宴會享樂具起義動慨作用，這是傳自泰州學派「百姓日用即是道」的概念，不以傳統價值為唯一標準，而是認同各種多元民間小道。也因李贄肯認人心情性之殊異下，故而肯定美學具多樣化之特徵，凡「童心自出」的至樂，無論形式差異，皆足以激發聽者內在情感，此為「聲音之道原與心通」說之延展。

再者，李贄肯定戲曲俗樂具興觀群怨的功能，對世俗音樂的功效報以高度讚揚，尤其他重視雅樂、正樂與俗樂皆應以「心」為本，故無高下之別，這同時也是他「心同吟同」說之實踐。

最後，是文學發展的動態觀，由於今樂、俗樂和古樂之間的關係乃基於時代先後之傳承，就邏輯推演上，後者理應具有前者之精神延續，故彼此間不應是對立關係。故戲曲內容自有古樂特徵內涵，而古今、雅俗同一，皆有其價值。

準此，李贄的音樂美學觀，不僅有強烈之主情意義，還有著意於詩教傳統之文化意涵，這種架接乃得自其求真、求美之「童心說」。若不是本之於「心」、「童心」之音樂美學概念，是不可能有兼及雅俗之視野。可見「童心說」綰合了李贄音樂美學觀中，個體情性之張揚，以及傳統興觀群怨教化之價值。

結　論

　　從魏晉時期玄佛交融，到唐代佛學大盛，宋代則有排佛傾向，但儒釋道三家體系已自然內化到中國人生命境界，尤其明清時代，陽明學深受禪宗影響，傳承到李贄必然不可能切割於儒釋道會通的思想氛圍外，故解讀其音樂美學，必不能專從一家看，應以儒釋道三家會通的制高點去審視，否則將無法融通解讀其隱含的音樂思維，更無法從美學視角，重新審視李贄在明代思想界的定位及影響。

　　過去研究多將李贄放在合乎道德或違背道德的對立面，因此仍陷入以真或善，非此即彼的角度看李贄，唯有從美以重新思考李贄其人其說，才能避免陷入道德或反道德的批判循環。也才能理解李贄求生死之學、身家下落之奧義。也因李贄為學目的在探求自家性命下落，所以他窮究心學、禪宗、淨土、道家，無一不是要追尋生命的意義，而美學代表的是一種生命的超脫，一種超越現實生命的實踐，是心靈自由的體悟，也是人生在世，得以逍遙、養生的工夫，審樂，就是審美，審美就是審視生命。體驗音樂之美，就是體驗人生之美。

　　端視李贄一生，身處思想巨變的中晚明時代，面對經濟繁榮，士人品格低下，王學盛行，各地興起講學之風，新興階層讓整體時代瀰漫著利益、崇俗、尊情、貴真之氛圍，也因思想解放，士人群體價值觀改變，產生許多放浪形骸的生命歸趨。李贄在面對社會階層的崩解，因深受父親自律、俠義風範的影響，讓其更有道義之求，也因生活於泉州，儒道釋回多元思想雜揉，使其陷入對生命更深沉的思考與質疑，在泉州多元宗教的洗禮下，李贄並非將異質文化照單全收，而是以鮮明之批判意識面對。他從程朱之學出身，發現理學已淪為讀書

人求取功名富貴的手段，故轉而成為批判假道學最力的勇者。也因在泉州看到民間疾苦，進而同情農民起義鬥爭的無奈，奠定他日後為學以體察百姓生民之道的基礎，並揭露貪官汙吏等統治階層之假。

李贄早年為學由父親啟蒙，故對《易》、《禮》、《尚書》等皆有體悟，晚年解《易》而來的《九正易因》更成為絕筆之作，《明燈道古錄》主解《大學》、《中庸》，故李贄音樂美學之萌發，實包含諸多儒家經典之影響。另其以開闊的胸襟，看待各類典藏，反對唯一的是非標準，重視有創發性的思維及求真的態度，而「真」正是藝術心靈「童心」的核心本質。也因為李贄從《大學》領悟到至善即是「無善無惡」，也是善惡未萌發前的自然本性，自然本性就是人心，人心包含私、慾、情、禮義等內涵，因此李贄對「心」的解讀，諸如私、慾、情、禮義皆無關乎善惡，而是人心自然之本真。

四十歲以後，李贄受李逢陽、徐用檢等人影響而接觸王學，這是他思想上的一次重大轉折，他從無法深切理解程朱之學，轉而折服於王門心學。心學經王畿、趙貞吉、羅汝芳傳承，已進入儒釋相融階段，對李贄而言，心學、佛學皆屬生死之學，本來不信學、道、仙釋的李贄，得以從中「窮究自己生死根因，探討自家性命下落」。也因和泰州學派焦竑、耿定理等人交好，使他「終可入道」，結識羅汝芳，心慕王龍溪，求學於王艮之子王襞，都讓他對心學有更深體悟。

李贄也受道家思想影響甚深，曾寫《老子解》、《莊子解》，仰慕魏晉名士，個性高潔自律，全然不受當代華靡之風的影響。並在姚安知府任上施以無為之治，知府任滿，棄官遊滇中大理府雞足山等地，閱讀《藏經》，只為求性命下落。歸隱是為了韜光養晦、和光同塵。

李贄同時也鑽研佛學，尤其是禪宗，因為王學本近乎禪宗，李贄將心學轉化為更強化蔑視禮法，狂放執著之特色。其後剃髮出家、遷居龍湖，皆因不欲受世間管束的脾性，及窮究生死之學的想望。出家是因已盡人倫，才放膽追尋自身生命意義，出家只是形式，重點在往內心求道之誠。故李贄是以入世胸懷，證成生命之學，由其成學過程，可知其學說實為融攝儒釋道三家，因此論述其音樂美學，理當本於儒釋道三家詮解，不能如前人所言，只順莊子、嵇康道家脈絡論述。

李贄的狂不僅表現在不顧世俗眼光，做自己，同時也是一位自律甚嚴者，這是他主張情性中自有禮義的實踐，也是對假道學的嘲諷，如同嵇康「剛腸嫉

惡」、「遇事便發」，實因愛護禮教太過，所以才有任誕狂飆之舉止，抨擊禮教之虛偽。其學說從未預設往道德或違反道德前進，而是直指探討自家性命下落，不同流俗，有所為，也有所不為，是狂士，也是狷者。其著述皆以嚴格標準自我要求，追求生命之學的書寫。李贄因被誣而深陷囹圄，最終自戕於獄中，他的死亡是時代的悲劇，身為一位「覺者」，早在生前就已體悟死亡有各種可能，尤其在他下獄前本抱病在身，未免除可能死於病榻的最悲慘死法，他選擇以俠義、犧牲、壯烈的精神自殺，以捍衛其生存理念，是因為他並不需要求取為政者的認同，因為知己貴在知心，「獨得其心」者就數人而已，面對死亡，是對自己生命之學的頓悟與完成。故自殺也是一種生命美學的完成。

李贄音樂美學源自「心」的概念，李贄傳承道家「自然」意義，著重在真性情的發抒為「自然」，而藝術心靈「童心」作為一種已發之心，須藉由情動才能外發，故李贄的音樂美學不能離開蓬勃的「心」，也不能忽視「情」的作用。當中的「情」是自然而然發用的過程，不可勉強而至，更不能以外在的禮樂規範「格」之，務必要保留「情」的真實樣貌，才能有動人之樂。但具有真情的「自然心」，也不是漫無目的地流盪，造成樂無章法，李贄受道家自然之說，強化情感的自然而然發抒，但因其論「心」還包含「心」自具的「善」與「規律」，非由外在的「道」所統攝，故李贄的「自然」心，是比道家更強化在「人」的部分。

李贄傳承道家的還有「虛靜心」，老子強調虛靜以生萬物，是要人「澄懷觀道」，把心提升至與道一樣的高度，以通感「道」。莊子則透過「道」的「氣」化，以及心齋、坐忘，讓人「心」得以感知「氣」化之「道」。然李贄繼承虛靜心的部分則是放下我執，以開放心胸容納萬物，其所謂的「心」是從認識論的角度，去認知「道」，因為「道」就在「心」中，所以「心」的理解就是「道」的理解。

天真心傳承自莊子法天貴真的思想，是來自於天的自然，強調依乎天理之養生之道，故莊子的天真是相對於「人為」來說的。但是李贄所謂的「天真」卻是從個體精神自由來說的，代表的是「未發之心」，這個「未發之心」因虛靜而不會有執，也因此擁有獨立的精神挺立，就足以感應「道」之存在。

李贄所認知的「真空」，是一種透徹了悟的主體感知能力，強調不可為了「空」而去有所為，因為如此一來就會著了形迹，變成「太虛空」、「頑空」、「斷滅空」，李贄是從「心」的角度來看「真空」，把佛教本來探討萬事萬物彼

此關係的「真空」是隨境（機緣）而生，李贄則轉變為隨「心」而生，因為「心」殊而成就了不同的音樂。

在心學方面，李贄繼承王學的理路有二，一為泰州學派王艮以降，到羅近溪，而到李贄；一為王畿，傳到何心隱，再到李贄。而李贄讚賞王陽明、二溪先生，在宇宙心的部分，從孟子以降到王陽明提出良知說，肯定道德自決，王艮強調百姓日用即道，何心隱將仁義具體化於人倫社會制度，羅近溪認為學問如同做人，要平易近情。故泰州學派將良知下降到社會人倫物理層面，而李贄也繼承且重視百姓日用之常。王陽明將天理視為萬物之最高物，天理就是「心」，乃生而具有的意識能力，「心即理」，禮應為道德本心自然的作用表現，因此心學的「宇宙心」是主體心自具有道德之理。李贄由此強調「道自我出」，因為心具天賦道德判斷力，然即使心具有此判斷力，仍要勤學以有得，方法不限於一種，頓悟、漸悟都是法門。

在主體心方面，王陽明的「良知」就是「天理」「靈明」，強調「任心之自然」即可致良知，或以「樂」為本，強調「樂是心之本體」，只要良知自覺慾望之萌芽，即可消除此慾望，達到樂。王龍溪則從虛、寂、活潑談心的認識作用，並強調良知、無欲、靜、樂、至善、淡、直等等皆為心之本體。李贄由此延伸，進一步強調私慾也屬心的自然本質，可見李贄是往「人」的實際層面拓展思路，但同時也承襲了「樂」並延伸出其自得、自適的廓落心。李贄肯定生理慾望為基本生存需求，無關乎道德，生理慾望是「真」，禮義道德是「善」。

也因儒釋道對「心」的解讀都具有不滯不泥的本體意義、自然而然的生成性，重視內心的安頓、安適。儒家最重視道德與現實社會意義，道家強調無為因應外在世界，佛教以「空」為應對世界的精神狀態。由此影響到李贄的「童心」理所當然也具有不被道理聞見拘泥、只要保持真就可有至文的創作。而他又加以轉化，認為天理、人欲皆備於心中，並肯定禮義與私、欲、情具等一地位。也因為更重視個體情性，因此除了肯定人欲，也肯定人人皆有聖人之具。又因為深受成長環境影響，更能感受百姓之苦，故對百姓日用之常也更加重視。李贄傳承自老莊的「自然」心，又融入了心學王艮的日用之常，展現了更符合人性的心性論，透過正視七情六慾的情，將之與「為己」、「自適」連結，提出包含了率性自然的本真與對得起道德良知之善，讓其「童心說」更符合實際社會運作與人性發展。

孔顏樂處、曾點鼓瑟，這些都是古人企圖由音樂中，抒發生命至樂，所以

說，中國的樂ㄩㄝˋ學，就是一種樂ㄌㄜˋ學。從音樂美學反觀李贄的心性論，發現他的「本心」具有寂然不動之意，是「未發之中」經情感觸動，形成最初一念，而變成「已發」之理情交融的「童心」。被外物誘發的動態之「情」與靜態之「性格」，具天賦「禮義」，所以李贄繼承了心學的宇宙心、本體心，有禮義自覺的良知，但此「心」又和心學所謂純粹的「道德心」不同，因為李贄肯定自私自利是人的天性，所以這個心又兼具「禮義」與「私利」，但他並未將其列入道德判斷中，而是以生理、心理角度，視「私利」為「真」，這是先秦時代告子的人性論的延續。但也因「禮義」就在其中，所以可以自然而然引導往「善」的方向走，不至於落入毫無忌憚、殘害他人的境地。李贄基本上還是傳承了樂ㄩㄝˋ學，即樂ㄌㄜˋ學的傳統，但是他的快樂，不是因為和天地道德合一，而是抒發情性，解決自家性命下落的領悟之樂。

李贄認為美妙音樂都出自童心與自然，音樂首先要考慮的就是童心的表現，而人的個性不同，心亦相殊，要音樂風格一味拘泥於中和之美是不必要，也是不可能的。換言之，李贄看重的是音樂活動中的自得與個性。道理聞見屬於外在義理，會蒙蔽童心，童心自具天賦價值判斷，此是非之心，就是止乎「禮義」觀的基礎。

而童心來自不動的本心，只是多了情的觸動，所以具有「本心」的真與善，李贄的真就是「情」，善就是「心」自具之禮義，無染的「心」經過情動為「童心」，外發為「樂」之「象」，就是真善美的統一，也是對陽明「求樂自得」的傳承轉變。過去中國音樂美學反對「情」與「欲」，使音樂美不過是善、美結合而已，到了李贄才真正達乎真、善、美俱在的音樂美學，這也是他學說最大的突破。

筆者認為前人多以「善」「真」詮釋童心，卻沒有人從「美」的角度審視童心，即使論者常提及童心是真善美的心，卻多以儒家的「善」、道家的「真」、佛教的「禪」來看童心，卻忽略藝術心靈「童心」具有變動的完成性。藝術精神的提升在美學中是理所當然的，若以儒家的「善」、道家的「真」、佛教的「空」來看的話，仍是回歸最原始的天賦道德、法天貴真、空明涅槃，然「童心」是一個活潑潑的主體，這並非王門後學歸寂派所強調的「靜」、「寂」，而是由上而下的動態主體之掌握，唯有從此一角度看「童心」，才能賦予「童心」主導生生不息的美學延伸特質。

李贄希望能從音樂中頓悟出生命宇宙的化境，脫逃現世的藩籬，從中體道

並發抒不平之情，情感經沉澱後，達到生命心境的自得、自適，這不就是中國傳統文人琴道合一的最高境界嗎？只是李贄不受限於琴，從吟嘯歌與鐘鼓梵唄中，皆能體悟到超然之境，從「不平」到「和」，從「情」到灑落，這何嘗不是在明代困頓的政治環境壓迫下，另一種文人的解脫之道呢？

從李贄的虛靜心到成心的論述來看，他肯認人心保持虛、靜是融通萬法之法，但李贄也不是如前人所說，一味反對道理聞見，他反對的是如何以內在融通外在的知識，又能不泯滅童心，故提出聖人雖多讀書，卻也沒有斲傷童心，可見關鍵在面對道理聞見的態度與方法，才是影響童心是否受到弊障的關鍵。故《莊子解》對是非判斷之成心大加讚揚，認為成心是在事上磨練，方能融通以具判斷力，由虛靜心到成心此一進程，並非李贄思想的矛盾，而是強化了本體上做工夫，而非從工夫中求本體。由此延伸至音樂美學，可以發現李贄講求頓悟，又同時重視佛教清規之律行，看似兩相悖離的方法論，實際上只有透過樂學在心體之開展，以聽覺的直覺特徵，使人頓悟而直通意境之美，並且藉由音樂演奏的身體工夫，全心灌注情感，使不分高低層次之「技」能實在表現「心」，演奏的當下即「心」即「道」，此乃技即道之故也。

每一個用心發揮音樂技巧的當下，就是表現美的境界，無關乎技巧簡易或繁雜，基本或高超，即使是最簡單的音符、技巧，只要虔心修練，每一個「當下」都是「現成」，每一顆音符都會因為情感發用運行，在細微的力度、觸鍵、音色變化中，體現具有美的境界，所以李贄音樂美學觀展現的當下現成，並非是固定不變的，而是具動態變化。若沒有情感投入與心情意志的全力發揮，將無法成就真善美的和諧統一。由此可見，李贄的美學觀並非唯一標準，而是與時俱進。他傳承自陽明的在事上磨，開展於樂論中，就是在技上磨道，所以技道不二，技即道也。這可以從李贄批點「妙」字都和「真情」的發抒有關係，而「妙」也是佛教的境界範疇，化工則是李贄的藝術理論，其化工說要去除假，不模擬，貴獨創，以展現個人特色的真實為內涵，可相互引以為證。

因李贄的心自具人心之私慾及道心之禮義，前者本乎於七情六慾的真實之私，後者本乎主體良知的道德之善，兩者透過「情」的縮合，達到真與善相即平衡狀態，在頓悟中開展妙化之美境，故頓悟可以是一種實踐的過程，也是審美的過程。而音樂的內容因來自真實之心，此心包含發乎情性的真與止乎禮義的善，故透過音樂的表演形式，將抽象的真、善體現出來，可以說是藉由音樂美統攝了真與善，讓真善美相融，體現妙化之境。

　　李贄畢竟屬於文人，仍保留文士的風雅與誕達。上溯魏晉時期，士人因現實人生的苦痛，轉為追尋「玄遠清雅」。明代則因時代自利之風，使文人走向「俗」的氣氛，但李贄深受庭訓之教，即便風氣轉移，他也肯定世道的「俗」，包含戲曲小調，百姓的人倫物理，在個人生命的情調與美學的抒發中，他仍保有「雅」的精神。若說李贄僅著重「情」、「俗」，這是有失偏頗的，他其實適度調和了「俗」和文人的「雅」，形成雅俗共構的音樂意境。因李贄追求真，所以肯定俗樂有宣洩情感的功能，因為追求善，所以同時也肯定了雅樂的教化功能，故李贄的音樂美學是雅俗共賞的。

　　不僅肯定生命情性的自然表現，亦俗亦雅，不執一端，同時也是尚實的表現。李贄音樂美學的尚實精神在於興觀群怨的傳承，認為假道學的假樂不可能傳遞民間真情實感，唯有順乎情性，由乎自然，才能表現真實民風，使上位者理解民意，進而成為為政之道的依據，這一切都是歸本於尚「實」的精神。

　　李贄音樂美學是本體即工夫的進路，他在本體（心）上做工夫，也在本體上融合真善美、儒釋道的精神。同時也是即體即用，體用一源的實踐。因為音樂來自心，心的真與善透過音樂美而外顯，所以他在本體上融合儒釋道。也因其美的境界包含了儒家的達乎中庸，道家的淡乎有味，佛教的佛力隨施，故成就了真善美的渾一。

　　再從李贄音樂美學看他在儒釋道三家的歸屬，由於他在〈三教歸儒說〉認為三教聖人同，且其「心」兼具儒釋道「心」的特質，可說是融合三家。然在音樂美學的實踐上，他是以禪宗的「真空心」看心的實存，進而肯定人性本私利的心學，此乃泰州學派的延續，而以道家老莊的自然心為政治實踐，若以生命實踐來看，他是以道德良知為歸趨，故其思想融攝了儒、釋、道三家。所以蔡仲德將李贄音樂美學定位在道家莊子、嵇康之後的承接，本文提出不同論點，認為李贄融合了儒家音樂的教化功能，道家的自然，以及佛教的頓悟，成就其音樂美學體系。雖有道家理路，但非唯道家是遵，而是會通儒釋道的音樂美學。

　　嵇康追求「聲音自當以善惡為主」，並強調「和聲」，也因為音樂是客觀的存在，人的哀樂情感才是主觀的，故「哀樂自當以情感而後發」，這和李贄所謂經過「律行」而發的鐘鼓之音不同。李贄認為只要發自真心實感，並合乎權衡尺度之心（道心、主宰知覺運動）的判準，以情為氣，情動而童心朗現，故音樂產生無關乎善惡。且評定善惡關乎道德批判，唯有將自然人性屏除在善惡

判定之外，才是順性而發的至善。另外，他肯定戲曲俗調與雅樂的地位是相同的，可見他並未像嵇康一味追求「和聲」，而是從時代的變動性，端看俗調戲曲根本上也具有興觀群之精神，所以同樣可起義（聽者的禮義）動慨（聽者的私慾情）。

李贄論「情」的關鍵不在滌除，他沒有嵇康的「滌情顯氣」，因為情感無須滌除，一旦滌除就是假，李贄肯認喜怒哀樂等情緒價值，凡是由乎自然，發乎情性的真與止乎禮義的善，就可達到當下最合宜的相融狀態。所以要自然而然順其本真的「情」之波動，和著「禮義」的規律，自然可以達乎中庸，故對李贄來說，他的中庸也是具有一種變動性的。這也使他傳承自道家體系的音樂美學觀而有了不同的轉變。李贄發揚了情的力量，同時肯定人的七情六慾與昇華後的情感，藉由情緒和情感認同，讓童心有了靈魂，因為童心的本源是未發的本心，本心因情動而成為已發，成為童心，故透過心的延波討源，即可貫通妙有、化工之意境。

因為人心具天賦道德的禮義，可使人在音樂演奏或體驗音樂美的過程中，避免情緒無肆橫流，自然而然達乎中庸。但如果藉由外在禮之節制，那麼表現出來的就會是虛假，若藉由音樂，則可通達中庸之道，故工夫的樂論在李贄思想可加以實踐。

蔡仲德認為李贄音樂美學是以「人」為本的主體性原則，筆者認同蔡氏說法。李贄肯定七情六慾之真情，並在音樂美的涵攝中，得以和心的自然規律、禮義之善相融相即，達到當下真善美最平衡之狀態。因為「情」的縮合，使人心的發揮就是道心的發揮，每一個當下都是最真善美的和諧，此乃以「心」為本的工夫樂論之進路。由此可知李贄是在本體上作工夫，而非在工夫中求本體，他透過音樂美達到心的自得自適之境。在明代的本體論、工夫論之傳承理路，與其說是繼承王艮一脈，不如說他在工夫論上是直承王龍溪的本體即工夫，即體即用、體用一源的路數。

李贄音樂美主要表現在真、情、變動、自然的童心脈絡中，其目的不是要超越人性對人的束縛，而是希望立於現實人生與人性私欲來獲得解脫，他沒有崇高的成聖慾望，而是企圖擺脫社會桎梏，展現出自由與超越的音樂美學實踐，這包含了個性化的自由、音樂活動中的自得、自心為師與頓悟之美，並突出在音樂的獨創性。音樂必須順其「情」，方能達到「妙化」，可謂具時代洞見。

李贄追求「和」的音樂美學，但是「和」不是與天合一之和，而是以人的

個體出發，人的內在真善美相即相容的理情相偕。而他心中的道，主在知覺運動的能力，他並不是從天理來說的，而是從人心自有乾元來看，所以每個人心中那一把尺並不相同，但這把尺是有儒家的禮義概念意義，他反映的是君子和而不同之理念，君子可與人和諧相處，但是又擁有精神自主。他泯除儒家將人人放在一共同禮樂的規範中，追尋個體建立自我內心情理相和之完整人格。他的心也源自道家，但道家透過滌除玄覽，去除人心之欲與天道相合的部分，又不是他所企求的，他僅繼承道家的虛靜、順自然、真，希望藉此使心澄澈透明，自知且自出機杼，完全精神獨立的自由，此種境界不是透過天道，而是內心之「感知」、「道心」、「乾元」指引自身。他也傳承佛教的「真空」，心物不離，又依循其真妄一如，去除善惡兩分的立場，承認萬法之多樣，又有道家老子正言若反的思維，只要順著心的情性發展，而且將情性提高到和禮義一樣的高度，有益於事，使真善平衡，在音樂美的過程中相偕，順其自然地完成自心之統一與內向超越。人必須先完成自身之「和」，才能和他人相和，又能保有個體獨特性。過去《論語》所謂「君子和而不同。」是從人際關係看「和」，李贄則從「人」的主體性看「和」，實具啟發性。

　　所以李贄所謂「和」兼具私、情、欲與「善」的「禮義」，在音樂之「美」境中，達到個體心性之統一，完成每一個「當下現成」的剎那，形成每一次真善美相偕的內在超越。這和中國傳統中「人」與「天」相「和」為主的美學概念不同，儒家透過音樂與內在的仁呼應，以人樂合天理。老子透過「無」與「道」合，莊子以心之虛靜來認識「道」，嵇康以「和聲」勾起人心本有之哀樂，透過「滌情顯氣」以與「道」合。佛教以音樂作為「悟」之手段，在音樂中去除世俗煩擾，使心達到「空明」，以與涅槃之境相合。王陽明「心即理」即使肯定了「心」的作用，但也是預設了至高無上的「天理」來引導心。至於李贄則認為「人心」就是「道心」，這個「道心」並非「天理」，而是本於人心的主宰知覺運動的能力，類似王龍溪所解讀的「良知」，故李贄之「心」是從人心內部來看「心」，由此延伸的音樂美學觀，如果沒有個體自身「心性」之「和」，是無法完成己身內在的平衡。因此李贄藉由人心之真「情」流動，讓人心本有的私、情、欲、禮義在音樂之美中，構成一個完整的自身，這樣的平衡完整就是李贄之「和」。即使是不平之鳴、亡國哀音，也是在音樂中彰顯個體面對外界時，最適合的「當下」自我。其音樂美學思想可以解釋實際演奏中，為何同一位演奏者，多次演奏同一首曲目，會有不同的妙境，若從李贄音樂美學思想

觀之，原因就在於每個演出當下，皆因情思流轉，在「和」境中達到忘我而臻「化」境，是具變動性的。故王羲之〈蘭亭集序〉有「俯仰」、「俛仰」之異，「之」字更有多種寫法，皆有其獨特之美。

從李贄樂論反觀其整體思想進路，傳統研究往往以儒釋道三家作為其主要學術淵源，並未將魏晉玄學納入其思想形成之「前理解」，僅有楊國榮〈從良知說到童心說〉及蔡仲德《中國音樂美學史》約略提及兩者之關聯，但從「童心」與嵇康「師心」的高相似度，對「越名教而任自然」的發揚，及郭象所謂「仁義自是人之情性」之概念與其「止乎禮義」、「義固在人心」的遙相呼應，都可依稀發現玄學在李贄學說中隱而未顯的影響與內部傳承，故後續研究應可就此拓展玄學一脈稼接至李贄思想之脈絡。

李贄將情性提高到與禮義相同的高度，這是他平等觀的開展，藉此破除儒釋道以天命、天道、涅槃來引導人心的傳統思維。即使王陽明提倡心即理，也是用天理指引人心，根本上是以聖人超越凡人的角度在看待人，但從李贄聖凡同一的思想看，如果還是以聖人引導凡人，就會與他的平等理念相矛盾，唯有以凡人自我個體修養的統一，才能合乎李贄視凡人皆有聖人之具的說法。唯有情性與禮義同高，才能避免禮義引導情性成為唯一之「善」的結果，情性與禮義也才能平等地即相容，在音樂美中讓真與善彼此統一、滲透、流動、轉化，運用此等正言若反，形成每一個當下現成（王學）的時間藝術，化剎那為永恆（佛）。因此從美學重新審視「童心」，童心的確兼具了真善美，具有活潑潑的生機。

這才是繼承顏山農「制欲非體仁」的延續，只有順情、順欲，讓情欲自然流瀉，才能與禮義相互交融，並破除美學應合乎道德意識的迷思，讓真善美真正統一，達到造化無工之妙化境界。再由此思索當前身體觀的研究，身體的工夫仍然只限定於身體，但是如果沒有與美學藝術結合，是無法使心性論與工夫論合一，藉由李贄的音樂美學，可以看到聽覺在心的作用，且在音樂美學中足以完成生命心靈的安頓。

至於李贄應該歸屬於由下而上的歸寂主靜派？還是由上而下的現成主動派？王龍溪在「幾」上做工夫，就如同李贄在「童心」上做工夫，而做為一種藝術心靈的「童心」，以及作為一門時間藝術的音樂，兩者的相互作用下，透過在音樂中磨練，足以使「童心」折射出更多元的真善美渾一。故基於對「童心」的變動性解讀，李贄應屬王門後學現成主動派，就是因為童心的活潑生機，

與音樂美的多樣性，可知「童心」非寂然不動的心，而應是生生不息的美感藝術精神的「心」。

　　大多數下下人都是只是介於君子和小人間的平凡人，從李贄的音樂美學思想可以發現，他是真正從普通人角度，「同情的理解」身為普通人的客觀狀態，藉此肯認七情六慾與私的理所當然，非以聖人立場引導民眾，而是以民眾可完成自身的完整性來看，這才是李贄為下下人說法之真義。所以當前研究一味將李贄視為道德或反道德，聖人或異端，根本上並未跳脫成聖視域，也未脫離從真或善的角度解讀李贄之窠臼。

　　由音樂美學觀之，李贄到底歸屬於「心」本論，來是「情」本論？從他的音樂美學看明末清初的「情本」論，李贄論「樂」發自於心，若非發自心，就不會有「情」的運轉，因此他應屬於「心」本論，以「心」為體，以「情」為用，才是其生命美學之歸趨。他是藉由同時肯定喜怒哀樂等情緒與昇華後的情感，張揚了「情」的力度，並把「情」情感提升到氣的層次，以流動的狀態，平衡了真的情性與善的禮義，讓每一個當下誠心表現的音樂都有其妙處。

　　綜合以上，李贄三教兼容，他破除各家說法，批判了其中的偏執，提出個人的創造性解讀，以「童心」解讀其音樂美學，在本質、演奏、審美、教化等過程中，都展現「童心」的本質，而在音樂之美的境界中，童心自具主動活潑意。所以由「童心」融貫李贄生命情調與音樂美學，再從其音樂美學理論來檢驗「童心」，進而以「童心」檢驗左派王學的心論，足見李贄開展出王學藝術之系統，乃由儒、釋、道的「兼」論，來駁一家之「偏」說。故李贄整體音樂美學與「童心說」密不可分，從音樂的各個層面，匯而成為一首尾呼應，環環相扣，機機相承的大樂章。

參考文獻

編排說明

（一）本參考書目分為「古籍原典」（李贄作品、經史子集）、「當代論著」（李贄研究書目、其他專書、西方及東洋學者著作）、「學位論文」、「專書論文」、「期刊論文」。

（二）「古籍原典」分兩大類，第一大類為李贄作品（包含當代影印本、注本）；第二大類依朝代先後排序。

（三）「當代論著」依主題內容分若干子類（分成李贄研究、其他專書、西方及東洋學者著作），各類則按出版作者姓名筆畫排序。

（四）「西方及東洋學者著作」依作者國別分類排序，各國作者再按作者姓名筆畫之先後排序。

（五）「學位論文」、「專書論文」、「期刊論文」依作者姓名筆畫排序。

一、古籍原典

（一）李贄作品

1. 〔明〕李贄著、〔明〕顧大韶校訂：《李溫陵集》，收入《續修四庫全書‧集部‧別集類‧李溫陵集》，（上海：上海古籍出版社，2002 年影印明刻本）。

2. 張建業主編：《李贄全集注》，（北京：社會科學文獻出版社，2010 年）。

3. 〔明〕李贄著、〔明〕顧大韶校訂：《李溫陵集》（二冊），（臺北：文史哲出版社，1971 年 8 月）。

（二）經史子集（依照年代）

1. 〔春秋〕老子著、〔宋〕范應元撰：《老子道德經古本集註二卷》，（臺北：藝文印書館，1965 年）。

2. 〔戰國〕莊周撰；〔晉〕郭象注：《莊子》，（臺北：臺灣中華書局，1969 年）。

3. 〔戰國〕呂不韋撰、高誘注：呂氏春秋，（上海：上海古籍出版社，1989 年）。

4. 〔漢〕賈誼撰，彭昊、趙勗校點：《賈誼集》，（長沙：岳麓書社，2010 年）。

5. 〔漢〕桓譚撰，〔清〕孫馮翼輯注：《新論》，（臺北：中華書局，1981 年）。

6. 〔漢〕許慎撰、〔清〕段玉裁注：《說文解字注》，（臺北：洪葉文化事業有限公司，1999 年）。

7. 〔漢〕司馬遷撰、〔日〕瀧川龜太郎考證：《史記會注考證》，（臺北：藝文印書館，1972 年）。

8. 〔清〕孫希旦撰：《禮記集解》，（臺北：文史哲出版社，1976 年）。

9. 〔漢〕班固：《白虎通》，（臺北：黎明文化出版社，1996 年）。

10. 〔漢〕蔡邕：《琴操》，（北京：中華書局，1985 年）。

11. 〔漢〕劉安撰，〔漢〕高誘注：《淮南子注》（根據世界書局《諸子集成》本影印），（上海：上海書店，1986 年）。

12. 〔漢〕劉安撰、陳麗桂校注：《淮南子》，（臺北：國立編譯館，2002 年）。

13. 〔三國〕嵇康著、戴明揚校注：《嵇康集校注》，（北京：人民文學出版社，1962 年）。

14. 〔魏〕王弼注、樓宇烈校釋：《老子周易王弼注校釋》，（臺北：華正書局，1983 年）。

15. 〔魏〕王弼、〔晉〕韓康伯注、〔唐〕孔穎達正義：《宋本周易注疏》，（北京：中華書局，1988 年）。

16. 〔魏〕阮籍撰；李志鈞校點：《阮嗣宗集》，（臺北：華正書局，1979 年）。

17. 〔晉〕陳壽、〔宋〕裴松之注：《新校本三國志注附索引》，（臺北：鼎文書局，1977 年）。

18. 〔南朝宋〕劉義慶注、〔南朝梁〕劉孝標注、余嘉錫箋疏：《世說新語箋疏》，（臺北：華正書局有限公司，1993 年）。

19. 〔梁〕釋慧皎撰、湯用彤校注：《高僧傳》，（北京：中華書局，2007 年）。

20. 〔梁〕劉勰著；黃叔琳註；薛恨生標點：文心雕龍，（上海：新文化書社，

1933 年）。

21.〔南北朝〕沈約：《新校本宋書附索引一》，（臺北：鼎文書局，1975 年）。

22.〔南北朝〕鮑照：《鮑照集校注》，（北京：中華書局，2012 年）。

23.〔唐〕房玄齡等：《晉書》，（北京：中華書局，1974 年 11 月）。

24.〔唐〕李延壽：《南史》，（北京：中華書局，1997 年）。

25.〔唐〕釋道世著，周叔迦，蘇晉仁校注：《法苑珠林校注》，（北京：中華書局，2003 年）。

26.〔唐〕釋德輝：《敕修百丈清規》，收入〔唐〕大智禪師編：《禪門規式》，出自《中華律藏》第 35 冊，（北京：國家圖書館出版社，2009 年）。

27.〔唐〕釋道宣：《四分律刪繁補闕行事鈔》，收入吳立民等主編：《佛藏輯要》，（成都：巴蜀書社，2003 年）。

28.〔唐〕元稹：《元稹集編年箋注》，（西安：三秦出版社，2002 年）。

29.〔唐〕般刺密諦譯，〔明〕憨山德清述：（臺北：方廣文化出版社，2006 年）。

30.〔宋〕朱熹撰、徐德明校點：《四書章句集注》，（上海：上海古籍出版社，2001 年）。

31.〔宋〕朱長文：《琴史》，收入故宮博物院編：《故宮珍本叢刊·子部·藝術·琴譜》第 465 冊，（海口：海南出版社，2001 年）。

32.〔宋〕成玉磵：〈琴論〉，收入《琴書大全》卷十，《續修四庫全書·子部·藝術類》，（上海：上海古籍出版社，2002 年）。

33.〔明〕王守仁著，鄧艾民注：《傳習錄注疏》，（基隆：法嚴出版社，2000 年）。

34.〔明〕王畿：《王畿集》，（南京：鳳凰出版社，2007 年）。

35.〔明〕王艮：《心齋王先生語錄》，（合肥：黃山書社，2009 年）。

36.〔明〕羅汝芳：《羅汝芳集》，（南京：鳳凰出版社，2007 年）。

37.〔明〕耿定向：《耿天臺先生文集》，（臺北縣：文海出版社，1970 年）。

38.〔明〕劉惟謙：《大明律》，（合肥：黃山書社，2009 年）。

39.〔明〕焦竑：《焦氏筆乘》，（北京：中華書局，2008 年 5 月）。

40.〔明〕焦竑：《焦氏澹園集》，（合肥：黃山書社，2009 年）。

41.〔明〕雲棲袾宏：《雲棲大師遺稿》，收入藍吉富主編：大藏經補邊，（臺北：華宇出版社，1984 年）。

42.〔明〕潘曾紘編：《李溫陵外紀》，（臺北：偉文圖書公司，1977 年）。

43. 〔明〕袁中道:《珂雪齋集》,(上海:上海古籍出版社,1981 年)。

44. 〔明〕張岱:《瑯嬛文集》,(臺北:淡江書局,1956 年)。

45. 〔明〕沈德符:《顧曲雜言》(據學海類編本排印初編),(臺北:臺灣商務印書館),1966 年)。

46. 〔明〕沈寵綏:《度曲須知》(北京大學圖書館北京圖書館藏明崇禎刻本),收入《四庫全書存目叢書·集部·詞曲類》第 426 冊,(濟南:齊魯書社,1997 年 7 月)。

47. 〔明〕陳科捷:《紫峰陳先生文集》,收入《四庫全書存目叢書·集部·別集類》第 73 冊,(臺南:莊嚴文化事業有限公司,1997 年)。

48. 〔明〕高攀龍:《高子遺書》,(合肥:黃山書社,2009 年)。

49. 〔明〕袁宏道:《袁中郎全集》(三二),(臺北:偉文圖書出版社,1976 年)。

50. 〔明〕顧大韶:《炳燭齋稿》,收入《四庫禁燬書叢刊·集部》第 104 冊,(北京:北京出版社,2000 年)。

51. 〔明〕徐上瀛:《谿山琴況》,收入《續修四庫全書·子部·藝術類》,(上海:上海古籍出版社,2002 年)。

52. 〔清〕張大復:《梅花草堂集》,出自明末遺民:《諛聞續筆》,(揚州:廣陵書社,2007 年)。

53. 〔清〕劉沅:《先君子戢山先生年譜》,(合肥:黃山書社,2009 年)。

54. 〔清〕焦循:《孟子正義》,(河北:河北人民出版社,1986 年)。

55. 〔清〕趙翼著;王樹民校證:《廿二史劄記校證》(訂補本),(北京:中華書局,2001 年)。

56. 〔清〕紀昀總纂:《四庫全書總目提要》,(石家莊:河北人民出版社,2000 年)。

57. 〔清〕張廷玉等撰;楊家駱主編:《新校本明史并附編六種》,(臺北:鼎文書局,1991 年)。

58. 〔清〕黃宗羲:《明儒學案》,(臺北:世界書局,1961 年)。

59. 〔清〕顧炎武撰、〔清〕黃汝成集釋:《日知錄集釋》,(臺北:世界書局,1968 年)。

60. 〔清〕王夫之:《讀通鑑論》,(合肥:黃山書社,2009 年)。

61. 〔清〕王先謙著:《莊子集解》,(臺北縣:漢京文化事業有限公司,1988 年)。

62.〔清〕王先謙著:《荀子集解》,(臺北:世界書局,1965 年)。

63.〔清〕孫詒讓撰、孫啟治點校:《墨子閒詁》,(北京:中華書局,2001 年)。

64.〔清〕蘇璟、戴源、曹尚絅:《春草堂琴譜》,(北京:中國書店出版社,1995 年)。

65. 劉文典:《淮南鴻烈集解》,(臺北:文史哲出版社,1992 年)。

66. 陳士珂輯:《孔子家語疏證》,(上海:上海書店,1987 年)。

67. 周法商撰輯:《顏氏家訓彙注》,(臺北縣:中央研究院歷史語言研究所,1993 年)。

二、當代論著（依照作者姓名筆畫）

（一）李贄研究書目

1. 中國哲學編輯部編:《中國哲學》第九輯,(北京:生活‧讀書‧新知三聯書店,1983 年)

2. 朱維之:《李卓吾論》,(北京:協和大學出版社,1935 年)。

3. 朱謙之:《李贄——十六世紀中國反封建思想先驅者》,(武漢:湖北人民出版社,1957 年)。

4. 王冠文:《李贄著作研究》,(臺北:花木蘭文化出版社,2011 年)。

5. 王均江:《衝突與和諧——李贄思想研究》,(武漢:華中科技大學出版社,2007 年)。

6. 王寶峰:《李贄儒學思想研究》,(北京:人民出版社,2012 年)。

7. 左東嶺:《李贄與晚明文學思想》,(天津:天津人民出版社,1997 年)。

8. 司馬朔:《一個異端思想家的心靈史:李贄評傳》,(桂林:廣西師範大學出版社,2010 年 7 月)。

9. 任冠文:《李贄史學思想研究》,(桂林:廣西師範大學出版社,1999 年 6 月)。

10. 李哲良:《人欲:奇人李卓吾》,(重慶:重慶出版社,2001 年)。

11. 李桂生、郭偉、方向紅:《多元文化視閾中的李贄軍事思想:從湖北麻城到山西大同》,(南昌:江西人民出版社,2013 年)。

12. 李輝良搜集整理:《李贄的傳說》,(福州:海峽文藝出版社,1987 年)。

13. 李聖華:《晚明詩歌研究》,(北京:人民文學出版社,2019 年)。

14. 沈瓚:《近事叢殘》,(北平:廣業書社,1928 年)。

15. 林其賢：《李卓吾的佛學與世學》，（臺北：文津出版社，1992 年）。

16. 林其賢：《李卓吾事蹟繫年》，（臺北縣：花木蘭文化出版社。2011 年）。

17. 林海權：《李贄年譜考略》，（福州：福建人民出版社，1992 年）。

18. 容肇祖：《李卓吾評傳》，（臺北：臺灣商務印書館，1973 年）。

19. 容肇祖：《明李卓吾先生贄年譜》，（臺北：臺灣商務印書館，1982 年）。

20. 吳根友：《中國現代價值觀的初生歷程——從李贄到戴震》，（武漢：武漢大學出版社，2004 年 7 月）。

21. 吳澤：《儒教叛徒李卓吾》，（北京：仲信出版社，1949 年）。

22. 吳澤：《儒教的叛徒李卓吾》，（上海：華夏出版社，1949 年 4 月再版）。

23. 邱漢生：《李贄》，（北京：中華書局，1980 年）。

24. 首都師範大學李贄研究中心編：《李贄學術國際研討會論文集》，（北京：首都師範大學出版社，1994 年）。

25. 泉州市李贄學術研究會編：《李贄與東亞文化》，（廈門：廈門大學出版社，2016 年）。

26. 袁光儀：《李卓吾新論》，（臺北：國立臺北大學出版社，2008 年）。

27. 孫官生：《姚安知府李贄思想研究》，（雲南：雲南大學出版社，1991 年）。

28. 淩禮潮、李敏：《李贄與龍湖》，（武漢：湖北音像藝術出版社，2002 年）。

29. 秦學智：《李贄大學明德精神論》，（北京：中國傳媒大學出版社，2007 年）。

30. 禹克坤：《李贄》，（寧夏：寧夏人民出版社，1983 年）。

31. 許建平：《李卓吾傳》，（北京：東方出版社，2004 年）。

32. 許建平：《李贄思想演變史》，（北京：人民出版社，2005 年）。

33. 許蘇民：《李贄的真與奇》，（南京：南京出版社，1998 年）。

34. 許蘇民：《李贄評傳》，（南京：南京大學出版社，2009 年）。

35. 福建省晉江地區文物管理委員會編：《李贄思想評介資料選輯》，（福州：福建人民出版社，1975 年 5 月）。

36. 敏澤：《李贄》，（上海：上海古籍出版社，1984 年）。

37. 張美娟：《從羅近溪「一陽之氣」到李贄、湯顯祖文藝思想——以中國氣論研究進路看古典文論》，（臺北：臺灣學生書局，2011 年）。

38. 張建業：《李贄評傳》，（福州：福建人民出版社，1992 年）。

39. 張建業：《李贄論》，（北京：社會科學文獻出版社，2020 年）。

40. 陳洪：《李贄》，（瀋陽：春風文藝出版社，1999 年）。

41. 陳清輝：《李卓吾生平及其思想研究》，（臺北：文津出版社，1993 年）。

42. 陳蔚松、顧志華譯注：《李贄文選譯》，（成都：巴蜀出版社，1994 年）。

43. 廈門大學歷史系：《李贄研究參考資料（第一輯）》，（福州：福建人民出版社，1975 年）。

44. 廈門大學歷史系：《李贄研究參考資料（第二輯）》，（福州：福建人民出版社，1976 年）。

45. 廈門大學歷史系：《李贄研究參考資料（第三輯）》，（福州：福建人民出版社，1976 年）。

46. 溝口雄三著、李曉東譯：《李卓吾‧兩種陽明學》，（北京：生活‧讀書‧新知三聯書店，2014 年）。

47. 鄢烈山、朱建國：《李贄傳——中國第一思想犯》，（北京：中國工人出版社，1993 年）。

48. 劉季倫：《李卓吾》，（臺北：東大出版社，1999 年）。

49. 傅小凡：《李贄哲學思想研究》，（福州：福建人民出版社，2007 年）。

（二）其他專書

1. 于大成：《淮南論文三種》，（臺北：文史哲出版社，1975 年）。

2. 王光祈：《中國音樂史》，（桂林：廣西師範大學出版社，2005 年）。

3. 王煜編：《明清思想家論集》，（臺北：聯經出版公司，1981 年）。

4. 王岫林：《魏晉士人之身體觀》，（臺北：花木蘭文化出版社，2009 年）。

5. 王曉光：《喧鬧與閒適——休閒視野下的晚明文學研究》，（北京：高等教育出版社，2012 年）。

6. 孔毅：《魏晉名士》，（四川：巴蜀書社，1994 年）。

7. 左東嶺：《明代心學與詩學》，（北京：學苑出版社，2002 年）。

8. 江建俊：《竹林名士的智慧與詩情》，（臺北：里仁書局，2008 年 7 月）。

9. 牟宗三：《從陸象山到劉蕺山》，（臺北：臺灣學生書局，1979 年）。

10. 牟宗三：《中國哲學的特質》，（臺北：臺灣學生書局，1984 年）。

11. 牟宗三：《心體與性體》，（臺北：正中書局，1990 年）。

12. 牟宗三：《中國哲學十九講》，（臺北：臺灣學生書局，1993 年）。

13. 牟宗三：《才性與玄理》，（臺北：學生書局，1993 年）。

14. 宋克夫、韓曉：《心學與文學論稿》，（北京：中國社會科學出版社，2002 年）。

15. 朱光潛：《文藝心理學》，（臺北：智揚出版社，1986 年）。

16. 朱光潛：《美學再出發》，（臺北：丹青出版社，1987 年）。

17. 余英時：《士與中國文化》，（上海：上海人民出版社，1987 年）。

18. 余英時：《中國歷史轉型時期的知識分子》，（臺北：聯經出版事業公司，1996 年）。

19. 余英時：《中國知識分子論》，（河南：河南人民出版社，1997 年）。

20. 辛冠潔編：《日本學者論中國哲學史》，（臺北：駱駝出版社，1987 年）。

21. 李澤厚：《中國古代思想史論》，（臺北：三民書局股份有限公司，1996 年）。

22. 李澤厚：《中國美學史》，（北京：中國社會科學出版社，1984 年）。

23. 李澤厚：《美學三書》，（合肥：安徽文藝出版社，1999 年）。

24. 李春青：《道家美學與魏晉文化》，（北京：中國電影出版社，2008 年）。

25. 李美燕：《琴道：高羅佩與中國古琴》（上冊））》，（香港：香港大學饒宗頤學術館，2010 年）。

26. 李書增等著：《中國明代哲學》，（鄭州：河南人民出版社，2002 年）。

27. 李增：《淮南子》，（臺北：東大出版社，1992 年）。

28. 李儼：《中算史論叢》，（上海：商務印書館，1935 年）。

29. 吳言生：《禪宗哲學象徵》，（北京：中華書局，2001 年）。

30. 吳汝鈞編：《佛教思想大辭典》，（臺北：臺灣商務印書館，1992 年）。

31. 吳承學、李光摩編：《晚明文學思潮研究》，（武漢：湖北教育出版社，2001 年）。

32. 吳冠宏：《魏晉玄義與聲論新探》，（臺北：里仁書局，2006 年）。

33. 吳調公、王愷：《自在、自娛、自新、自懺——晚明文人心態》，（蘇州：蘇州大學出版社，1998 年）。

34. 吳經熊著、朱秉義譯：《中國哲學之悅樂精神》，（臺北：華欣文化事業中心，1979 年）。

35. 宗白華：《美學散步》，（上海：上海人民出版社，1981 年）。

36. 金文達：《中國古代音樂史》，（北京：人民音樂出版社，1994 年）。

37. 金忠明：《樂教與中國文化》，（上海：上海教育出版社，1994 年）。

38. 林彥邦：《太和鼓邕：《谿山琴況》之美學觀》，（臺北：文津出版社，2013 年），頁 114～122。

39. 林朝成：《魏晉玄學的自然觀與自然美學研究》，（臺北：花木蘭文化出版

社，2009年）。

40. 林麗真：《王弼》，（臺北：東大圖書公司，2008年）。

41. 姚文放主編：《泰州學派美學思想史》，（北京：社會科學文獻出版社，2008年）。

42. 胡學春：《真：泰州學派美學範疇》，（北京：社會科學文獻出版社，2009年）。

43. 胡耀：《佛教與音樂藝術》，（天津：天津人民出版社，1992年）。

44. 徐林：《明代中晚期江南士人社會交往研究》，（上海：上海古籍出版社，2006年）。

45. 容肇祖：《明代思想史》，（濟南：齊魯書社，1992年）。

46. 嵇文甫：《左派王學》，（臺北：國文天地雜誌社，1990年）。

47. 徐復觀，《中國人性論史·先秦篇》，（臺北：臺灣商務印書館，1969年）。

48. 徐復觀：《中國藝術精神》（增補六版），（臺北：臺灣學生書局，1979年）。

49. 徐聖心：《青天無處不同霞：明末清初三教會通管窺》，（臺北：臺灣大學出版中心，2010年）。

50. 嵇文甫：《左派王學》，（臺北：萬卷樓圖書公司，1990年）。

51. 軒小楊：《先秦兩漢音樂美學思想研究》，（北京：中國社會科學出版社，2011年）。

52. 曾春海：《竹林七賢的玄理與生命情調》，（臺北：五南出版社，2013年）。

53. 郭梨華：《出土文獻與先秦儒道哲學》，（臺北：萬卷樓圖書公司，2008年）。

54. 黃克劍、林少敏編：《徐復觀集》，（北京：群言出版社，1993年）。

55. 周兵、蔣文博：《崑曲六百年》，（北京：中國青年出版社，2009年）。

56. 修海林、羅小平：《音樂美學通論》，（上海：上海音樂出版社，2000年）。

57. 陳來：《有無之境——王陽明哲學的精神》，（北京：人民出版社，1991年）。

58. 陳其翔：《音律學基礎知識問答》，（北京：人民音樂出版社，2008年）。

59. 陳時龍：《明代中晚期講學運動1522～1626》，（上海：復旦大學出版社，2007年）。

60. 陳美利：《陶淵明探索》，（臺北：文津出版社，1996年）。

61. 陳昌明：《緣情文學觀》，（臺北：臺灣書店，1999年）。

62. 屠凱：《輿圖換稿：明清之際的中國法哲學》，（北京：法律出版社，2020年）。

63. 俞為民、孫蓉蓉主編：《歷代曲話彙編》明代編第一集，（安徽：黃山書社，2009 年）。

64. 湯用彤：《漢魏兩晉南北朝佛教史（上冊）》，（北京：中華書局，1983 年）。

65. 黃明誠：《魏晉風流的藝術精神——才性、情感與玄心》，（臺北：國立歷史博物館，2005 年）。

66. 黃卓越：《明中後期文學思想研究》，（北京：北京大學出版社，2005 年）。

67. 勞思光：《中國哲學史》，（臺北：三民書局，1981 年）。

68. 曾祖蔭：《中國古代文藝美學範疇》，（臺北：文津出版社，1987 年）。

69. 曾祖蔭：《中國佛教與美學》，（臺北：文津出版社，1994 年）。

70. 泉州港與古代海外交通編寫組撰：《泉州港與古代海外交通》，（北京：文物出版社，1982 年）。

71. 曾永義：《戲曲源流新論（增訂本）》，（北京：中華書局，2008 年）。

72. 曾永義：《戲曲本質與腔調新探》，（臺北：國家出版社，2007 年）。

73. 葉明媚：《古琴音樂藝術》，（臺北：臺灣商務印書館，1992 年）。

74. 葉朗：《現代美學體系》，（臺北：書林出版有限公司，1993 年）。

75. 廖大珂：《福建海外交通史》，（福州：福建人民出版社，2002 年）。

76. 勞承萬：《中國古代美學（樂學）形態論》，（北京：中國社會科學出版社，2010 年）。

77. 趙園：《明清之際士大夫研究》，（北京：北京大學出版社，1999 年）。

78. 楊祖漢：《儒家的心學傳統》，（臺北：文津出版社，1992 年）。

79. 楊蔭瀏：《中國古代音樂史稿》，（北京：人民音樂出版社，1981 年）。

80. 楊國榮：《王學通論——從王陽明到熊十力》，（上海：華東師範大學出版社，2009 年）。

81. 楊國榮：《良知與心體：王陽明哲學研究》，（臺北：洪葉文化事業有限公司，1999 年）。

82. 楊曉魯：《中國音樂與傳統禮儀文化》，（吉林：新華書店，1994 年）。

83. 霍韜晦：《絕對與圓融：佛教思想論集》，（臺北：東大出版社，1986 年）。

84. 傅衣凌：《明清時代商人及商業資本》，（北京：人民出版社，1956 年）。

85. 傅衣凌：《明清社經濟史論文集》，（北京：人民出版社，1982 年）。

86. 張中行：《禪外說禪》，（黑龍江：黑龍江人民出版社，1991 年）。

87. 張立文，《心》，（臺北：七略出版社，1996 年）。

88. 張少康:《中國文學理論批評史教程》,(北京:北京大學出版社,1999 年)。

89. 蒲亨強:《道樂通論》,(北京:中央音樂學院出版社,2004 年)。

90. 薛永武、牛月明:《《樂記》與中國文論精神》,(北京:社會科學文獻出版社,2012 年)。

91. 蘇國榮:《戲曲美學》,(北京:新華書店,1999 年)

92. 戴瑞坤:《中日韓朱子學陽明學之研究》,(臺北:文史哲出版社,2002 年)。

93. 蔡方鹿:《宋明理學心性論》,(成都:巴蜀書社,2009 年)。

94. 蔡俊抄:《禪林讚集》,(臺北:新文豐出版社,1998 年)。

95. 蔡尚思:《中國歷史新研究法》,(北京:中華書局,1939 年)。

96. 蔡仲德:《中國音樂美學史資料注譯》,(北京:人民音樂出版社,1990 年)。

97. 蔡仲德:《音樂與文化的人本主義思考》,(廣州:廣東人民出版社,1999 年)。

98. 蔡仲德:《中國音樂美學史》,(北京:人民音樂出版社,2003 年)。

99. 劉曉東:《明代的塾師與基層社會》,(北京:商務印書館,2010 年)。

100. 劉希慶:《順天而行:先秦秦漢人與自然關係專題研究》,(濟南:齊魯書社,2009 年)。

101. 龔鵬程:《晚明思潮》,(臺北:里仁書局,1994 年)。

102. 龔鵬程:《文化符號學》,(臺北:臺灣學生書局,2001 年)。

103. 錢鍾書:《管錐編》,(北京:中華書局,1979 年)。

104. 蕭萐父、許蘇民:《明清啟蒙學術流變》,(瀋陽:遼寧教育出版社,1995 年)。

（三）西方及東洋學者著作

1. Heidegger, Martin.Being and Time. tr. J.Macquarrie & E.Robinson, New York: Harper & Row Press, 1962.

2. Hok-lam Chan, Li Chih in Contemporacy Chinese Historigraghy. (New York: M.E.Mote Sharpe. 1980), pp.183-208.

3. Sommer, Matthew. Sex, Law, and Society in Late Imperial China. Stanford, CA: Stanford University Press, 2000.

4. 卡爾・雅斯貝爾斯(Karl Theodor Jaspers),亦春譯,《悲劇的超越》(Tragedy is not enough),(北京:工人出版社,1988 年)

5. 埃米爾・涂爾幹(Émile Durkheim)著,馮韻文譯:《自殺論:社會學研

究》，（臺北：五南出版社，2008年）。

6. 彼得・布勞（Peter Blau）：《社會生活中的交換與權力》，（北京：華夏出版社，1988年）。

7. 高拂曉：《期待與風格：邁爾音樂美學思想研究》，（北京：中央音樂學院出版社，2010年）

8. 安樂哲主編，彭國祥、張容南譯：《儒學與生態》，（南京：江蘇教育出版社，2008年）。

9. 木宮泰彥著，陳捷譯，《中日交通史》，（臺北：九思出版社，1978年）。

10. 中村元：《中國佛教發展史》，（臺北：天華出版社，1984年）。

11. 岡田武彥：《王陽明與明末儒學》，（上海：上海古籍出版社，2000年）。

12. 荒木見悟：《明末宗教思想研究》，（東京：創文社，1979年）。

13. 荒木見悟著，廖肇亨譯：《明末清初的思想與佛教》（上海：上海古籍出版社，2010年）。

14. 森三樹三郎著，桃百勤譯：《無為的思想－－老莊哲學系譜》，（高雄：敦理出版社，1979年）。

15. 高楠順次郎等著：《佛教藝術——音樂、戲劇、美術》，（臺北：華宇出版社，1988年）

16. 島田虔次著、甘萬萍譯：《中國近代思維的挫折》，（南京：江蘇人民出版社，2005年）。

17. 溝口雄三著，林右崇譯：《中國前近代思想的演變》，（臺北：國立編譯館，1994年）。

18. 溝口雄三、小島毅主編，孫歌等譯：《中國的思維世界》，（南京：江蘇人民出版社，2006年）。

19. 溝口雄三著，龔穎、趙士林等譯：《中國思想史：宋代至近代》，（香港：生活・讀書・新知三聯書店，2014年）

三、學位論文（依照作者姓名筆畫）

1. 王維：《「心」與「聲」的解讀——從李贄等四位士人論樂看晚明音樂美學觀念中著主體性特徵》，（北京：中央音樂學院博士學位論文，2010年6月）。

2. 李莉：《江南絲竹中的琵琶演奏藝術》，（上海：上海音樂學院碩士學位論

文，2008 年 6 月）。

3. 徐海東：《李贄的音樂美學思想及其基礎》，（南京：南京藝術學院碩士學位論文，2011 年 5 月 24 日）。

4. 吳佳驊：《臺灣八仙文化內涵與造型藝術研究》，（臺北：國立臺北藝術大學傳統藝術研究所碩士論文，2007 年 2 月）。

5. 楊雪：〈淺論李贄音樂美學思想中的「流行」因素〉，（四川：四川師範大學科學碩士論文，2011 年 3 月）。

6. 楊梅：《真心、真性、真文——論李贄之「真」的心學淵源及文論》，（四川：四川大學碩士學位論文，2005 年 4 月 8 日）。

7. 盛晶：《道家思想對李贄哲學思想的影響》，（湖南：湖南師範大學中國哲學碩士學位論文，2012 年）。

8. 邱建榮：《李贄道家思想之研究——以《老子解》、《莊子解》為研究對象》，（嘉義：國立嘉義大學中國文學系研究所碩士學位論文，2014 年）。

9. 周盈均：《李贄《藏書》及其史觀》，（臺北：銘傳大學應用中國文學系碩士學位論文，2012 年）。

10. 玄柄勳：《李贄與許筠比較研究——以文化解放為中心》，（臺北：臺灣大學中國文學研究所博士學位論文，2012 年）。

11. 蘇彥叡：《關於李贄「人的哲學」之建立的初步探究》，（臺北：臺灣大學中國文學研究所碩士學位論文，2010 年）。

12. 劉亞平：《真性情的體悟與窮究—李贄思想中私利觀點的探討》，（臺北：東吳大學歷史學系碩士學位論文，2009 年）。

13. 孫叡徹：《李卓吾成學過程之研究》，（臺北：國立臺灣大學中國文學研究所博士學位論文，1986 年）。

14. 陳韻如：《李贄人生抉擇研究》，（臺北：臺北市立教育大學中國語文學系碩士學位論文，2006 年）。

15. 林怡君：《明代新思潮下文人的婦女觀——以歸有光、李贄、馮夢龍為例》，（臺南：國立成功大學歷史學系碩士學位論文，2009 年）。

16. 孫永龍：《李贄及其〈童心說〉研究》，（屏東：國立屏東教育大學中國語文學系碩士學位論文，1997 年）。

17. 簡攸芳：《李贄心學思想之研究》，（臺北：輔仁大學哲學研究所碩士學位論文，2007 年）。

18. 李英嬌：《李贄《初潭集》研究》，（嘉義：南華大學文學研究所碩士學位論文，2002 年）。

19. 李秋田：《李贄真情體道思想及其美育意義》，（花蓮：國立東華大學教育研究所碩士學位論文，2001 年）。

20. 王憶萱：《李贄的政治哲學》，（臺北：國立臺灣大學政治學研究所碩士學位論文，1996 年）。

21. 魏妙如：《李贄的思想和史學》，（臺中：東海大學歷史研究所碩士學位論文，1991 年）。

22. 梁芷君：《從穿衣吃飯到超越生死：李卓吾思想的多層次性》，（南投：國立暨南國際大學中國語文學系碩士學位論文，2012 年）。

23. 郭增德：《李卓吾儒學思想之研究》，（臺北：中國文化大學哲學研究所碩士學位論文，2008 年）。

24. 唐春生：《李卓吾及其淨土思想》，（臺南：國立臺南大學國語文學系國語文教學碩士班碩士學位論文，2008 年）。

25. 袁光儀：《晚明極端個人主義的「聖人之學」──「異端」李卓吾新論》，（臺北：國立臺灣師範大學國文學系博士學位論文，2006 年）。

26. 游心怡：《李卓吾異端形象之探討──以其反假道學為討論核心》，（臺北：國立臺灣師範大學國文系在職進修碩士學位班碩士學位論文，2005 年）。

27. 鄭淑娟：《李卓吾儒學思想之研究》，（臺中：逢甲大學中國文學所碩士學位論文，2003 年）。

28. 丁樹琴：《李卓吾真我觀之研究》，（桃園：國立中央大學中國文學研究所碩士學位論文，1996 年）。

29. 陳孟君：《李卓吾《四書評》與晚明新四書學》，（南投：國立暨南國際大學中國語文學系碩士學位論文，2004 年）。

30. 羅美玉：《李卓吾的佛學思想與文學理論》，（臺北：輔仁大學中國文學研究所碩士學位論文，1988 年）。

31. 廖芫培：《明清文人的兩難──以李贄、李漁、袁枚為例》，（高雄：高雄師範大學國文教學碩士班碩士學位論文，2012 年）。

32. 陳韻妃：《李贄戲曲評點研究》，（桃園：國立中央大學中國文學研究所碩士學位論文，2009 年）。

33. 張水堂：《李贄「童心說」與袁宏道「性靈說」文學觀之比較研究》，（新

竹：玄奘大學中國語文學系碩士在職專班碩士學位論文，2008 年）。

34. 陳一誠：《李贄「童心說」對國中國文教材編選的啟示》，（彰化：國立彰
化師範大學國文學系碩士學位論文，2004 年）。

35. 楊秀華：《李卓吾詩歌研究》，（新竹：玄奘大學中國語文學系碩士學位論
文，2013 年）。

36. 黃玲貴：《《李卓吾先生批評西遊記》評點研究》，（臺北：國立臺灣師範大
學國文學系在職進修碩士班碩士學位論文，2011 年）。

37. 何佳懿：《補益世教：《李卓吾開卷一笑》研究》，（臺中：中興大學中國
文學系所碩士學位論文，2011 年）。

38. 吳淑慧：《李卓吾批評容與堂本《琵琶記》研究》，（臺北：輔仁大學中文
系博士學位論文，2011 年）。

39. 張配君：《《李卓吾先生批評西遊記》研究》，（嘉義：南華大學文學系碩士
學位論文，2009 年）。

40. 楊秀華：《李卓吾散文研究》，（新竹：玄奘人文社會學院中國語文研究所
碩士學位論文，2004 年）。

41. 彭錦華：《《西遊記》人物的文字與繡像造形——李卓吾批評《西遊記》為
主》，（臺北：輔仁大學中國文學研究所碩士學位論文，1992 年）。

42. 金惠經：《李卓吾及其文學理論》，（臺北：國立臺灣師範大學中國文學研
究所碩士學位論文，1988 年）。

43. 王頌梅：《李卓吾的文學理論及其實踐》，（臺北：東吳大學中國文學研究
所碩士學位論文，1983 年）。

四、專書論文（依照作者姓名筆畫）

1. 王煜：〈李卓吾雜揉儒道法佛四家思想〉，收入氏編：《明清思想家論集》
（臺北：聯經出版公司，1981 年），頁 1～60。

2. 左東嶺：〈耿、李之爭與李贄晚年的人格心態巨變〉，收入氏著：《明代心
學與詩學》，（北京：學苑出版社，2002 年），頁 149～161。

3. 左東嶺：〈童心說與李贄的人生價值觀〉，收入氏著：《明代心學與詩學》，
（北京：學苑出版社，2002 年），頁 162～173。

4. 江建俊：〈「大人」理境與「無君」思想的關係〉，出自國立成功大學中文
系主編：《魏晉南北朝文學與思想學術研討論論文集第二輯》，（臺北：文

津出版社，1993 年），頁 529～574。

5. 江建俊：〈頎然神解——論魏晉的「情意交」〉，出自國立成功大學中文系主編：《魏晉南北朝文學與思想學術研討論論文集第六輯》，（臺北：里仁書局，2010 年），頁 695～750。

6. 江燦騰：〈李卓吾的生平與佛教思想〉，收入氏著：《明清民國佛教思想史論》，（北京：中國社會科學出版社，1996 年），頁 195。

7. 江燦騰：〈李卓吾與晚明佛教思想以及對其狂禪的批評〉，收入氏著：《中國近代佛教思想的諍辯與發展》，（臺北：南天出版社，1998 年），頁 323～400。

8. 沈繼生：〈淺議李贄的審美觀〉，收入《李贄研究》，（北京：光明日報出版社，1989 年），頁 259～267。

9. 曲小強：〈激進自然主義的最後聖鬥士〉，收入氏著：《自然與自我——從老莊到李贄》，（濟南：濟南出版社，2007 年），頁 157～173。

10. 宋珂君：〈李贄的童心·道家的真人·佛家的真如〉，收入佛光山文教基金會主編：《中國佛教學術論典》第 59 冊，（高雄：佛光山文教基金會，2002 年），頁 409～443。

11. 黃卓越：〈佛教與晚明文學思潮〉，收入佛光山文教基金會主編：《中國佛教學術論典》第 57 冊，（高雄：佛光山文教基金會，2002 年），頁 243～266。

12. 馬淵昌也：〈許誥與明清時期人性論的發展〉，收入溝口雄三、小島毅主編，孫歌等譯：《中國的思維世界》，（南京：江蘇人民出版社，2006 年），頁 194～219。

13. 楊儒賓：〈生生的自然觀〉，收入鄭毓瑜編：《中國文學研究的新趨向：自然審美與比較研究》，（臺北：臺灣大學出版中心，2005 年），頁 141～183。

14. 楊國平：〈李贄與儒佛〉，收入佛光山文教基金會主編：《中國佛教學術論典》第 37 冊，（高雄：佛光山文教基金會，2001 年），頁 351～402。

15. 張維華：〈明代海外貿易簡論〉，《晚學齋論文集》，（濟南：齊魯書社，1986 年），頁 327～451。

16. 劉宗賢：〈陽明道學革新與良知說的情、理、欲機制〉，出自鍾彩鈞編：《明清文學與思想中之情理欲》，（臺北：中央研究院中國文哲研究所，2009 年），頁 45～78。

五、期刊論文（依照作者姓名筆畫）

1. 方祖猷：〈王畿的心體論及其佛老思想淵源〉，《鵝湖學誌》第 16 期，1996 年 6 月，頁 145～169。

2. 王志成：〈李贄的音樂美學思想〉，《藝術百家》第 5 期，2005 年，頁 136 ～139。

3. 王斌：〈明代古樂之論對曲論之影響〉，《求索》第 7 期，2010 年 7 月，頁 181～183。

4. 王維：〈李贄的音樂美學思想初探〉，《藝術研究》第 4 期，2005 年，頁 58 ～62。

5. 王維：〈對李贄「琴者心也」音樂美學思想的探究〉，《中央音樂學院學報》第 4 期，2006 年，頁 92～97。

6. 王維：〈從陽明心學角度看李贄《琴賦》一文中的音樂美學觀〉，《人民音樂》第 2 期，2015 年 2 月，頁 83～85。

7. 左東嶺：〈禪學思想與李贄的童心說〉，《鄭州大學學報（哲學社會科學報）》第 5 期，1995 年 5 月，頁 10～17。

8. 白崢勇：〈談「良知」到「童心」的演化──兼論李贄在明季思想史上的地位〉，《人文研究學報》（國立臺南大學）第 42 卷第 2 期，2008 年 10 月。頁 36～37。

9. 朱建明：〈也談明清傳奇的界定〉，《藝術百家》第 1 期，1998 年，頁 84 ～89。

10. 吳冠宏：〈當代〈聲無哀樂論〉研究的三種論點商榷〉，《東華漢學》第 3 期，2005 年 5 月，頁 91～112。

11. 吳冠宏：〈從莊子到嵇康──「聲」與「氣」之視域的開啟〉，《清華學報》新 44 卷第 1 期，2014 年 3 月，頁 1～28。

12. 吳靜：〈從李贄的「童心」說論其音樂美學思想〉，《華中師範大學學報（人文社會科學版）》第 S2 期，1998 年，頁 104～106。

13. 林木乾：〈老子生命哲學之工夫境界論探析〉，《宗教哲學》第 44 期，2008 年 6 月，頁 17～31。

14. 林世賢：〈聰聖、聞思與音樂──論耳修在工夫論上之殊勝〉，《漢學研究》第 30 卷第 1 期，2012 年 3 月，頁 61～92。

15. 林振禮：〈朱熹泉州事跡考〉，《鵝湖月刊》第 22 卷第 5 期，1996 年 11

月，頁 15～17。

16. 洪銘水：〈明末文化烈士李卓吾的生死觀〉，《東海學報》39 卷，1998 年 7 月，頁 43～62。

17. 杜洪泉：〈論李贄「童心」說與音樂主體性原則〉，《惠州學院學報》第 1 期，2006 年，頁 119～122。

18. 周志文：〈「童心」、「初心」與「赤子之心」〉，《古典文學》第 15 期，2000 年，頁 75～97。

19. 周彥文：〈李贄及其〈童心說〉所表現的文學觀〉，《東海文藝季刊》第 3 期，1982 年，頁 23～34。

20. 胡健、張國花：〈從《琴論》看李贄的音樂美學思想〉，《求索》第 5 期，2007 年，頁 168～170。

21. 范子燁：〈論「嘯」──中國古典詩歌中的一種音樂意象（下）──為新鄉晉孫登嘯臺而作〉，《新鄉師範高等專科學校學報》第 1 期，2007 年，頁 86～94。

22. 袁光儀：〈道德或反道德？──李贄及其「童心說」的再詮釋〉，《臺北大學中文學報》第 2 期，2007 年，頁 155～185。

23. 袁光儀：〈蒙以養正──李贄《九正易因》之〈蒙卦〉解與「童心說」〉，《成大中文學報》第 29 期，2010 年，頁 51～82。

24. 徐海東：〈「發乎情性，由乎自然」的思想屬性──「李贄音樂美學的思想基礎」研究（之一）〉，《南京藝術學院學報（音樂與表演版）》第 1 期，2012 年，頁 7～11。

25. 徐海東：〈「聲音之道可與禪通」的儒學本體──「李贄音樂美學的思想基礎」研究之二〉，《中國音樂》第 3 期，2012 年，頁 158～162。

26. 徐海東：〈「琴者心也」與「琴者禁也」辨析──「李贄音樂美學的思想基礎」研究之三〉，《交響（西安音樂學院學報）》第 3 期，2013 年，頁 42～46。

27. 徐海東：〈李贄音樂美學思想的「童心說」基礎解析──「李贄音樂美學的思想基礎」研究之四〉，《南京藝術學院學報（音樂與表演）》第 3 期，2014 年 8 月，頁 59～63。

28. 黃翔鵬：〈曾侯乙鐘、磬銘文樂學體系初探〉，《音樂研究》第 1 期，1981 年，頁 22～53。

29. 許建平：〈《焚書》刊刻過程、版本及真偽〉，《復旦學報（社會科學版）》第 5 期，2008 年，頁 104～114。

30. 嵇文甫：〈李卓吾與左派王學〉，《河南大學學報》第 1 卷第 2 期，1934 年，頁 1～8。

31. 陶恒：〈李贄從「情性自然說」出發的音樂認識論〉，《當代教育理論與實踐》第 7 期，2011 年，頁 130～131。

32. 陶蕾：〈李贄「童心說」的道學淵源探微〉，《太原師范學院學報（社會科學版）》第 13 卷第 2 期，2014 年 3 月，頁 71～75。

33. 陳明海：〈李贄「童心說」道家思想解讀〉，《安徽農業大學學報（社會科學版）》第 21 卷第 4 期，2012 年 7 月，頁 132～135。

34. 張映蘭：〈李贄音樂美學思想的現代意義〉，《藝海》第 12 期，2010 年，頁 33～34。

35. 張晚林、陳國雄〈「工夫的樂論」如何可能──論徐復觀對中國古代樂論的心性學詮釋〉，《武漢大學學報（人文科學版）》第 60 卷第 5 期，2007 年 9 月，頁 588～593。

36. 張清泉：〈詩歌吟唱教學的理論與實務〉，《國文學誌》第 6 期，2005 年 12 月，頁 1～37。

37. 程乾：〈「聲音之道可與禪通」──李贄音樂美學思想中的禪宗精神探幽〉，《音樂研究》第 6 期，2009 年，頁 75～85。

38. 衡蓉蓉：〈李贄音樂美學思想研究綜述〉，《南京藝術學院學報（音樂與表演版）》第 1 期，2008 年，頁 38～40。

39. 孫楊：〈淺談以李贄為代表的反「淡和」主情思潮的音樂美學思想〉，《青島職業技術學院學報》第 2 期，2005 年，頁 56～58。

40. 馮友蘭：〈從李贄說起──中國哲學史唯物主義和唯心主義互相轉化的一個例證〉，《新建設》第 2、3 期，1961 年，頁 15。

41. 黃文樹：〈李贄的教育思想及其時代意義（上）〉，《鵝湖月刊》第 238 期，1995 年 4 月，頁 22～28。

42. 黃卓越：〈李贄之死──重估思想史上的一段公案〉，《中國文化研究》，1997 年第 2 期，頁 45～52。

43. 慶思：〈李贄的進步教育思想〉，《北京師大學報》第 5 期，1974 年，頁 37～40。

44. 楊志遠：〈自覺與超越——論李贄之死〉，《吳鳳學報》第 5 期，2011 年 12 月，頁 467～481。

45. 楊儒賓：〈莊子與人文之源〉，《清華學報》新 41 卷第 4 期，2011 年 12 月，頁 587～620。

46. 楊國榮：〈代「天之天」為「人之天」及其多重意蘊〉，《中國哲學史》第 2 期，1994 年，頁 103。

47. 蔡仲德：〈李贄的音樂美學思想〉，《中國音樂學》第 2 期，1993 年，頁 23～33。

48. 蔡龍九：〈王陽明「理」的內容與「心即理」的適用範圍〉，《國立臺灣大學哲學論評》第 41 期，2011 年 3 月，頁 87～112。

49. 蔡振豐：〈魏晉玄學中的自然義〉，《成大中文學報》第 26 期，2009 年 10 月，頁 1～33。

50. 蔡穎訓，〈試談李贄「童心說」的文學觀與美學思想〉，《閩南文化》第 9 期，2004 年，頁 76～79。

51. 陳水德：〈論李贄思想的道家內藏〉，《黎明職業大學學報》第 4 期，2013 年 12 月，頁 5～10。

52. 陳清輝：〈審勢尚奇　出生悟死——談李贄的美學觀〉，《國立僑生大學先修班學報》第 13 期，頁 21～48。

53. 陳寶良：〈明代儒佛道的合流及其世俗化〉，《浙江學刊》第 2 期，2002 年，頁 15。

54. 溫愛玲，〈從雙溪經典觀看李卓吾之「童心說」——析論「童心說」對於王學之繼承與發展〉，《東方人文學誌》第 2 卷第 4 期，2003 年，頁 161～181。

55. 蕭義玲：〈李贄「童心說」的再詮釋及其在美學史上的意義〉，《東華人文學報》第 2 期，2000 年 7 月，頁 169～187。

56. 劉笑敢：〈老子之自然與無為——古典意含與現代意義〉，《中國文哲研究集刊》第 10 期，1997 年 3 月，頁 25～58。

57. 劉芝慶：〈李贄的生死之學〉，《新世紀宗教研究》第 2 期，2011 年 9 月，頁 101～129。

58. 鄭曉江，〈論中國古代的自殺模式〉，《南昌大學學報（人社版）》第 30 卷第 4 期，1999 年 12 月，頁 16～22。

59. 鄭曉江:〈論李贄的生死之求──關於卓吾之死的幾種觀點的辨析〉,《福建論壇(人文社會科學版)》第 7 期,2008 年,頁 51～55。

60. 鄭曉江:〈「真人不死」與「出離生死」──李卓吾生死智慧探微〉,《人文世界》第 3 期,2009 年 12 月,頁 95～135。

61. 傅小凡:〈論晚明哲學的主體性轉向〉,《鵝湖月刊》第 305 期,2000 年 12月,頁 49、51。

62. 戴文和:〈良知、童心與性靈初論〉,《僑光學報》第 20 期,2002 年,頁 29～51。

63. 戴璉璋:〈玄學中的音樂思想〉,《中國文哲研究及集刊》第 10 期,1997 年 3 月,頁 59～90。

六、其他

1. 杜保瑞:〈心統性情與心即理的哲學問題意識分析〉,2015 年 5 月 14 日引用自 http://homepage.ntu.edu.tw/~duhbauruei/4pap/1con/48.htm